대변인

대변인

길, 말, 글

초판 1쇄 인쇄일 2013년 12월 9일 • 초판 1쇄 발행일 2013년 12월 16일

지은이 이상일 • 펴낸곳 (주)도서출판 예문 • 펴낸이 이주현

기획 정도준 • 편집 홍대욱 • 디자인 김지은 • 관리 윤영조 · 문혜경

등록번호 제307-2009-48호 • 등록일 1995년 3월 22일 • 전화 02-765-2306

팩스 02-765-9306 • 홈페이지 www.yemun.co.kr

주소 서울시 강북구 미아동 374-43 무송빌딩 4층

대변인

길 /

말 /

글 /

이상일

머리말

2012년은 선거의 해였습니다. 봄엔 총선, 여름엔 새누리당과 민주당의 대통령 후보 경선, 그리고 겨울엔 대선이 있었습니다. 총선과 대선이 한 해에 치러지는 건 20년 만에 한 번 있는 일입니다. 새누리당과 민주당은 지난해 이 두 번의 큰 선거에서 치열하게 싸웠습니다. 총성 없는 전쟁을 했던 것입니다.

저는 그 격동의 시기를 '대변인' 활동을 하면서 보냈습니다. 새누리당의 19대 총선 중앙선대위 대변인—당 대변인—박근혜 경선 후보 캠프 대변인—당 대변인 겸 18대 대선 선대위 대변인—당 대변인으로 일하면서 영일(寧日)이 없는 나날을 보냈습니다. 대선 승리 후 당 지도부에 몇 번이나 청을 넣은 끝에 허락을 얻어 2013년 5월 대변인 직에서 물러났을 때 마음은 날아갈 것처럼 가벼웠습니다.

언론인 생활 25년의 대부분을 정치부에서 보내면서 총선, 대선을 여러 번 취재했지만 몸소 체험한 총선과 대선의 열도(熱度)는 기자 시절 제3

자로 관찰했을 때보다 몇 배 이상 뜨거웠습니다. 선거 땐 여야 당사자들의 몸이 달아오를 대로 달아오르고, 신경도 어느 때보다도 날카로워지기 때문입니다. 선거에선 어느 쪽이든 실수하지 않는 게 참으로 중요한데도 실수로 자해행위를 하는 건 열이 오른 나머지 이성과 판단력을 잃는 탓일 겁니다.

대변인을 하면서 여러 가지 일들을 겪었고, 많은 걸 보았습니다. 회심의 미소를 지을 때도 있었고, 간이 오그라들 때도 있었고, 안타까워서 발을 동동 구를 때도 있었습니다. 희로애락(喜怒哀樂)이 몇 번이나 교차했는지 모릅니다. 이젠 추억의 소묘(素描) 대상이 된 대변인 생활 1년 2개월을 글로 정리해 보았습니다.

대변인을 하면서 냈던 수많은 성명과 논평, 브리핑 중에서 의미가 있거나 기억에 특별히 남는 것들을 간추려서 관련된 에피소드와 뒷얘기를 소개하는 형식으로 지난해 총선과 경선, 그리고 대선 전후를 돌이켜 봤습니다.

이 책의 중심인물은 박근혜 대통령입니다. 총선을 앞두고 당이 위기에 빠진 상황에서 비상대책위원장을 맡아 당을 개혁하고 선거를 지휘했던 과정, 대통령 후보 경선에 재도전해서 압승하기까지의 여정, 곡절도 많았고 고비도 많았던 대선의 대장정, 그리고 대통령 취임 전후의 과정을 제가 아는 범위 내에서 정리하고 짚어봤습니다. 우리 헌정사의 첫 여성 대통령을 탄생시키는 데 큰 공을 세운 분들의 이야기도 중간 중간에 조금씩 담았습니다. 총선, 경선, 대선 과정에서 언론에 알려지지 않은 일들은 헤아릴 수 없이 많습니다. 그 중에는 여전히 공개할 수 없는 것도 있지만 소개해도 무방한 건 기록했습니다.

　대변인의 업무는 주로 두 가지입니다. 당이나 후보의 입장을 국민 여러분께 잘 알려드리고, 야당의 공세에 대해서는 적절하게 대응하는 것입니다. 선거 땐 여야가 치열하게 싸우는 만큼 대변인의 언어도 거칠어지기 마련입니다. 저는 가능한 한 이성의 언어를 쓰는 게 좋다고 생각했고, 그렇게 하려고 나름대로 노력했지만 야권에선 달리 생각하는 분들이 있을지 모릅니다.

　이 책에 담긴 성명, 논평과 브리핑 가운데 야권을 겨냥한 것도 꽤 있습니다. 야권의 잘못이나 문제를 지적하고 비판하는 것들이지만 그건 우리의 관점을 나타내는 것이므로 야권에선 동의하지 않는 분들도 적지 않으리라고 생각합니다. 그런 내용을 소개하는 만큼 야권에 몸담고 계신 분들께는 죄송한 마음을 갖고 있지만 그럼에도 그것들을 책에 담은 것은 여당 대변인으로 선거를 치르면서, 또 정치를 하면서 남긴 저의 흔적이고 기록이기 때문입니다.

　18대 대선을 치른 지 1년이 되는 2013년 12월 현재 여야 정치권의 모습은 어떻습니까. 시야가 미래에 있는 것이 아니라 아직도 지난 대선의 싸움판에 고정돼 있지 않습니까. 여야가 대선 때의 일로 사생결단식으로 싸우는 바람에 정치다운 정치는 실종되고, 민생은 내팽개쳐진 상태입니다. 이런 비생산적인 소모전을 여야가 지속해서는 안 됩니다. 정치권 스스로가 고장 난 정치를 바로잡으려고 노력하지 않으면 국민의 신뢰를 얻을 수 없다는 너무도 당연한 이야기를 우리는 왜 외면하고 있는지 성찰해 보아야 합니다.

지난해 선거 때 우리는 애면글면 국민 여러분께 다가가려고 했습니다. 국민의 신뢰를 얻으려고 혼신의 힘을 다했습니다. 여도 그랬고, 야도 그랬습니다. 그때의 진정성, 그때의 갈구와 간구를 우린 지금 잊어버리고 있지는 않은지 성찰해야 합니다. 여든, 야든 그때의 초심을 되찾아야 합니다. 여야가 당시 정쟁을 하면서도, 공방전을 벌이면서도 늘 염두에 뒀던 것은 국민의 마음을 얻는 것이었습니다. 그땐 어떤 태도로 무엇을 해야 국민 다수의 지지를 얻을 수 있을까 골몰하고 고민했습니다. 그때의 그 낮은 자세, 겸손하고 순수했던 마음을 우린 지금 상실한 건 아닌지 반성해 봐야 합니다. 우리가 진영(陣營)논리에 갇혀 세상을 외눈박이로 바라보고 있는 것은 아닌지 자성할 필요도 있습니다.

여야가 이런 자세로 진지한 성찰을 하면 정치를 정상화할 수 있을 걸로 생각합니다. 선거의 세계에선 승패가 분명하게 갈리고, 그에 따라 희비가 엇갈리지만 정치의 세계는 좀 다릅니다. 승패를 꼭 가릴 필요 없이 모두가 승자가 되는 길을 모색하는 것이 정치의 세계에선 가능하고, 그렇게 하는 것이 정치의 묘미이기 때문입니다.

선거의 세계에서 승리하려면 다수를 얻어야 하지만 정치의 세계에선 소수가 승리할 수 있고, 다수가 패할 수도 있습니다. 다수든, 소수든 처신을 어떻게 하느냐에 따라 이길 수도, 질 수도 있고, 함께 흥할 수도, 같이 망할 수도 있는 겁니다. '져주는 게 이기는 것'이란 이치를 정치의 세계에선 실감나게 보여줄 수 있지만 한국의 현실 정치는 아직 이런 멋진 모습을 연출하지 못하고 있습니다.

제가 대변인직을 물러나면서 '정치권이 나만 옳다고 하는 동굴의 우상

에서 벗어나는 게 필요하다'는 취지의 고별사(314페이지)를 썼지만 여야
에겐 이런 이야기가 먹히지 않고 있습니다. 여야는 지금 '나는 맞고 너는
틀렸다'는 생각에 빠져 죽기 살기 식으로 싸우고 있습니다. 여야의 이런
심리상태를 이해 못하는 것은 아니지만 여든, 야든 마음속에 바늘 하나
꽂을 여유도 없어 보이는 옹졸함을 먼저 버리는 쪽이 결국은 승자가 될
것이라고 감히 주장합니다.

경제는 뜻대로 안 되지만 정치는 마음먹기에 따라 얼마든지 다르게 할
수 있습니다. 편협함을 버리고 품격과 도량의 멋있는 정치를 하면 국민
의 가슴속에 감동의 물결을 충분히 일으킬 수 있습니다. 이걸 먼저 하는
쪽이 이기는 겁니다. 그로 인해 국민의 박수를 받고 정국운영의 주도권
을 쥐게 되는 성과도 거두게 됩니다.

여야가 이런 이치를 득도(得道)하듯 깨달아 품격을 높이고, 도량을 넓히
는 경쟁을 하면 좋겠습니다. 그리하여 정치다운 정치의 진면목을 선보인
다면 우리 정치권에 대한 국민의 신뢰는 회복될 수 있을 겁니다.

2013년 12월

국회의원 이상일(李相逸)

차례

차례

제 1 장

언론에서 정치로

/ 새누리당의 갑작스러운 부름을 받다

/ 박근혜 비상대책위원장이 대변인에게 당부한 두 가지

/ 대변인의 품격이란

/ 야당 의원이었던 아버지의 의연함, 품격을 배우고 싶다

프랑스에서 활동하는 정택영 화백(재불예술인총연합회
화장)이 그려준 이상일 의원 드로잉

대변인이란 말 그대로 당이나 지도부의 입장을
국민과 언론에 알리는 사람이지만
일방적으로 홍보하는 데만 치우쳐서는 곤란하다는 게 나의 견해다.

대변인은 당의 어느 누구보다도 민심의 흐름을 예민하게 포착하고,
국민 다수의 생각을 헤아리면서 상식에 맞게, 국민 대중의 눈높이에 맞게
활동해야 대변인다운 역할을 하는 것이라고 생각한다.

당과 국민 대중이 소통하고 교감하는 데 대변인이 중요한 고리가 돼야 하는 것이다.

새누리당의 갑작스러운 부름을 받다

2012년 19대 총선일(4월 11일)이 한 달도 남지 않은 시점에 새누리당 고위당직자에게서 전화가 걸려왔다. 그는 "곧 공식 선거운동이 시작되는 만큼 당 중앙선거대책위 대변인을 맡아 달라"고 했다. 평소 "다시 태어나도 기자를 할 것"이라고 했을 정도로 언론인을 천직으로 알던 나는 "고민을 해 볼 테니 약간의 시간을 달라"고 했다.

2004년 17대 총선을 앞두고 새누리당의 전신인 한나라당의 한 당직자가 "정치를 해 보지 않겠느냐. 공천은 걱정하지 말라"고 했을 때 즉석에서 "감사하지만 사양하겠다"고 한 것과는 달리 고민을 해 보겠다고 한 데엔 이유가 있었다. 2012년은 총선에 이어 대선까지 치러지는 해였다. 대통령 임기(5년)와 국회의원 임기(4년)의 차이 때문에 1992년에 이어 20년 만에 총선, 대선이 한 해에 잇따라 실시되는 해였다. 약 2년간 〈중앙일보〉 정치부장을 하고 나서 정치담당 논설위원으로 있던 나는 2012년의 두 선거 결과가 대한민국의 운명을 크게 좌우할 것이라고 생각했다. 국민이 새누리당과 다른 정파 가운데 어느 쪽을 선택하느냐에 따라 이

나라의 미래는 달라질 것이라고 판단했다.

 나는 고민 끝에 새누리당에 작은 힘이라도 보태보겠다고 결심했다. 새누리당이 상대적으로 이 나라를 잘 이끌 수 있는 역량을 갖고 있고, 사고방식도 다른 정파보다 합리적이고 건전하며, 구태를 벗고 개혁을 하기 위해 나름대로 노력하고 있다고 생각했으므로 그 일원이 되어 함께 뛰겠다고 마음먹은 것이다. 당시 새누리당의 개혁을 진두지휘하던 박근혜 비상대책위원장에 대한 부담도 대변인직을 수락하게 된 또 하나의 이유였다. 내가 2006년 1월 박 위원장의 부름을 사양한 적이 있기 때문에 2012년에는 깊은 고민을 하게 됐던 것이다.

 2006년 1월 박근혜 당시 한나라당 대표는 〈중앙일보〉 워싱턴특파원으로 곧 부임할 예정이던 나를 환송해 주기 위해 오찬 자리를 마련했다. 그때 그는 오찬 말미에 "혹시 미국에 가는 걸 그만두고 나를 도와줄 수 있느냐"고 했다. 이듬해에 있을 한나라당 대통령 후보 경선과 대선을 염두에 두고 그런 말씀을 한 것일 테지만 나는 "참으로 감사하다. 그러나 워싱턴에서 취재를 하면서 견문을 넓히고 싶다. 거기서 미국 정치와 외교, 한반도 문제 등을 공부하고, 그런 다음 돌아와서 도와드릴 일이 있다면 도와드리겠다. 정말 죄송하다"고 했다. 당시 그런 말을 하면서 박 대표에 대해선 진심으로 감사하고 죄송한 마음이 들었기 때문에 그때의 일을 잊을 수 없었다. 그때의 기억이 2012년 3월 정치의 길을 선택하게 된 또 다른 동기가 됐다고 말할 수 있다.

 내가 새누리당을 돕겠다는 뜻을 전한 뒤인 2012년 3월 18일 오후 박근혜 비상대책위원장이 나에게 전화를 걸어 사의(謝意)를 표하고 격려를 했다. 다음날 나는 청춘을 바쳤던 〈중앙일보〉를 떠났다. 곧 선거대책위 구성 결과가 발표되고, 총선 후보 등록을 마쳐야 하는 상황이었으므로 급히 회사에 사표를 낸 것이다. 대변인직 제의와 수락이 너무 갑작스럽게 진행됐기 때문에 많은 분들이 놀랐다. 홍석현 회장, 송필호 부회장과 선후배 기자들이 경황없이 떠나게 된 나의 처지를 이해하고 진심 어린 격려를 해 주었다. "박근혜 위원장이 자신은 비례대표 후보 11번을 받으면서 이상일에게 8번을 준 건 언론을 중시하고 언론인을 대접한다는 뜻 아니겠느냐. 열심히 해서 좋은 결과를 얻기 바란다"고 용기를 북돋워주던 동료 기자들을 생각하면 지금도 감사하고 미안하다는 생각이 든다.

2002년 2월 설날 연휴를 앞두고 발행된 중앙일보 1면 사진.
당시 정치부 차장이던 이상일 의원이 같은 회사 기자로 일하던 아내(김미영)와
함께 중앙일보 임직원을 대표해 독자들에게 세배를 드리는 모습

박근혜 비상대책위원장이
대변인에게 당부한 두 가지

2012년 3월 21일 새누리당은 국회 의원회관 대회
의실에서 중앙선대위 발대식을 열었다. 전국 각 지역구에 출마하는 후보
들과 비례대표 후보들이 모두 모여 필승의 의지를 다지는 자리였다. 이
명박 정부에 대한 국민 지지도가 낮은 상황인 만큼 선거 환경은 좋지 않
았지만 출정식을 갖는 우리 총선 후보들의 사기는 충만해 보였다.

선거를 지휘할 박근혜 비상대책위원장 겸 중앙선대위원장은 후보들에
게 결연한 각오를 주문했다. 박 위원장은 "이제 우리는 정치를 바꾸고 나
라를 살린다는 각오로 모든 것을 걸고 임해야 한다. 여러분의 승리가 곧
애국이라는 이런 절박한 사명감을 가지고 이번 선거에 임해 주기 바란
다"고 당부했다. 그러면서 "국민과의 약속은 반드시 지켜야 한다"고 강
조했다. "여러분이 선거과정에서 하는 말과 약속은 평생 꼬리표처럼 여
러분을 따라 다닐 것이다. 지키기 어려운 약속은 처음부터 하지 말고 한
번 약속한 것은 반드시 지켜 달라"고 했다. "오늘 출범하는 선대위를 '국

민과의 약속 선대위'라고 부르고 싶다. 여러분 모두가 약속실천백서를 쓴다는 마음으로 선거에 임해주기 바란다"고도 했다.

이틀 뒤 대구에서 선거운동을 하던 박 위원장은 서문시장의 허름한 식당에서 대구 지역 후보들과 식사를 하는 자리에서도 약속 실천을 강조했다. 그는 "지킬 수 없는 약속은 하지 말고 약속을 하면 꼭 지켜야 한다"고 당부하면서 '나중에 무덤에 갈 때 약속을 안 지킨 의원이었다는 소리를 들으면 안 된다'고 했다.

나에게 "서로 호흡을 맞춰야 하지 않겠느냐"라며 대구행을 수행하라고 했던 박 위원장은 대구로 내려가는 KTX 열차 안에서 "새누리당의 '국민과의 약속'(정강정책)을 꼭 읽고 외우다시피 하라"고 당부했다. 대변인이 되고 난 다음 박 위원장에게서 처음으로 들은 주문이 '당 정강정책 숙지'였던 것이다. 박 위원장이 당 비상대책위원장을 맡아 개혁을 주도하는 과정에서 만든 정강정책은 정치를 쇄신하겠다고 하는 대(對)국민 약속인 만큼 당 대변인이 그 내용을 빠짐없이 머릿속에 집어넣고 있으라고 당부한 것이다.

3월 27일엔 두 번째 주문이 떨어졌다. 부산에서 선거운동을 한 박 위원장을 수행하고 귀경한 다음 두 명의 언론인과 저녁식사를 하던 중 위원장의 전화가 걸려 왔다. "품격 있는 논평을 쓰겠다고 했는데 꼭 그렇게 해 달라. 팩트(사실)에 근거해서 쓰고 너무 과한 표현은 쓰지 말라. 야당 논평과는 다르다는 것을 보여주면 좋겠다"고 했다. 3월 22일 국회 정론관에서 대변인으로서 첫 브리핑을 하는 자리에서 "이제 언론의 언어가 아닌 정치의 언어를 쓰게 될 텐데 그럼에도 가능한 한 상식에 맞게, 또 품격을 지키면서 대변인 활동을 하겠다"고 밝혔던 나에게 박 위원장이 두 번째 주문을 한 것이 논평의 품격이었던 것이다.

박근혜 대통령과 저자.
2012년 6월 새누리당 소속 19대 국회의원들이 처음으로 연 의원총회 자리에서.
저자는 당시 당 대통령 후보 경선 출마를 준비하던 박 대통령의 캠프 대변인으로 내정된 상태였다.
(사진 : 뉴시스 제공)

대변인의 품격이란

'언론인 출신 대변인'이라는 타이틀은 항상 신경을 곤두세우게 했다. 대변인의 일거수일투족이 당의 입장, 품격과 직결된다고 봤고, 언론인 출신답게 보다 이성적이고 세련된 활동을 해야 한다고 생각했기 때문이다. 그래서 대변인 노릇을 하는 동안 늘 살얼음판을 걷듯 조심스럽게, 또 신중하게 처신하려고 노력했다.

대변인이란 말 그대로 당이나 지도부의 입장을 국민과 언론에 알리는 사람이지만 일방적으로 홍보하는 데만 치우쳐서는 곤란하다는 게 나의 견해다. 대변인은 당의 어느 누구보다도 민심의 흐름을 예민하게 포착하고, 국민 다수의 생각을 헤아리면서 상식에 맞게, 국민 대중의 눈높이에 맞게 활동해야 대변인다운 역할을 하는 것이라고 생각한다. 당과 국민 대중이 소통하고 교감하는 데 대변인이 중요한 고리가 돼야 하는 것이다.

열린 마음과 공감 능력, 이성적이고 합리적인 사유체계가 대변인 자격의 핵심 요소인 것이다. 대변인이 다른 정당과 싸우는 데는 강성의 기질이나 근성, 독설과 정치공세 능력도 필요할 테지만 대변인의 마음가짐이 열려 있지 않고 폐쇄적이고 독선적이면, 그리고 그의 사유체계가 합리적이고 이성적이지 못하면 대변인으로서의 활동은 자칫 꼴불견이 되기 십상일 것이다. 이 경우 대변인 때문에 당의 체면과 품격이 손상되고 국민의 신뢰도 잃게 될 것이므로 당으로선 대변인을 잘못 둔 대가를 톡톡히 치를 수밖에 없다.

당 대변인이 당파성을 강하게 노출하는 일은 불가피하지만 그럼에도 최대한 이성의 언어로 말해야 한다고 생각한다. 대변인의 경솔한 언행이나 잘못이 큰 역풍을 불러 일으켜 당과 지도부에 심대한 타격을 주는 경우가 종종 있기 때문이다.

2013년 7월 박근혜 대통령을 겨냥한 민주당 한 원내대변인의 '귀태(鬼胎, 태어나지 말았어야 할 사람이란 뜻) 발언'이 큰 파문을 일으키고 민주당을 궁지로 몬 것은 대변인의 잘못된 언행으로 당 전체가 피해를 본 사례라고 할 수 있다. 같은 해 5월 한미 정상회담이 열린 워싱턴에서 상상할 수 없는 행동을 한 윤창중 당시 청와대 대변인 때문에 박근혜 대통령과 청와대가 큰 곤욕을 치른 것도 마찬가지 예다.

여야를 막론하고 각 정당에서 매일 쏟아내는 성명, 논평, 브리핑 등을 보면 여야 모두 '밀려서는 절대 안 된다'는 강박관념에 사로잡혀 있는 것으로 보인다. 상대 진영에서 낸 논평 등은 아주 잘못된 것인 양 무조건 깎아내리거나 무시하고, 아군의 할 말만 부각시키려고 하는 것이 하나의 문화로 자리 잡은 게 우리 정치권의 풍토다. 상대가 잘못할 땐 당연히 비판하고 지적해야겠지만 사실관계나 진실에 대해 정확하게 파악하지 않은 채 무조건 공격을 해서 상대방을 정치적으로 흠집 내고 궁지로 몰려고 하는 논평 등이 연일 쏟아지는 정치현실에 대해 정치권 전체가 성찰할 필요가 있다고 본다.

대변인을 하면서 야당 측의 공세가 너무 어이없고, 과하다고 느낄 때가 꽤 많았다. 야당도 '대변인 이상일'의 논평, 브리핑을 보면서 똑같이 느꼈을 수도 있으니 내가 더 잘났다고 주장하고 싶지는 않다. 대변인을 하면서 수시로 떠올린 것은 여야가 경쟁하고, 싸우더라도 좀 더 멋있게, 품격 있게, 격조 있게 할 수 없을까 하는 점이었다. 아주 사소한 걸 가지고 무슨 큰 잘못이나 저지른 것처럼 침소봉대해서 상대를 할퀴고 흠집 내는 것은 격조를 떨어뜨리는 일이다. 여야가 싸우더라도 금도를 지키려고 노력하는 것이 우리 정치의 수준을 업그레이드 하는 길일 테지만 싸우다 보면 종종 선을 넘는 게 우리 정치권의 현주소다.

내가 대변인으로 활동하는 동안 모든 언행을 품격 있게 했다고 자랑할 순 없다. 그러나 야당과 싸우는 동안에도 모질고, 거칠고, 과한 표현은 가능한 한 쓰지 않으려고 노력했다. 야당에 좋은 일이 있을 땐 덕담을 건네기도 했다. 여야가 정체성이나 생각이 달라 자주 충돌하는 일이 비일비재하고, 대변인이 싸움의 선봉에 서는 경우가 대부분이지만 그런 가운데서도 이성의 언어를 사용하려고 나름대로 애를 썼다고 생각한다. 대변인의 품격이 곧 당의 품격이고, 그 품격의 정도를 국민은 야당과 항상 비교할 것이라고 판단했기 때문에 성명, 논평 한 줄 한 줄에 공을 들였던 것이다.

〈뉴데일리〉 2013년 1월 9일 오창균 기자

대변인의 품격, 왜 이리 달라!
새누리 "문희상 축하" —비난만 하던 민주당과 딴판?
정중하고 예의 갖추는 여당의 입 vs 흠집 내기에 혈안이 된 야당의 입

민주통합당의 문희상 비상대책위원장 선출 소식에 새누리당이 "진심으로 환영한다"는 축하 인사를 건넸다.

대통령직 인수위원회 인선과 관련, 매번 꼬투리를 잡고 비난 목소리를 내던 민주통합당과는 완전히 딴판이었다.

9일 오후 새누리당 이상일 대변인이 발표한 논평 내용이다.

민주통합당이 문희상 의원을 비상대책위원장으로 선출했다고 한다.

문희상 의원이 중책을 맡게 된 것을 진심으로 축하하고 환영한다.

5선 국회의원으로 국회 부의장을 지낸 문희상 의원은 풍부한 의정생활과 청와대에서의 국정운영 경험을 통해 경륜을 쌓았고 덕망도 갖춘 분인 만큼 민주통합당을 잘 이끌고 나갈 것으로 본다.

민주통합당도 문희상 비대위원장을 중심으로 과감한 자기혁신 노력을 기울여 주기 바란다.

책임 있는 제1야당으로서 여당을 견제하면서도 대화할 것은 대화하고 타협할 것은 타협하는 등 상생의 정치를 통해 국민의 박수를 받는 정당으로 거듭나길 기대한다.

열린 마음, 공감 능력, 이성적이고 합리적인 사유체계가 대변인의 조건이라고 생각한다.
당 대변인의 강한 당파성은 불가피하지만 그럼에도 최대한 이성으로 말해야 한다.
19대 총선 때 기자들과 대화를 하는 이상일 당시 대변인
(사진 : 노컷뉴스 제공)

또 박근혜 대통령 당선인의 새로운 정부가 산뜻한 출발을 할 수 있도록 협력할 것은 적극 협력하는 통 큰 야당, 멋진 야당으로 변신하길 희망한다.

새누리당도 문희상 비대위원장이 이끄는 민주통합당과 더욱 더 적극적으로 대화하고 소통하면서 국가적 현안을 슬기롭게 해결하고, 국민에게 희망을 주는 정치를 펼 수 있도록 정진할 것임을 다짐한다.

상당히 정중하고 예의를 갖춘 어조였다.

지금껏 민주통합당 ○○○ 대변인이 발표했던 브리핑 및 논평들과는 뉘앙스 자체가 달랐다(※ 기사에 실명으로 언급된 분의 명예를 고려해 ○○○으로 처리).

이상일 대변인은 전남 함평 출신으로 〈중앙일보〉 기자로 활동했었다.

(이하 기사는 야당 대변인에 대한 것이므로 생략)

야당 의원이었던 아버지의 의연함, 품격을 배우고 싶다

새누리당에서 대변인으로 활동해 달라는 요청을 받았을 때 나는 과거 야당 소속으로 9대, 10대, 12대 국회의원을 지낸 아버지(故 이진연 의원)를 떠올렸다. 아버지가 살아 계셨다면 어떻게 하라고 하셨을까. 아버지는 '정치를 하되 참되게, 진실되게 하라'고 말씀하셨을 것이다. 나는 아버지를 존경했다. 자식들에겐 엄했지만 지역 주민들에 대해서는 참으로 따뜻하게 아끼는 마음으로 대했던 분이다. 고향(전남 함평) 분들 가운데 아버지에게서 은혜를 입은 많은 분들이 나를 적극 돕겠다고 말하고 나서는 걸 보면서 아버지의 울타리가 참으로 크다고 생각한다. 정치부 기자를 할 때 아버지를 기억하는 여러 선배 기자들, 그리고 많은 정치인들이 "네 아버지는 의연했다. 그리고 신사였다. 여당과 싸울 때도 도를 넘는 언행은 결코 하지 않는 품격 높은 분이었다"라고 회고한 걸 들었다. 정치부 기자로서 꽤 많은 특종을 했다는 평가를 받았는데 아버지를 좋아했던 정치인들이 준 특종도 많았다. 기자로 일할 때 서청원 전 한

나라당 대표, 이한동 전 총리, 최형우 전 내무장관, 이만섭 전 국회의장, 한화갑·김중권 전 민주당 대표 등으로부터 과분한 사랑을 받았다. 그분들은 "네 아버지를 좋아했고, 존경했다"며 나에게 많은 정보와 기삿거리를 줬다. 아버지 덕을 톡톡히 보면서 기자 생활을 한 셈이다.

아버지는 청렴한 분이었다. 아버지가 국회 건설위원회 야당 간사를 했을 때 같은 상임위 소속 여야 의원 다수가 서울 강남 요지의 아파트를 특혜 분양을 받아 큰 물의를 빚었지만 내 아버지는 그 유혹에 빠지지 않았다. 국회의원을 세 번 했지만 부(富)의 소유란 측면에서 가진 것이 별로 없는 분이었다.

함평에 가면 아버지를 청렴하고 정직한 정치인으로 기억하는 분들이 많다. 그래서 더 큰 책임감을 느낀다. 아버지를 닮은 아들이라는 말을 들어야겠기에 그렇다.

'정치인 이상일'의 꿈은 소박하다. 정치적으로 거물이 되어서 큰 권력을 누리고, 강한 영향력을 행사하겠다는 생각은 이 글을 쓰는 현재 추호도 없다. 고향과 지역 주민을 위해 열심히 일했고, 민주주의의 발전을 위해 투쟁했던 아버지의 열정과 인간애, 그리고 근면성을 배워 우리 국민의 삶이 조금이라도 나아질 수 있도록 작은 기여라도 하면 좋겠다는 게 나의 진심이다. 그래서 나는 거대 정치 담론보다 생활정치에 관심을 갖고 있다. 국민들이 살면서 느끼는 많은 불편과 부조리, 시스템을 인본주의적으로 조금만 바꾸면 좋아질 수 있는데도 정치권의 관심 부재와 관료주의의 안일함 때문에 방치되는 것들, 이런 문제들을 하나둘씩 해결해 나가는 일에 열중하고 싶다. 이 책 후반부에서 언급이 되지만 대변인

아들(혜문)을 안고 있는 저자와 선친(고 이진연 의원). 1993년 초여름 어느 날 강원도에서.
저자는 당시 중앙일보 정치부 기자로 국회와 정당을 취재하고 있었다.

저자가 중앙일보 워싱턴 특파원으로 일하던 때인 2009년 6월
워싱턴 Capitol Hill(미국 의회) 앞에서 아들(혜문), 딸(혜인), 아내(김미영)와 함께

을 하면서 국민들의 삶과 관련한 여러 가지 문제에 대해 꽤 많은 '생활논평'을 낸 것은 이런 이유에서다.

나는 정치를 하면서도 언론인의 눈을 잃지 않으려 한다. 언론인은 사물을 객관적으로 보려 하고 비판 정신을 견지하려 한다. 정치는 당파성의 영역에 속해 있지만, 당파성과는 최대한 거리를 두려 하는 언론인의 눈으로 보면 우리 정치권이 지금 어디로 가고 있는지, 뭘 잘하고 있는지, 잘 못하는지 현명하게 분별할 수 있을 것이라고 생각한다. 이런 눈을 잃지 않고 정치를 해야 국민의 눈높이를 맞출 수 있을 것이고, 열린 마음을 유지할 수 있을 것인 만큼 성찰을 게을리하지 않으려 한다.

📰 **기사**

언론인 출신 비례대표의원
정치부 기자 시절부터 박근혜 당선인과 인연
《박근혜 시대 파워엘리트》 (매일경제 정치부 · MBN 정치부 지음, 매일경제신문사, 192쪽)

이상일 새누리당 의원은 당 비례대표 중 유일한 언론인 출신이다. 2012년 19대 총선에서 비례대표 앞 순위인 8번에 이름을 올리며 국회에 무난히 입성했다.

서울대 사회과학대학 무역학과, 연세대 경영대학원 경영학과를 졸업한 그는 1988년 초 중앙일보에 입사해 25년간 언론사에 몸담았다. 중앙일보 정치부 기자를 거쳐 워싱턴특파원, 정치부장, 논설위원 등을 지냈다. 1998년부터 1년간 미국 미주리 대학교 저널리즘스쿨에서 언론학을 공부했다.

이 의원은 19대 총선 때 새누리당 중앙선거대책위 대변인으로 일하면서 야당과의 공중전 일선에서 싸웠다.

박근혜 당선인과의 인연은 중앙일보 정치부 기자 시절부터 자연스럽게 시작됐다. 이 의원은 "1998년 보궐선거를 통해 국회에 입성한 박 당선인을 취재하는 과정에서 그의 투철한 국가관과 애국심을 확인할 수 있었고, 진정성으로 정치를 하려는 모습을 보며 박 당선인을 새로운 장르의 정치인이라고 생각했다"고 말했다.

이 의원은 2006년 1월부터 3년 6개월간 중앙일보 워싱턴특파원으로 활동하면서 북한의 1차 핵실험 문제, 버락 오바마 대통령을 탄생시킨 미국 대선 등을 취재했다. 이후 이 의원은 중앙일보 정치부장으로 부임, 2년간 정치면을 책임졌다. 이 의원이 정치부 기자를 하던 시절부터 박 당선인은 가끔 전화를 걸어 정국 현안에 대한 의견을 물어보기도 했다고 박 당선인 비서실 관계자는 말했다. 정치부장에 이어 논설위원으로 일할 땐 '이상일의 시시각각'이란 칼럼을 통해 깔끔한 글 솜씨와 날카로운 시각을 선보였다.

박 당선인이 새누리당 대선 후보로 선출되기 며칠 전 캠프에서 열린 실무 전략회의에서 이 의원은 "박근혜 후보가 경선에서 승리하면 곧바로 노무현 전 대통령의 묘역이 있는 경남 봉하마을을 방문하는 게 좋겠다"는 아이디어를 낸 것으로 알려졌다.

이 의원은 오랜 기간 정치부 기자로 일한 만큼 정국 진단이 정확하고 기자들과도 좋은 유대관계를 맺고 있다는 평을 듣고 있다. 촌철살인의 논평을 하면서도 품격을 지킨다는 평가도 받고 있다. 전남 함평 출신으로 부친은 신민당 소속으로 3선을 한 고 이진연 전 의원이다.

기자 시절부터 박 당선인과 인연 … 깊은 신뢰

《박근혜 사람들 : 세대를 아우르는 용인의 기술》 (한국경제신문사 정치부 지음, 한국경제신문사, 352~353쪽)

19대 국회에 입성하자마자 박근혜 당선인의 '입' 역할을 맡아왔다. 중앙일보 정치부 기자 시절부터 박 당선인과 인연을 맺어 신임이 두터운 것으로 알려졌다. 호남 출신으로 서울고, 서울대 무역학과를 졸업했다. 그는 정치인 2세. 부친인 이진연 전 신민당 의원은 전남 함평에서 9·10·12대 국회의원을 지냈다.

이 의원은 20여 년 동안 중앙일보에 몸담았다. 워싱턴특파원, 정치부장, 논설위원, 정치에디터 등을 거쳐 정치권에 눈이 밝다는 평가다. 박 당선인과는 기자 시절, 기자와 취재원 사이로 처음 만났다. 정치권 관계자는 "기자였던 이 의원은 박 당선인에게 가벼운 농담도 던지는 등 어렵지 않게 대했는데, 박 당선인이 이것을 매우 좋아했다"고 말했다.

2012년 4.11 총선에서 새누리당 중앙선대위 대변인으로 영입됐다. 비례대표 8번을 받아 국회 입성이 거의 확실시됐다. 총선이 끝난 뒤 배지를 달자 바로 당 대변인에 임명됐다. 의원 배지를 달기 전부터 대변인을 맡은 것은 이례적이다. 이어 박 당선인의 경선 캠프 대변인, 중앙선거대책위원회 대변인을 잇달아 맡아 신뢰받는 인사임을 입증했다.

이 의원은 본인의 경험을 바탕으로 언론 홍보에 능숙하다는 이야기를 들었다. 대선 기간에는 시시각각으로 변하는 현안에 촌철살인 같은 논평을 내 적절히 대응했다는 평가가 많다. 특히 대선 마지막을 앞두고 터진 국정원 직원 댓글 의혹 사건에 강하게 대응해 국면을 전환하는 데 일조했다. 박 당선인에게 대형 악재로 작용할 수 있는 사안이었다. 이 의원은 "민주당 주장은 전혀 사실이 아니다"라며 이를 흑색선전으로 몰아붙였다. 또 "법적 대응도 검토하고 있다"고 강하게 맞서 여론을 바꾸는 데 결정적 역할을 했다.

입이 무겁고 좀처럼 말실수를 하지 않는다는 점도 박 당선인이 그를 믿는 이유다. 대선 기간 동안 ○○○ 전 공보단장, ○○○ 전 대변인, ○○○ 공보위원, ○○○ 당 대변인 등 공보라인은 잦은 말실수와 전달 혼선으로 인해 직책을 내려놔야 했다(※ 기사에 실명으로 언급된 분들의 명예를 고려해 ○○○ 으로 처리). 이에 비해 이 의원은 항상 언론을 가까이 하면서도 구설수에 휘말린 적은 없다. 이로 인해 '친박(親朴)' 의원이자 박 당선인의 의중을 가장 잘 헤아리는 핵심 인사로 꼽힌다.

호남 출신이라는 점도 박 당선인이 대통합을 모토로 내세우고 있는 상황에서 강점으로 작용하고 있다. 박 당선인이 선거 기간 내내 '국민대통합'과 '대탕평'을 강조했기 때문에 차기 정부 구성에서 호남 인사를 배려할 것으로 전망되고 있다. 2012년을 박 당선인의 '입'으로 보낸 이 의원은 요직을 맡을 것이란 관측도 대두된다.

제 2 장

험난한 파고를 넘었던 19대 총선

(사진 : 뉴스1 제공)

민주당 대변인단은 출정식에서 '심판'이란 용어를 즐겨 썼지만
나는 '미래', '민생', 그리고 '약속 실천'을 키워드로 삼았다.

민주당과 통합진보당(진보정의당 세력이 떨어져 나가기 전의 정당)이
정체성과 정치철학의 차이에도 불구하고 무조건 연대를 한 다음 유권자를
이념적으로 편 가르기를 하면서 분노의 언어로 말할 때 나는 좀 더
이성적인 언어로 말하려고 했다.

민생과 미래를 강조한 출정식 성명

2012년 3월 29일 4.11 총선의 공식 레이스(공식 선거운동)가 시작됐다. 나는 이날 오전 새누리당의 각오와 다짐, 당의 변화를 소개하는 성명을 발표했다. 정치에 실망한 많은 국민들이 '그래도 새누리당이 더 민생에 관심 있구나'라는 점을 알 수 있도록 여야를 비교하는 내용의 성명을 작성했던 것이다.

수만 갈래인 유권자의 마음을 얻기란 쉬운 일이 아닌 만큼 성명을 어떻게 써야 할지 고민했지만 정답은 역시 진솔함이라고 생각했다. 물론 당 대변인 입장에서 우리 당을 홍보하는 당파성 짙은 내용을 쓰는 것이지만 그래도 새누리당이 박근혜 비상대책위원장을 앞세워 개혁과 쇄신에 박차를 가해왔던 달라진 모습을 전달하겠다고 마음먹었다. 이명박 정부만 때리면 총선에서 이길 수 있다며 다소 자만하는 모습을 보여줬던 민주당과의 차이를 설명하는 내용도 담되 민생을 챙기며 미래로 가겠다는 새누리당의 이야기를 잘 알리는 쪽에 방점을 뒀다.

민주당 대변인단은 출정식에서 '심판'이란 용어를 즐겨 썼지만 나는 '미래', '민생', 그리고 '약속 실천'을 키워드로 삼았다. 민주당과 통합진보당(진보정의당 세력이 떨어져 나가기 전의 정당)이 정체성과 정치철학의 차이에도 불구하고 무조건 연대를 한 다음 유권자를 이념적으로 편 가르기를 하면서 분노의 언어로 말할 때 나는 좀 더 이성적인 언어로 말하려고 했다.

👔 **성명**

[12/03/29]

공식선거운동에 임하는 새누리당의 입장 :
바뀐 새누리당은 이제 '미래'로 갑니다. '국민행복'과 '민생'을 최우선시합니다.
'약속'을 목숨처럼 소중히 지킵니다.

오늘부터 공식 선거운동이 시작됐습니다. 이번 총선에 대한민국의 미래가 걸려 있습니다. 이 나라가 선진국으로 도약함과 동시에 국민에 대한 복지혜택도 늘려 가는 선(善)순환의 길을 가느냐, 아니면 성장과 발전의 동력은 죽인 채 '퍼주기 복지'를 하다 종국에는 곳간을 비워 '퍼주기'조차 할 수 없고, 실업자만 양산하게 될 악순환의 덫에 걸리느냐가 이번 선거를 통해 결정될 겁니다.

새누리당은 미래로 갑니다. 이념이 아닌 민생으로 승부를 걸 겁니다. 민주통합당은 옛 민주당과 다릅니다. 노무현 정부 때 '사는 게 피곤한 세상'을 만들었던 친노 세력이 합리적이고 건전한 사고를 가진 이들을 밀어내고 당의 패권을 움켜쥐었습니다. 한미 FTA 폐기를 반대한 '죄'로 공천에서 탈락한 기획재정부 장관 출신 강봉균 의원이 오죽하면 "민주통합당은 '정체성'이란 말로 정치인들을 이념적으로 편 가르고 국민들을 불안하게 해서는 안 될 것"이라고 일침을 가하고 탈당했겠습니까. 한광옥 전 대표 등 김대중 전 대통령을 따랐던 세력이 왜 민주통합당을 버리고 나가 정통민주당을 만들었겠습니까.

민주통합당을 점령하고, 친노 일색의 공천을 한 세력은 노무현 정부 말기 국정파탄, 민생파탄을 초래한 주범으로 중산층과 서민에게 큰 고통을 안겨준 장본인입니다. 당시 우리 국민, 특히 중산층과 서민의 분노가 하늘을 찌를 듯 솟구치자 그들 스스로 '폐족(廢族)'이라고 칭했던 이들입니다. 그런 그들이 다시 정치의 전면에 등장했습니다. 그리고 국회 의사당에서 최루탄 테러를 가하고, 그걸 '의거'라고 주장하는 비이성적이고 과격한, 그래서 가까이 하기엔 너무 무서운 통합진보당과 손을 잡았습니다. 두 당의 후보 단일화 경선에서 드러났듯 이기기 위해서는 조작이든, 뭐든 수단방법을 가리지 않는 비민주적인 통합진보당에 민주통합당은 끌려 다니고 있습니다. 이런 두 당이 공동으로 내세우는 건 한미 FTA 무효(사실상 폐기), 한미 동맹 해체, 대기업 그룹 해체, 해군기지 건설 중단 등입니다.

두 당이 국회를 접수하고 이 나라를 운영한다면 어떻게 될까요? 한미 FTA가 폐기되고, 양국의 동맹이 해체되면 대한민국 경제가 성할까요, 골병들까요? 국가 안보가 흔들릴까요, 튼튼해질까요? 청년 일자리가 많이 생겨날까요, 아니면 줄줄이 없어질까요? 복지를 충당할 수 있는 재원이 늘어날까요, 확 줄어들까요?

국민은 해답을 아실 겁니다. 새누리당이 '미래'와 '국민행복, 가족행복', 그리고 '민생'을 내세우는 것도 국민의 우국충정을 잘 헤아리고 있기 때문입니다. 새누리당은 과거의 한나라당이 아닙니다. 뼛속까지 바꾸고자 노력했고, 그 결과물로 새롭게 거듭난 정당입니다. 우선 당의 비전과 정책이 확 바뀌었습니다.

우리는 국가의 성장과 발전 동력을 강화하면서도 사회의 양극화를 해소하기 위해 적극적으로 대응하는 정책, 중산층과 서민을 살리고, 청년 일자리를 확충하는 정책, 청년 벤처기업을 장려하는 환경 조성, 대기업과 중소기업의 불공정한 관계를 시정하고, 대중소기업이 상생하는 시스템 마련 등을 적극 추진하기로 약속했습니다. 해체되는 가족관계를 복원하기 위해 가족의 행복을 정책의 최우선 가치로 삼겠다고 했습니다.

우린 이런 약속을 국민에게 드리면서 목숨을 걸고 지키겠다고 다짐합니다. 19대 국회가 열리면 100일 안에 약속을 이행하기 위한 각종 법안들을 제출하겠다는 약속도 드립니다. 박근혜 위원장의 이름으로 약속하는 것입니다. 박 위원장이 보증수표가 돼 드릴 겁니다. 국민 여러분, 어떤 정당이 미덥다고 생각하십니까? 현명하신 판단을 부탁드립니다.

민주당의 PK 바람을 잠재우다

       총선 초반전 상황은 녹록지 않았다. 박근혜 비상대책위원장이 개혁과 쇄신을 단행하면서 새누리당이 좀 달라졌다는 평가를 받았지만 영남을 제외한 전국 곳곳의 민심은 여전히 냉랭한 편이었다. 임기 말을 맞아 부패·비리 문제가 자꾸 터져 나온 이명박(MB) 정부에 등 돌린 대중이 많았고, 민생경제도 좋아지지 않기 때문이다(45페이지의 '이상일의 시시각각'은 MB정부의 문제를 지적한 칼럼임).

  이런 분위기에서 민주당은 '이명박 정권 심판론'을 외치며 공세를 강화해 나갔다. 특히 "이 대통령과 박근혜 비상대책위원장이 국정운영 실패의 공동책임이 있다"며 어떻게든 박 위원장을 이 대통령과 한 묶음으로 엮으려고 애썼다. '반(反)MB' 정서로 새누리당 총선을 지휘하는 박 위원장에 대해 타격을 가하려 한 것인데 민주당이 '이명박근혜 정권'이란 조어를 만든 것도 이런 의도에서다.

  노무현 전 대통령 세력이 당권을 장악한 민주당은 특히 PK(부산 경남)

공략에 공을 들였다. 새누리당의 영남 기반을 흔들겠다는 것으로, 이는 8개월 뒤에 실시될 대선까지 염두에 둔 전략이었다. 노 전 대통령이 가장 신임했고, 노무현 정부에서 청와대 민정수석과 비서실장을 지낸 문재인 후보가 부산 사상구에 출마해 부산과 경남 일부 지역을 적극 공략함에 따라 대중과 언론의 관심은 PK 선거에 쏠렸다. 언론에선 'PK 혈투'라는 등의 표현을 쓰면서 이 지역 선거상황을 상세히 보도했다.

민주당이 PK 지역 공략에 총력전을 펴다시피 하자 박 위원장도 비상한 각오로 대응했다. 비대위원장에 취임하고 나서 총선이 끝나는 날까지 부산을 다섯 번이나 방문하는 등 'PK 사수의지'를 행동으로 보여줬다. 박 위원장이 부산을 방문할 때마다 분위기는 달라졌다. 부산에 출마한 새누리당 후보자들은 "박 위원장이 이곳에 한 번 내려올 때마다 우리 지지율이 5, 6%씩은 올라간다"고 말했다.

부산에서 4선을 했음에도 총선 공천을 받지 못한 김무성 의원(2013년 4월 국회의원 재보선에서 부산 영도에 출마해 5선 의원에 당선)의 선택도 선거 분위기에 큰 영향을 미쳤다. 당시 공천을 받지 못한 김 의원에 대해 정치권에선 탈당설, '박세일 신당'(국민생각) 합류설 등이 나왔지만 김 의원은 공천 결과를 대승적으로 수용하는 '백의종군'의 길을 선택했다. 그리고 평당원으로서 부산뿐 아니라 전국 곳곳을 돌며 새누리당 후보들을 지원하는 등 헌신적인 모습을 보여줬다.

공식 선거운동이 시작된 뒤인 3월 27일 부산에 내려간 박 위원장은 기장시장의 한 식당에서 김 의원, 부산 지역 새누리당 후보들과 오찬을 함께했다. 그때 박 위원장은 김 의원에게 "부산 사나이다움을 보여주셨다"고 말했다. 백의종군을 하면서 새누리당 후보들을 열심히 돕고 있던 김 의원에게 감사의 뜻을 나타낸 것이다. 이날 오찬은 박 위원장과 김 의원의 소원했던 관계가 복원되는 계기가 되었다고 생각한다. 박 위원장이 한나라당 대표를 맡던 시절 김 의원은 사무총장으로 일했고, 2007년 한나라당 대통령 후보 경선 때엔 김 의원이 '박근혜 후보 캠프'에서 핵심적인 역할을 했지만 이후 두 분의 사이는 많이 멀어졌다. 그랬던 관계가 김 의원의 백의종군, 박 위원장의 감사 인사로 회복되기 시작했다. 박 위원장은 대선 때 중앙선거대책기구의 가장 중요한 자리 중 하나인 총괄선거대책본부장을 김 의원에게 맡겼다. 박 위원장은 대선에서 승리한 다음엔 김 의원을 중국특사단 대표로 베이징에 파견했다. 총선 초반 민주당 문재인 후보의 부산 출마와 민주당의 총력전으로 다소 흔들렸던 PK지역은 박 위원장이 몇 번 내려가면서, 그리고 김무성 의원이 희생정신으로 여당 후보들을 열성 지원하면서 차츰 안정됐다. 처음엔 민주당이 부산에서 4, 5석을 얻어 새누리당에 상당한 타격을 줄 수도 있을 것으로 예측됐으나 실제로는 2석을 얻는 데 그쳤다.

📰 **칼럼**

[이상일의 시시각각] 〈중앙일보〉 2012년 2월 2일자

대통령님, 딴청 부리지 마세요

지난해 3월 아랍에미리트를 방문한 이명박(MB) 대통령은 교민과

의 만남에서 이렇게 말했다. "1월 1일 하루만 쉬고 2일부터 일하는 대통령은 나밖에 없다. 나는 세계 모든 정상(頂上) 중에서 제일 열심히 한다."

자랑 같지만 틀린 말은 아니다. 그가 일벌레인 건 맞고, 그 때문에 청와대 비서진은 죽어난다. 비서관·행정관 등은 평일엔 오전 6시쯤 출근한다. 대통령이나 대통령실장, 수석비서관에게 올릴 각종 보고서를 만들어야 하고, 수석비서관 회의를 준비하는 등 챙길 일이 많기 때문이다.

먼 곳에 집을 둔 일부 비서관·행정관은 청와대 인근에서 하숙 또는 자취를 하면서 일한다. 이들을 만나면 "대통령의 일 욕심 하나는 정말 끝내준다. 탄복하지 않을 수 없다"는 이야기를 종종 듣게 된다.

이 대통령은 임기를 등산이나 마라톤에 비유하는 걸 싫어한다. '하산한다' 거나 '반환점을 돌았다' 는 소리에 강한 거부감을 표출한다. 그가 서울시장을 지낸 뒤 낸 저서 『온 몸으로 부딪쳐라』에는 이런 대목이 나온다. "나는 레임덕(임기 말 권력누수 현상)이란 말을 무척 싫어하며, 이는 존재해서는 안 되는 말이다."

며칠 전 그는 청와대 직원 500여 명과 함께 북악산에 올라 '400m 계주론' 을 폈다. "400m 계주를 할 때 4명의 주자가 100m씩 달려 바통을 주는데 다음 사람에게 바통을 넘겨줄 때는 더 속력을 내야 한다. 우리가 중간에 속도를 늦추면 대한민국호가 어떻게 되겠는가. 올해는 더 중요하니 속도를 더 내자"고 했다.

레임덕을 인정하지 않겠다는 이 대통령다운 얘기다. 그런 그는 요즘 국정의 여러 현안을 속도감 있게 보살피느라 바쁘디 바쁜 행보를 하고 있다.

"신년사를 통해 서민경제 안정을 얘기하면서 물가와 일자리에 중점을 두겠다고 한 만큼 이에 대해 최선을 다해야 한다" "사회가 탈북자 문제에 너무 무관심했다. 탈북자를 제대로 수용하지 못한다면 어찌 통일에 대비할 수 있겠는가" "정부가 지식재산을 어떻게 보호할 것인지 대책을 완벽하게 마련해야 한다"는 등 공감이 가는 '말씀'을 쏟아내며 공무원에게 채찍질을 가하고 있는 것이다.

하지만 그가 외면하는 중대한 현안이 있다. 친인척과 측근들의 부패·비리 문제다. 이게 터질 때마다 국민의 혈압은 치솟는다. 서민이나 중산층은 허탈감·좌절감으로 살맛을 잃는다. 그는 1월 2일 신년 국정연설에서 "송구스럽다. 저 자신과 주변을 되돌아보고 잘못된 점은 보다 엄격하게 관리하겠다"고 짤막하게 한마디 하긴 했다. 그러나 이후엔 면벽(面壁) 좌선하는 수도승이나 된 것처럼 침묵하고 있다. 친형인 이상득 의원을 비롯해 박희태 국회의장, 김효재 청와대 정무수석이 별개의 사건으로 검찰 조사를 받게 될 지경에 이르고, 정치적 멘토였던 최시중 전 방송통신위원장에게 쏠리는 의혹은 갈수록 커지는데도 딴청 부리듯 다른 문제만 건드리고 있다.

이 대통령이 아무리 부정해도 레임덕은 이미 왔고, 친인척과 측근 비리는 그걸 악화시키고 있다. "우리 정부는 도덕적으로 완벽한 정권"이라고 했던 그로선 얼굴을 들고 다니기 어려울 정도가 됐다.

그러니 입이 몇 개라도 할 말이 없을 테지만 그래도 국민 앞에 입장을 내놓아야 한다.

이 대통령이 무얼 잘못해 사태가 이렇게 됐는지, 이젠 어떻게 할 건지 진솔한 사과와 함께 국민이 납득할 만한 민심 수습책을 제시해야 한다. 400m 계주를 한다며 앞만 보고 달릴 게 아니라 자기 그림자가 어떻게 생겼는지 뒤돌아보고 성찰해야 할 때인 것이다. 피타고라스가 제자들에게 권했던 '양심의 자기검열'을 해야 한다는 얘기다.

이 대통령이 못한다면 참모들이 들고 일어나야 한다. "남은 1년 동안 국정운영의 속도를 내려면 대통령 주변의 모든 의혹을 성역 없는 수사로 깔끔하게 규명하고 정리하지 않으면 안 된다"고 직언해야 한다.

민심을 진정시키지 않고선 어떤 일도 할 수 없을 뿐더러 레임덕의 속도만 빨라질 뿐이다. 이 대통령에게 당장 필요한 건 일과 정책이 아니라 모럴(도덕)의 확립이다.

논설위원

나꼼수와 민주당에 독이 된 김용민의 언행

4.11 총선 과정에서 팟 캐스트 '나는 꼼수다' (나꼼수)
가 한동안 바람을 일으켰다. 주류 언론에 반기를 들고 거침없는 욕설과
비속어가 난무하는 인터넷 라디오 방송을 만든 이들은 민감한 사회적 이
슈들에 대해 '음모론'을 제기하며 2030 세대를 중심으로 인기를 끌었다.
새로운 방송이 게시될 때마다 상당히 많은 다운로드가 이뤄지고, 방송
내용을 글로 엮은 책이 꽤 많이 팔리기도 했다. '나꼼수'의 활동은 제19
대 국회의원 선거 판세에 영향을 미쳤다.

나꼼수의 멤버 김용민 씨는 민주통합당 공천을 받아 서울 노원갑 후보
로 출마했다. 노원갑 지역은 나꼼수의 멤버였던 정봉주 전 의원의 지역
구로, 당시 정봉주 씨는 BBK 사건과 관련해 허위사실을 유포한 혐의로
징역 1년을 구형 받아 수감 중인 상태였다.

김용민 씨의 국회의원 출마는 관심을 끌었다. 청년층에 인기가 있던
'나꼼수 바람'이 과연 현실 정치에서 통할 수 있을지 판가름할 시험대

였던 셈이나 그의 출마는 나꼼수와 민주당에 도리어 역풍을 일으켰다. '김용민 막말 파문'이 '나꼼수' 활동에 결정적인 타격을 주었고 민주당에 독이 되었기 때문이다.

김용민 씨가 2004년 한 인터넷 라디오 방송에 출연해 "유영철을 풀어 테러를 가하고 라이스(콘돌리자 라이스 전 미국 국무장관)는 강간하자", "지상파 방송에 성인물을 상영하고 피임약을 최음제로 바꿔 팔면 저출산 문제를 해결할 수 있다", "지하철 시청역 같은 곳은 한 4층 정도 지하로 내려가야 한다. 에스컬레이터·엘리베이터 다 없애고, 그러면 (노인들이) 엄두가 나지 않아서 시청에 안 오지 않겠냐"라는 등 여성과 노인 등을 폄하하는 상식 이하의 막말을 내뱉은 사실이 뒤늦게 알려져 큰 파문이 일었다. 국민들은 분노했다. 차마 입에 담기 어려운 독설을 뱉은 그에 대해 여성과 노년층 단체는 물론이고 각종 사회단체들의 비난이 빗발쳤다. 한국장로회총연합회, 한국교회평신도단체협의회 등 7개 종교 단체 역시 성경과 찬송가를 패러디하며 자신을 '목사아들 돼지새끼'라고 한 김용민 씨를 강력히 규탄하면서 그의 사퇴를 촉구했다.

그러나 민주당과 김용민 후보의 대응은 실망스러웠다. 논란이 불거진 초기 김용민 후보는 '새누리당의 네거티브 공세'라며 가볍게 대응하다 여론의 뭇매를 맞았고, 당의 사퇴 권고에도 "유권자의 심판을 받겠다"며 사퇴 거부 의사를 밝혔다. 민주당으로서는 당의 도덕성이 심각하게 훼손되는 상황이었지만, 사퇴권고 이후엔 이렇다 할 대응책을 제시하지 못한 채 이리저리 눈치만 보고 있었다. 그도 그럴 것이 김용민 후보는 선거 홍행을 노린 당 지도부가 전략공천으로 '모셔온' 인물이었기 때문이다. 한

마디로 민주당 위에 나꼼수가 있는 형국이었다. 현명한 국민들이 이를 모를 리 없었다. 한명숙 대표는 급기야 김용민 씨에게 후보사퇴를 권고하기에 이르렀지만 국민은 그를 '모셔온' 민주당이 곤경에 처하자 급히 여론 무마용으로 꼬리자르기를 시도한다는 것을, 그리고 그동안 민주당이 나꼼수의 후광을 노린 꼼수 정치를 했다는 사실을 금세 눈치챘던 것이다. 결국 '유권자의 심판을 받겠다' 던 김용민 후보는 새누리당 이노근 후보에 4,782표 (5.86%)차로 정계 진출에 실패했다. 유권자들의 냉엄한 심판 앞에 무릎 꿇고 만 것이다.

✒ **논평**

[12/04/08]

민주통합당은 김용민 씨를 출당하라.

 민주통합당 한명숙 대표가 여성과 노인, 종교인 등을 상대로 무차별적인 저질 발언을 쏟아냈던 민주통합당 김용민 서울 노원갑 후보에 대해 사퇴를 권고했다.

 한명숙 대표는 황창화 선대위 대변인을 통해 "김용민 후보의 과거 발언은 이유 여하를 불문하고 분명 잘못된 것" 이라며 김 후보의 사퇴를 촉구했으며, "마음의 상처를 입은 국민께 죄송하다" 고 했다.

 한 대표는 3월 14일 김용민 후보를 영입하면서 거창한 환영행사를 열었다. 그 자리에서 한 대표는 김용민 후보에 대해 "매주 천만 명 시민을 만나 대한민국을 흔들고 계시는 분"이라고 치켜세웠다.

'나꼼수'와 그 진행자 중 한 사람인 정봉주 전 의원의 눈치 때문에 공천심사위원회의 심사도 거치지 않고 서울 노원갑에 김용민 후보를 전략공천한 책임은 한 대표를 비롯한 민주통합당 지도부에 있다. 김용민 후보의 상스러운 말로 나이 드신 어르신과 여성, 그리고 종교인 등이 큰 상처를 입게 된 것과 관련해 한 대표 등의 책임이 크다는 얘기다.

그동안 '김용민 마케팅'에 앞장섰던 한명숙 대표가 공천 실패를 인정한다면 국민 앞에 직접 나서서 진술한 태도로 사과를 해야 한다. 김용민 씨가 참으로 잘못했다고 생각한다면 그의 후보직 사퇴를 권유할 게 아니라 그를 출당(黜黨)해야 한다.

여대생 앞에서 성희롱 발언을 했던 강용석 의원을 즉각 출당조치 했던 새누리당을 본받으라는 얘기다.

김용민 씨는 지금 사퇴 거부를 하고 있다. 김용민 씨가 계속 버틸 경우 한명숙 대표는 어떻게 할 것인지에 대해서도 밝혀야 한다. 선대위 대변인을 통해 사퇴권고 입장을 한 번 내놓고 나서 마치 할 일을 다 한 것처럼 적당히 넘어가려 한다면 사퇴권고가 여론 무마용 제스처에 불과하다는 걸 현명한 국민은 금세 눈치챌 것이다.

민주당 지도부의 패착

김용민 후보의 막말 사건 당시 내 논평의 화살은 김용민 씨 개인이 아니라 민주당 지도부를 향하고 있었다. 사실 총선 과정에서 불거진 민주당 관련 논평의 대부분이 제1야당 지도부에 대한 것이었다. 공천 과정에서부터, 그리고 그 이후 연달아 발생한 통합진보당과의 야권연대에 이르기까지 4.11 총선은 민주당 지도부의 리더십에 문제가 있다는 것을 증명하는 시간이었다고 생각한다.

공천 과정에서 새누리당에도 문제가 없었던 것은 아니다. 그럼에도 새누리당은 상대적으로 시스템 공천을 하려고 노력했다는 것이 나의 견해다. 반면 민주당 공천심사위원회는 경직된 것처럼 보였고, 친노무현계라는 특정 세력이 공천에 가장 큰 영향력을 행사하는 것 같았다. 새누리당 공천 결과 안타까운 탈락자들이 많이 나왔으나 그들 중 대다수는 결과에 승복하고, 불출마를 선언해 당에 안정을 주는 방향으로 갔다. 그런데 민주당에서는 공천에 탈락한 분들이나 지도부 일원이 공천 과정에 대해 문제를 제기하는 등 잡음이 상대적으로 많이 일었다. 그리고 민주당에서 합리적인 이미지를 갖고 있던 분들이 소위 '정체성'이란 잣대에 걸려 공천에서 탈락하는 일들이 발생하자 국가의 미래를 걱정하는 다수의 국민들이 민주당에 실망했다는 게 나의 판단이다.

3선 의원에 정보통신부 장관, 기획재정부 장관을 지냈던 강봉균 전 의원의 경우 한미 FTA(자유무역협정) 폐기에 반대했다는 이유로 공천에서 떨어졌고 한광옥·전혜숙 전 의원과 같은 비친노 계열 공천 신청자들 역시 정체성 문제 때문에 공천에서 고배를 마셨다는 것이 당 안팎의 분석이었다. 오죽하면 당시 민주당 의원이던 정동영 민주당 상임고문이 "자기 사람 챙기기, 공정성과 원칙의 결여 등 잘못한 것은 잘못했다고 인정해야 한다. 원칙이 흐트러지고 공정성이 훼손된 말도 안 되는 공천 때문에 국민이 박수를 치기는커녕 힐난하고 있으며, 국민의 싸늘한 시선이 느껴진다"고 지적했을까.

총선을 열흘 앞두고 민주당 박용진 대변인과 함께 KBS 〈일요진단〉(2012. 4.1)에 출연했던 나는 토론 현장에서 다음과 같이 말하며 민주당 공천에 대해 문제를 제기했다.

"이번 총선에서 판단의 중요한 잣대가 있습니다. 도덕성입니다. 박근혜 위원장 주변에 도덕적으로 문제가 있었던 일이 있었습니까? 민주당 한명숙 대표님의 경우 지금 그분 측근인 전 사무부총장이 네 차례에 걸쳐서 1억 1,000만 원을 받았다는 보도가 나왔습니다. 공천 얘기를 주고받으면서 돈을 받았다고 합니다. 그 돈이 한명숙 대표님이 출마한 지도부 경선 때 쓰여졌는지 아니면 전 부총장이 개인적으로 썼는지 우리는 모릅니다. 한명숙 대표님 비서실 차장으로 일하는 분에게도 1,000만 원이 갔다는 보도도 나왔습니다. 한명숙 대표님 주변에서 왜 이런 도덕적인 문제가 제기되는 겁니까? 새누리당의 경우 이번 공천에서 도덕적으로 문제가 있으면 정리하려고 노력했습니다. 그런데 민주당 공천은 많이 다른 것 같습니다. 어떤 성향이냐에 따라 어떤 분은 공천 받고, 어떤 분은 공천 못 받고 그런 것처럼 보입니다. 야당인 민주당이 승리하려면 새누리당보다 더 도덕적이어야 하는 것 아닌가요?"

새누리당과 대립각을 세운 민주당의 핵심 전략은 '정권 심판'이었다. 민주당 강철규 공천심사위원장은 "공천 제1기준은 정체성"이라고 강조했다. 민주당은 이명박 정권 때리기에 몰두하면서 통합진보당과 이념과 비전이 같고 다른지 따지지 않은 채 무조건식의 연대를 추진했다. 이런 친노 중심의 정체성 공천과 무리한 야권 연대 과정에서 민주당은 큰 문제를 노정했다.

민주당은 한미 FTA를 폐기하고, 한미 동맹을 해체하며, 주한미군 철수를 주장하는 통합진보당의 압력에 굴복해 선거구 여러 곳을 내 주었을 뿐 아니라, 통합진보당의 비이성적이고 과격한 정책까지 받아들였다. 총리 시절 '한미 FTA를 반대하는 불법 집단의 주동자뿐 아니라 적극 가담자까지 엄단하겠다'는 대국민 담화를 발표했던 한명숙 대표가 갑자기 'FTA 폐기'를 들고 나온 모습을 많은 국민들은 불안하게 받아들였을 것이다. 나는 이 점을 찌르는 논평(56페이지)을 냈다.

나는 〈중앙일보〉 논설위원 시절 「이상일의 시시각각」이란 고정칼럼을 쓰면서 친노 세력에게 '노무현'을 뛰어 넘는 발상의 전환을 해야 한다고 충고했다(59페이지). 경직된 이념과 정체성이란 잣대로 세상을 재단하는 버릇을 버리지 않으면 국민 다수의 지지를 얻기 어려울 것이라고 경고했다. 이명박 정부에 대한 국민의 실망이 친노 부활의 환경을 조성했지만, 그렇다고 해서 친노가 장악한 민주당에 대한 국민의 신뢰가 자동적으로 커지는 것은 아니라고 지적했다. 언론인 시절 민주당이 총선을 앞두고 오만해진 것 같은데 성찰과 각성을 하지 않으면 선거에서 낭패를 볼 수 있다는 칼럼(65페이지)을 썼는데 그대로 들어맞았다.

✒ **논평**

[12/03/25]

민주통합당, 통합진보당의 연합에 국민은 의구심을 갖는다. 한미FTA 폐기, 한미동맹 해체 목적의 '두 당 연합' 이 어떤 결과를 초래할지 국민의 마음은 불안하기 그지없다.

　민주통합당 한명숙 대표와 통합진보당 이정희 공동대표가 25일 기자회견을 열어 소위 '야권연대' 가 정상적으로 복원됐다고 주장했다. 이들이 말하는 '야권연대' 는 야권 전체를 포괄하지 않는 것으로, 국민을 기만하는 것이다. 중앙선거관리위원회는 이미 두 당의 경선에서 뽑힌 후보에게 '야권 단일 후보' 라는 표현을 사용하는 것은 안 된다고 했다. 야권에는 두 당 외에 20여 개의 다른 당이 있는 만큼 '야권연대' 란 말을 쓰는 것은 부적절할 뿐 아니라 사실에도 부합하지 않는 것이라고 지적한 것이다.

　선관위는 야권의 진보신당 홍세화 대표의 질의에 이같은 유권해석을

2012년 6월 20일 새누리당 국회의원 정책개발 모임에서

내놓았다. 그럼에도 한명숙 대표와 이정희 공동대표가 '야권연대' 란 말을 계속 쓰는 데엔 진보신당을 비롯한 다른 야당의 존재를 깔보는 마음이 있기 때문일 것이다.

특히 문제가 있는 쪽은 민주통합당과 한 대표다. 한미 FTA를 폐기하고, 한미 동맹을 해체하며, 주한미군 철수를 주장하는 통합진보당의 압력에 굴복해 선거구 여러 곳을 내줬을 뿐 아니라 통합진보당의 과격하고 비이성적인 정책을 있는 그대로 차용해 민주통합당의 상품으로 내놓았기 때문이다. 이처럼 정당의 독자성과 자율성을 상실한 민주통합당이 과연 대한민국의 미래를 짊어질 수 있을까. 그들에게 수권능력이 정말 있는 걸까. 그들은 이 나라를 어디로 끌고 가려는 걸까. 대한민국의 국회를 사실상 접수하고, 나아가 그들만의 정권을 만들려고 하는 통합진보당의 몸통인 '경기동부연합' 에 민주통합당은 이용당하고 있는 것 아닐까. 이런 물음을 던지는 국민이 급증하고 있다는 걸 민주통합당은 직시해야 할 것이다. 오늘 이정희 공동대표와 나란히 손잡고 나온 한명숙 대표도 우리 국민이 무엇을 걱정하는지 두려운 마음으로 헤아려 보아야 할 것이다.

국민은 이제 '두 당 연합' 의 실체를 조금씩 조금씩 알게 됐다. 두 당과 그들의 대표들이 아무리 그럴싸한 말로 포장을 하고 선전을 해도, 결국 그들이 추구하는 게 무엇인지, 국회를 장악해서 무슨 일을 꾸미려 하는지 현명한 국민은 알기 시작했다. 한미 FTA가 폐기되고, 한미 동맹이 해체되면 대한민국 경제에 어떤 주름살이 잡히고, 청년들의 일자리는 얼마나 많이 사라질 것인지, 그리고 한반도엔 어떤 안보위기가 올 것인지 국민은 걱정스럽고 불안한 마음으로 두 당의 언행을 지켜보고 있다. 민주통합당은 지금부터라도 통합민주당에 팔아버린 영혼을 되찾아 와야 한다. 김대중 전 대통령을 따랐던 '정통민주당' 창당 세력이 왜 민주통합당을 버리고 나왔는지 성찰해야 한다. "수구기득권 세력이 패배의 공포 앞에서 비열한 공격을 하고 있다"는 등의 막말을 하는 이정희 공동대표에게 늘 끌려 다닌 모습을 보인 한명숙 대표는 부끄러워해야 한다.

📰 칼럼

[이상일의 시시각각] 〈중앙일보〉 2011년 12월 19일자
친노, 노무현을 뛰어 넘어라

세르반테스의 『돈키호테』는 말한다. "운명의 수레바퀴는 풍차보다 빨리 돈다"고. 인생이란 그런가 보다. 꼭대기에 있는가 싶더니 어느새 밑바닥으로 떨어지고, 반대로 바닥에서 위로 치고 올라가기도 한다. 이명박(MB) 대통령도 운명의 수레바퀴가 빠른 회전을 한다고 느낄까. 민심은 자꾸 떠나가고 여당인 한나라당조차 등을 돌리는 걸 보면서 인생무상(人生無常)·권력무상을 실감할는지 모른다.

그가 2007년 12월 대선에서 승리한 뒤 화두로 던진 말은 '시화연풍(時和年豊·시절이 평화롭고 해마다 풍년이 든다)'이었다. 나라를 화평하게, 그리고 부강하게 이끌어 국민이 태평성대를 누리는 세상을 만들겠

다고 한 것이다. 하지만 오늘 우린 어떤가. '시화연풍'을 노래하는 이가 몇이나 될까. 보통 사람들의 심사는 '손에 쥔 게 하나도 없는' 수무푼전(手無分錢)이 아닐까. MB의 운명 수레바퀴가 바닥을 향하는 건 이런 허탈감이 켜켜이 쌓였기 때문 아닐까.

MB 신세와는 반대로 가는 이들이 있다. 노무현 전 대통령 세력(친노)이다. MB가 영광의 무대에 등장했을 때 친노는 폐족(廢族·조상이 죄를 지어 벼슬을 할 수 없게 된 가문)이었다. "죄 짓고 엎드려 용서를 구해야 할 처지"(안희정 충남지사)였다. 그런 그들이 지금 부활하고 있다. 폐족이란 말을 썼던 노무현의 왼팔 안희정은 지난해 충남지사 선거에서 이겨 큰 벼슬자리에 올랐다.

2007년 대선 과정에서 사라졌던 노무현 시대의 여당 '열린우리당'도 민주통합당(약칭 민주당)으로 되살아났다. 친노의 핵심인 한명숙 전 총리는 다음 달 15일 실시될 민주당 경선에서 대표직을 차지할 걸로 보인다. 친노 배우 문성근씨도 최고위원에 당선될 게 틀림없다. 노무현 대통령 시절 행정자치부 장관에 발탁되는 등 출세가도를 달렸던 무소속의 김두관 경남지사도 민주당에 입당한다. 민주당은 사실상 친노의 수중에 떨어졌다 해도 과언이 아니다. 이들은 한나라당 영토인 부산·경남을 노린다. 문재인 노무현재단 이사장과 김정길 전 의원, 문성근씨 등 친노의 여러 명이 내년 4월 총선 때 이곳에서 한나라당과 겨룬다. 정권을 탈환해 '제2의 노무현 시대'를 열려면 한나라당 심장부부터 흔들어야 한다는 생각에서 모두 뛰어든 것이다.

친노는 왜 부활했는가. MB 정권이 '노무현의 진짜 대안'임을 보여줬다면 친노의 세상이 열릴 수 있었을까. 친노가 MB에게 고맙다고 해야 할 판이니 역설이 아닐 수 없다. MB에겐 없는 게 친노엔 있다. 동지들이다. 이들은 '노무현의 가치'를 지향하고, 그걸 중심으로 단결한다. 그들은 일제히 '사람'을 말한다. 그리고 '참여'를 강조한다. "사람 사는 세상을 만들기 위해 참여하자"고 외친다. "아무리 어려워도 할 수 있다"고 다짐한다. '확신범'들이다. 가치로 무장한 이런 동지의식이 있으니 그들은 다시 살아날 수 있는 것이다.

MB는 어떤가. 동업자는 있으되 동지는 별로 없어 보인다. 서울시장 시절 부시장으로 데리고 있던 정두언·정태근 의원이 자신을 향해 여러 차례 총을 쐈을 때, 친이계라는 사람들 입에서 '대통령 탈당' 얘기가 나왔을 때 MB 심정은 어떠했을까. 박복(薄福)하다는 것 아니었을까. 하지만 자업자득이다. 실용주의를 추구한 MB를 친이계 다수도 실용주의적으로 대했기 때문이다. MB식 실용주의는 가치지향적이라기보다 상인적이란 인상을 주었다. 그러니 동지 아닌 동업자가 되겠다고 하는 이들이 득실댄 것 아니겠는가.

MB의 실패와 친노의 부활이 노무현 시대의 재개막을 담보하는 것은 아니다. 지금도 많은 이는 노무현 정부의 난맥상을 기억하고 있다. 선무당이 사람 잡듯 의욕만 넘쳤을 뿐 무능해서 경제를 망쳤던 걸 잘 알고 있다. 이념과 계층 편 가르기로 정치·사회적 갈등을 증폭시켰다는 사실도 잊지 않고 있다. 친노가 정권을 잡고, 그들의 가치를 구현할 수 있으려면 과거의 노무현 틀에 갇혀 있어서는 안 된다. 무능과 편 가르기는 사람 사는 세상이 아니라 사는 게 피곤한 세상을 만든다는 걸 국민은 경험했다. 친노는 노무현을 뛰어넘어야 한다.

논설위원

칼럼

[이상일의 시시각객] 〈중앙일보〉 2012년 1월 19일자

친노가 '친노'란 말을 꺼린다면

장 폴 사르트르의 앙가주망(engagement · 참여)은 2012년 1월 한국에서 꽃을 피웠다. 20세기 프랑스의 지성 사르트르는 시민의 현실참여를 북돋기 위해 정당을 만들려 했지만 호응부족으로 실패했다. 그가 추구했던 이상을 민주통합당(약칭 민주당)이 보란 듯이 실현해 보였다. 시민이 64만여 명(투표자 수는 51만여 명)이나 참여한 민주당 지도부 경선은 흥미진진했다. 민주당이 세계 정당사에 최초라는 기록을 남겼다고 주장하는 시민의 모바일 투표는 이젠 참여정치의 한 장르로 자리 잡을 걸로 보인다. 올여름의 최대 이벤트가 될 여야의 대통령 후보 경선 때도 시민의 엄지손가락이 승패를 좌우할 가능성이 크다.

민주당 경선에서 '참여'의 과실은 친노무현계(친노) 수중(手中)으로 떨어졌다. 1위로 대표직을 차지한 한명숙 전 총리, 정치 초년병인데도 2위에 오르며 기염을 토한 영화배우 문성근씨가 재미를 본 것이다. 친노 진영의 핵심 브레인으로, 야권통합과 시민참여 경선의 기획자인 이해찬 전 총리가 의도했던 결과가 그대로 나온 것이다. '친노가 완전히

부활했다'고 언론이 평가하는 이유다.

하지만 친노는 '친노'라는 말에 거부감을 나타낸다. 한명숙 대표는 "친노, 반노(反盧), 비노(非盧)는 언론이 만든 구도이며, 분열적 레토릭"이라고 했다. "한명숙은 원래 친DJ(김대중 전 대통령)다. DJ가 불러 정치에 입문했다"는 말도 했다. 노사모의 핵이었던 문성근 최고위원도 '친노 부활'이란 시각에 대해 "(야권) 갈라치기 느낌이다. 그 구분은 의미가 없다"며 불쾌감을 표출했다. 자기도 DJ와 인연이 깊다고 강조하면서다.

반면 DJ의 영원한 비서실장임을 자부하는 박지원 최고위원은 두 사람 앞에서 가시 있는 얘기를 했다. "나는 김대중 대통령의 노선과 이념이 계승돼야 한다는 차원에서 정치를 하고 있다. 이명박 정부를 비판하는 데도 이 기준을 적용했다. 민주당도 예외가 되어서는 안 된다"고 했다. 그가 이런 말을 한 건 한 대표와 문 최고위원의 본색이 친노라고 봤기 때문일 것이다.

친노는 왜 친노라고 불리는 걸 꺼리는 걸까. 한편으론 당이 분열될까 봐, 다른 한편으론 국민이 노무현 시대의 과오를 떠올릴까 봐 그러는 것 아닐까. 그땐 그랬다. 친노는 '사람 사는 세상'을 열겠다고 했지만 실제론 사람을 이념과 계층으로 편 가르고, 갈라치기 했다. 보혁(保革)·빈부·여야 갈등을 빈번하게 일으켜 사는 게 피곤한 세상을 만들었다. 이명박 정권이 살기 힘든 세상을 연장하는 바람에 친노는 부활의 기회를 잡았으나 그들의 능력이 과거보다 개선됐다고 볼 근거는 아직 없다. 문제는 지금부터다. 친노가 어떤 모습으로, 어떤 역량을 발휘하느냐에 따라 그들의 이미지, 그들에 대한 평가는 얼마든지 달라질 수 있다.

한 대표는 그간 큰 고초를 겪었다. 이른바 '곽영욱 사건(뇌물 수수 혐의)'과 '한만호 사건(불법 정치자금 수수 혐의)'으로 검찰에 불려가 여러 번 조사를 받았고, 두 차례 기소됐다. 그는 두 사건 모두 1심에서 무죄 판결을 받았지만 가슴엔 한(恨)이 쌓일 대로 쌓인 상태다. 문 최고위원은 노무현 전 대통령 서거 1주기를 전후해 "도저히 이대로 있을 수 없다"고 생각해 '백만 민란'이란 행동단체를 만들었다. 그는 정권을 잡아 당한 만큼 되돌려주겠다고 소리친다.

지금 친노의 머릿속을 지배하는 단어는 증오와 복수가 아닐까 싶다. 노 전 대통령이 검찰 조사를 받은 뒤 부엉이 바위에서 몸을 던졌고, 한 대표도 모진 수모를 당했으니 이해 못할 바는 아니다.

그러나 증오심·복수심만으로 정권을 빼앗을 수 있을까. 2040세대의 허탈감과 분노를 자극해 반사이득을 취하는 것만으로 충분할까. DJ는 말했다. "정치인은 서생적 문제의식과 상인적 현실감각을 갖고 있어야 한다"고. 호남세력을 제압하고 제1야당을 접수한 친노에게 특히 필요한 건 상인적 현실감각이다. 그게 있다면 한·미 자유무역협정(FTA) 폐기나 대통령 탄핵 같은 구호를 함부로 외치기 어려울 것이다. 선동적 구호는 '분노의 언어'일 뿐 '해법의 언어'는 아니다.

논설위원

[이상일의 시시각객] 〈중앙일보〉 2012년 2월 16일자

민주당, 오만해지는 것 아닌가

　운명의 직녀(織女) 클로토(Clotho)는 지금 민주통합당(이하 민주당) 편이다. 여신의 베틀이 짜낸 민주당의 모습은 몰라볼 정도로 달라졌다. 호남세력이 주축이었던 옛 민주당과 비교하면 월등하게 좋아졌다. 덩치는 커졌고 속은 영글었다. '호남당'이란 왜소한 이미지는 사라졌고, 전국정당의 위용을 갖췄다. 호남 장악력은 고스란히 유지하면서 수도권에선 맹위를 떨치고, 새누리당 아성인 영남의 일부 지역에서도 기세를 올리고 있다.

　새누리당이 한나라당이란 간판을 바꿔 달고 쇄신의 몸부림을 치고 있지만 용(龍)처럼 비상(飛上)하는 민주당 앞에선 낙엽처럼 초라해 보인다. 후보자 등록 신청비가 새누리당의 세 배(300만 원)나 되는데도 민주당에서 공천받고 싶다고 한 이들이 쇄도한 걸 보라(4년 전에 비해 공천 신청자 47% 증가). 4·11 총선에서 '민주당 세상'이 열릴 걸로 여긴 터여서 그랬을 것이다.

　당 지도부도 총선을 낙관한다. 새누리당을 꺾고 원내(院內) 제1당이 되는 건 당연하고, 잘하면 150석 이상의 과반의석을 차지할 수 있을 걸로 전망한다. 19대 국회가 출범하면 대통령 친·인척 비리와 관련해 4건의 특별검사제와 2건의 국정조사를 실시한다는 등 총선 이후의 '사업목록'을 만드는 건 그만큼 여유와 자신이 있기 때문일 것이다.

현재 분위기로 볼 때 민주당 판단이 틀린 건 아니다. 불타는 소돔성(城)을 연상시켰던 한나라당을 새누리당이 재건하려 하지만 연달아 터지는 이명박(MB) 정권 비리에 발목이 잡혀 기운만 빼고 있는 형국이다. 새누리당에선 "이러다 개헌 저지선인 100석도 못 건지는 것 아니냐"는 탄식이 나올 정도다.

하지만 총선일까진 시간이 많이 있다. 레이스는 막 스타트를 했을 뿐이다. 종점에 이르기까지 무슨 일이 벌어질지 모르고, 민심도 몇 차례 출렁거릴 것이다. 방심했다간 낭패를 보는 경주(競走)가 선거다. 한데 민주당은 샴페인을 일찍 터뜨리는 것 같은 인상을 주고 있다. 김유정 원내대변인은 14일 브리핑을 하면서 "국민이 '새누리당은 안 된다'고 말하니 그걸로 끝"이라고 했다.

정말로 그럴까. 2004년 총선을 기억하는가. 노무현 당시 대통령을 탄핵했다가 거센 역풍을 맞았던 한나라당을 궁지에서 건져준 쪽은 그 시절 여당으로, 민주당의 선조인 열린우리당 아니었던가. "60대 이상 70대는 투표하지 말고, 집에서 쉬시라"고 했던 정동영 당시 열린우리당 의장의 '노인 폄하' 발언으로 선거 흐름이 바뀐 사실을 민주당은 잊었는가.

민주당은 오만을 경계해야 한다. "선관위 테러(디도스 공격)에 대통령이 연루된 게 확인되면 임기 하루가 남아도 탄핵하겠다"(문성근 최고위원)거나, "청와대가 (대통령 측근 비리에) 책임지는 모습을 보일 때 MB 정부는 그나마 임기를 유지할 수 있을 것"(한명숙 대표)이라는 발언이 좌파의 '진영(陣營)논리'에 빠져 있지 않은 이들에겐 어떤 감정을 일으켰을까. 좀 거만하다는 느낌을 주지 않았을까. "안철수 교수가 민주당 대통령 후보 경선에 참여하지 않을 거라면 (지난해 10월 서울시장 선거 때처럼 지지하는) 편지를 들고 오면 된다"는 문 최고위원 말도 방자해 보이지 않았을까.

집권하면 한 · 미 FTA(자유무역협정)를 폐기하겠다고 하는 민주당의 호언이 과연 이성적이란 평가를 받을 수 있을까. 국회에서 임명동의안 부결로 낙마한 조용환 헌법재판관 후보자를 19대 국회가 열리면 다시 추천하겠다고 하는 게 합리로 비칠까, 오기와 오만의 발로로 비칠까.

선거에선 바람이 분다. 민심을 실은 바람이다. 그리고 그걸 타야 이길 수 있다. 민주당은 '반(反)MB 바람'에 편승했다. 하나 반사이득만으론 불충분하다.

'민주당 바람'을 만들지 않으면 언제든 역전당할 수 있다. 그런데 오만한 모습으로 바람을 만들 수 있을까. 국민이 제일 싫어하는 게 그런 얼굴 아닐까. MB가 그랬기에 인심을 잃은 것 아닐까. 민주당은 지금 이 지점에서 거울을 들여다 봐야 한다. 성서(聖書)엔 "교만에는 재난이 따른다"고 적혀 있다.

논설위원

통합진보당의 민낯

무리한 야권연대로 통합진보당에 끌려 다닌 민주
통합당은 총선 패배의 쓴맛을 보았다. 반면 통합진보당은 19대 총선에서
13석의 의석을 얻었다. 민주통합당과의 연대 덕분에 제3당으로 자리 잡
게 된 것이다. 총선 전후에 통합진보당이 보여준 행태는 올바른 진보와
는 거리가 한참 먼 것들이었다.

총선 초기 서울 관악을 후보 단일화를 위한 민주통합당과의 경선 과정
에서 통합진보당은 선거인단 연령대를 조작해 이정희 공동대표에게 승
리를 안겨주는 부정을 저질렀다. 문제는 부정이 드러난 후 이정희 공동
대표의 대응방식이었다. 시험으로 치자면 부정행위를 하다 적발된 셈인
데 컨닝한 학생이 잘못했다고 반성하기는커녕 다시 시험 보면 되지 않
느냐고 우기듯 재경선을 주장한 것이다. 그런 그에 대해 여론의 뭇매가
쏟아지자 이정희 후보는 마지못해 후보직 사퇴를 했지만 국민들은 짝퉁
진보의 본색을 보았다.

총선 후에는 통합진보당 내에서 국회의원 비례대표 후보 경선에 부정이 있었다는 문제가 제기됐다. 당권파에 속한 사람들이 대리투표, 선거인명부 조작, 투표소 이중설치, 온라인 서버 들춰보기 등 각종 부정으로 비례대표 후보의 앞 순번을 받았다는 의혹이었다. 당내 진상조사위원회가 조사에 나섰고, 상당 부분 사실로 확인됐다. 통합진보당의 총체적인 문제점이 만천하에 공개된 것이다. 그러나 책임져야 할 당사자들의 태도는 너무나도 비상식적이었다. 비례대표 1번 윤금순 당선자는 당선증을 반납하고 사퇴했지만, 2번 3번을 얻은 이석기 · 김재연 당선인은 뻔뻔한 버티기로 일관했다. 이들은 비례대표 당선자와 후보자들의 일괄 사퇴를 의결한 당 중앙위원회 전자투표 결과에 "전자투표는 법적 효력이 없다"며 무효를 주장했고, 회의장에서 욕설, 폭행을 일삼는 등 꼴불견을 연출했다. 통제 불가의 당권파는 여야 안팎의 자진사퇴 요구에도 불구하고 완강하게 버티다 국회의원 배지를 받아갔다. 합리와 상식이 무너진 진보정당의 막장 드라마였다. 오죽하면 통합진보당의 최대 지지 세력인 민주노총이 당권파에 대해 당 쇄신안을 수용하지 않는다면 지지를 철회하겠다고 공격하고 나섰겠는가. 당의 최대 지지 세력까지 등 돌리게 만든 '당권파'는 도대체 어떤 사람들일까. 그들이 이토록 버티기로 일관했던 이유는 무엇일까.

민주노동당 출신이 대부분인 당권파의 정체는 총선 초기 야권연대 경선조작 사건의 배후로 드러난 '경기동부연합'과 깊은 연관이 있다는 게 당시 언론의 분석이었다. 이정희 당시 공동대표는 '10년 전 해체된 조직'이라며 경기동부연합의 존재를 부정했지만, 곳곳에서 이들의 당내 위치와 활동 상황을 짐작케 하는 문건과 증언이 나왔다. 언론을 통해 공개된 경기동부연합의 실체는 충격적이었다. 한미동맹 해체를 주장하고, 김일성 초상화 앞에 묵념하는 이들, 민노당 시절부터 패권을 잡기 위해 수단과 방법을 가리지 않았던 이들이 주축이었다는 게 언론 보도의 요지였다. 이들은 2012년 4월 북한의 장거리 미사일 발사로 국제사회가 분노하는데도 대북 제재를 반대했던 집단이다.

경기동부연합이 통합진보당 당권을 잡고 민주통합당과 손을 잡아 국회에 진입하려는 의도가 있었다는 언론 보도에 새누리당의 박근혜 중앙선거대책위원장 역시 큰 우려를 나타냈다. 민주주의의 근본을 무시하고, 당의 패권을 거머쥐기 위해서는 수단과 방법을 가리지 않는 이들이 어찌 국회에서 국민을 위해 일을 하겠는가, 민생을 위한 정책과 법안을 어찌 만들 수 있겠는가 하는 걱정이었다.

나는 경기동부연합에 대한 실체를 국민들에게 소상히 알리고자 조사를 시작했다. 그리고 각종 언론의 보도들을 종합하고 분석해서 경기동부연합 문제를 요약 정리한 성명을 냈다. 진보라는 허울 좋은 이름에 가려져 있던 이들의 민낯은 충격적이었다. 그들 중 어느 누구 하나 잘못을 인정하지 않았고 책임지려고 하지도 않았다. 시대착오적인 이데올로기에 사로잡혀 통합진보당을 갈수록 민심과 유리된 방향으로 끌고 갔던 이들이었다. 이런 사람들이 외치는 정권교체를 어떤 국민이 신뢰할 수 있을까.

통합진보당 핵심 세력은 국민의 우려가 옳았다는 것을 스스로 입증했다. 이석기 의원의 내란 예비음모 사건이 그 단적인 예다. 국가정보원은 2013년 8월 28일 이석기 의원의 자택, 국회 의원회관 사무실 등 10곳을 압수수색 했고, 이석기 의원을 비롯해 우위영 전 대변인, 김홍열 경기도당 위원장, 김근래 경기도당 부위원장, 홍순석 경기도당 부위원장, 이상호 경기진보연대 고문, 이영춘 민주노총 고양·파주지부장, 조양원 사회동향연구소 대표, 한동근 전 수원시위원장, 박민정 전 중앙당 청년 위원장 등 10명을 구속했다. 2013년 9월 4일 국회는 본회의를 열어 이석기 의원 체포동의안을 찬성 258표, 반대 14표, 기권 11표, 무효 6표로 통과시켰다. 지난해 4월 총선 때 통합진보당과 손을 잡았고 이석기·김재연 의원에 대한 국회 자격심사에 소극적이었던 민주당 의원들도 이석기 의원 체포동의안에 대거 찬성표를 던진 결과다. 이는 이석기 의원으로 대표되는 통합진보당 당권파에 대한 국민의 퇴출 명령이며 정치적 사망선고라고 할 수 있다.

2013년 11월 5일에는 정부가 통합진보당을 '위헌정당'으로 규정하고 헌법재판소에 위헌정당해산 심판을 청구했다. 정부가 헌법 8조에 따라 특정 정당을 상대로 해산심판을 청구한 것은 헌정사상 처음 있는 일인 만큼 헌재의 심리결과가 주목된다.

한편 2013년 10월 서울중앙지법은 통합진보당의 비례대표 후보 부정경선 사건과 관련된 45명 전원에 대해 무죄를 선고해 큰 비난을 샀다. 서울중앙지법 형사35부(재판장 송경근)는 10월 7일 경선 부정에 따른 업무방해 혐의로 기소된 최모(48)씨 등 45명에 대해 죄가 없다고 선고했다. 전국적으로 510명이 기소된 같은 사건의 피고인 상당수에 대해 부산·대구·광주지법 등 전국의 다른 법원들이 내린 유죄판결과 상반된 선고를 한 것이다. 재판부는 "피고인들의 관계를 볼 때 이번 사건은 통상적인 수준의 대리투표에 해당한다"고 주장했는데 이는 선거 4대 원칙(보통·직접·평등·비밀 선거)을 규정한 헌법 정신에 정면으로 어긋나는 잘못된 판결이라고 생각한다. 다행히 대법원은 2013년 11월 28일 통합진보당 비례대표 후보 경선에서 대리투표를 한 혐의로 기소된 당원 이모씨, 백모씨에 대한 상고심에서 징역형을 선고한 원심을 확정했다. 대법원 재판부는 이들의 행위가 직접선거, 비밀선거 등 대의민주주의의 기본 원칙을 훼손한 것이라고 판시했다.

성명

[12/03/25]

실체 드러난 통합진보당의 '경기동부연합', '민주', '진보'의 가면 쓰고 총선 나선다.

경선 조작 사실이 드러나는 바람에 직격탄을 맞은 이정희 통합진보당 공동대표가 총선 불출마를 선언했지만 그가 출마하려 했던 서울 관악을은 통합진보당의 '경기동부연합' 몫으로 그대로 남게 됐다. 민주통합당이 통합진보당의 압력에 무릎 꿇은 결과다. 그간 수차례 통합진보당에 끌려 다니는 모습을 보인 민주통합당은 통합진보당의 이상규 전 민노당 서울시당 위원장을 관악을 후보로 인정했다. 이에 대해 민노당 출신인 진중권 동양대 교수는 "(경기동부연합의) 얼굴 대신 아예 몸통이 나서는 격"이라고 평했다.

이번 경선 조작 사건으로 국민은 '경기동부연합'의 실체에 대해 조금은 알게 됐다. 각종 언론 보도에 따르면 이들은 통합진보당의 전신인 민노당에서 패권을 잡기 위해 수단방법을 가리지 않았던 세력, 그래서 "자기들이 하는 짓이 나쁜 짓이라는 인식 자체가 없어 보인다"(진중권)는 비아냥까지 듣는 세력, 한미동맹은 해체돼야 한다고 주장하는 세력, 김일성 초상화를 걸어놓고 묵념하는 세력이다. 이런 세력이 민주통합당을 좌지우지하는 통합진보당을 움직이고 있다는 사실에 대한민국의 장래를 걱정하는 다수 국민은 경악을 금치 못했을 것이고, 큰 충격을 받았을 것이다.

통합진보당이 공천한 상당수의 후보도 조직원이라고 한다. 이런 이들이 이번 총선에 '민주', '진보'라는 가면을 쓰고 대거 출마한다는 사실, 민주통합당이 이들의 실체를 알면서도 대한민국 국회를 장악하기 위해 눈을 질끈 감고 손을 잡았다는 사실, '경기동부연합'은 민주통합당을 이용해 국회를 움켜쥐고, 12월 대선에서 소위 연합정권을 출범시킨 다음 5년 뒤엔 그들만의 정권을 세우려 한다는 사실을 이젠 국민이 알게 됐다.

4.11 총선을 계기로 이런 세력에게 국회가 넘어가면 어떤 일이 벌어질까. 현명한 국민의 머릿속엔 그 그림이 선명하게 그려질 걸로 믿어 의심치 않는다.

✒ 논평

[12/04/25]
'진보당'으로 이름 바꾼다는 통합진보당의 행태는 퇴보의 극치 아닌가.

4월 총선에서 소위 '두 당 연대'로 민주통합당엔 손해를 입히고, 자기네는 재미를 본 통합진보당이 당명을 '진보당'으로 바꾸기로 했다고 한다. 총선에서 의석을 얻지 못하고 정당 지지율도 2%에 미달한 '진보신당'의 정당등록이 취소되자 오랫동안 갖고 싶어 했던 '진보당'이란 이름을 쓰겠다고 한 것이다. 통합진보당이 어떤 이름을 쓰든 상관할 바는 아니다. 그러나 그들이 그간 보여준 행태가 '진보'와는 거리가 먼 만큼 몇 가지 지적을 하지 않을 수 없다.

통합진보당은 총선을 앞두고 민주통합당과의 서울 관악을 후보 단일화 경선에서 부정을 저질렀다. 선거인단 연령대를 조작해 통합진보당 이정희 공동대표에게 승리를 안겨줬다. 이후 부정이 드러나자 이정희 공동대표는 뻔뻔스럽게도 "다시 경선하자"고 했다. 시험에서 컨닝을 하다 적발됐는데도 다시 시험 보게 해 달라고 우긴 꼴이다. 그런 이정희 공동대표와 통합진보당에 대해 여론의 뭇매가 쏟아지자 이 대표는 마지못해 후보직을 사퇴했다.

부정 경선을 했으면 후보직을 아예 내놓는 게 상식인데도 통합진보당은 표만 의식하던, 그래서 '나꼼수'에도 손을 내민 민주통합당을 상대로 연대를 깰 수도 있다고 협박하며 양보를 얻어냈다.

이와 별도로 통합진보당은 비례대표 후보 경선에서도 부정선거를 했다는 의혹이 당내에서 제기됐다. 비례대표 후보 경선에서 대리투표, 선거인명부 조작, 투표소 이중설치, 온라인 서버 들춰보기 등을 통해 당권파에 속한 사람들이 비례대표 후보 앞 순번을 받도록 했다는 주장이 나온 것이다. 당권파는 경선 도중 자파 후보가 불리해지자 '떴다방' 식으로 투표소를 만들어 몰표를 몰아줬고, 온라인 투표가 진행되는 도중엔 득표 상황을 알 수 있는 소스코드를 무단으로 여러 번 열어 봤다고 하는데 기상천외한 부정이란 부정은 모두 저지른 이런 사람들이 당의 패권을 장악한 정당에 '진보'란 말이 과연 어울릴까.

통합진보당은 그동안 남의 티끌에 대해선 추상같이 추궁하는 모습을 보였다. 그런 그들이 내부의 심각한 부정에 대해선 그저 감추려 들거나 적당히 덮고 넘기려 하고 있다. 귀 막고 방울 도둑질 하면 남들이 모를 줄 알고 갖은 꼼수란 꼼수는 다 쓰고 있는 것이다. 그것도 모자라 부정 경선 의혹을 폭로한 사람을 당을 해코지한 나쁜 인간으로 몰아 징계하려는 움직임까지 보이고 있다.

이런 정당이 19대 국회에서 13석을 차지하게 됐고, 표에만 눈이 먼 민주통합당을 소위 연대란 이름으로 사실상 조종하고 있으니 걱정이 태산이다. 그런 집단이 19대 국회에서 목청을 높일 경우 대한민국의 정치는 역사상 가장 저질적이란 비난을 받게 될 가능성이 크다.

새누리당이 아무리 민생과 미래, 그리고 약속 실천을 얘기해도 각종 부정과 잘못을 저지르고도 눈썹하나 까딱하지 않는 후안무치한 정당이 야당 노릇을 한다며 비상식적이고 비이성적으로 나온다면 국민은 정치권을 싸잡아서 비판할 것이다. 게다가 국회 본회의장 최루탄 테러로 통합진보당의 폭력성과 몰상식의 극치를 보여준 의원이 그 당의 원내대표 후보로 물망에 오른다고 하니 한숨이 절로 나온다. 통합진보당과 그들의 눈치를 보는 민주통합당이 19대 국회에서 무슨 황당한 일을 저지를지 모르기 때문에 새누리당으로선 노심초사할 수밖에 없는 것이다.

통합진보당은 국민을 두려워해야 한다. '진보당'의 허울을 쓰고 퇴행적, 퇴보적일 뿐 아니라 비상식과 비합리, 그리고 몰염치한 언동을 서슴지 않는 통합진보당의 일거수일투족을 날카로운 혜안을 가진 국민이 지켜보고 있다는 점을 유념해야 할 것이다.

✒ 논평

[12/05/02]

통합진보당 비례대표 후보 경선의 총체적 부정이 드러났다.
당 지도부는 총사퇴하고, 부정으로 앞 순번을 받은 비례대표 당선인들도 모두 사퇴하라.

통합진보당이 19대 총선 비례대표 후보 경선에서 부정이 저질러졌다는 의혹에 대한 진상조사 결과를 발표했다. 조준호 진상조사위원장은 이번 경선을 '총체적 부실, 부정 선거'로 규정하고 투표 결과를 신뢰할 수 없다고 밝혔다. 통합진보당 스스로 부정 선거를 시인한 것이다.

그런데도 통합진보당 지도부는 민주주의를 유린한 부정 경선 사태에 대해 어떤 책임을 질 것인지 아무런 입장도 내놓지 않고 있다. 당의 진상조사위원회가 '총체적 부정'이라고 했으니 상응하는 조치가 취해져야 한다. 갖은 형태의 부정이 개입된 경선 결과를 그대로 용인하는 건 말도 안 되는 만큼 당 지도부는 책임을 져야 하고, 잘못을 단호히 시정하는 조치를 취해야 하는 것이다.

부정 경선 덕분에 앞 순번을 받은 비례대표 당선자들은 19대 국회에

등원할 자격이 없다. 당장 사퇴해야 한다. 부정을 저지른 걸로 알려진 당권파의 이정희 공동대표는 물론 비당권파의 유시민·심상정·조준호 공동대표를 비롯한 당 지도부가 전원 사퇴해야 한다.

검찰은 통합진보당의 부정 경선에 대해 즉각 수사에 착수해야 한다. 부정 경선 행태를 낱낱이 밝혀내고 그에 따른 법적 책임을 엄정하게 물어야 한다. 통합진보당은 대한민국의 정당정치를 타락시킨 대가를 치러야 한다.

✒ 논평

[12/05/16]

부정한 방법으로 당선되고도 의원 배지 받아간 이석기·김재연 당선자는 퇴출돼야 한다.

통합진보당 비례대표 2, 3번인 이석기·김재연 당선자가 이미 국회 사무처에 의원 등록을 마치고 국회의원 배지까지 받아갔다고 한다. 당 중앙위원회의 '경쟁 명부 비례대표 당선자 및 후보자 총사퇴' 결정을 받아들일 생각이 전혀 없다는 걸 행동으로 보인 것이다. 어떻게 해서든 버티다가 19대 국회 개원과 함께 국회의원의 신분을 얻겠다는 게 당권파인 이석기·김재연 당선인의 속셈이라는 게 드러났다.

당권파인 김미희 당선인도 오늘 기자회견을 통해 "통합진보당 비례대표 선출과정에서 논란을 야기했던 전자투표 방식으로 중차대한 결정을 한 것은 인정하기 어렵다"며 당권파의 물리적 저지 때문에 비당권파가 중앙위원회에서 전자투표로 결정한 비례대표 당선자 사퇴와 혁신중앙선거대책위원장원회 구성을 받아들일 수 없다고 밝혔다.

통합진보당 당권파는 끝없이 꼴불견을 연출하고 있다. 비례대표 후보 경선에서 부정한 방법으로 뽑혔다는 사실만으로도 이석기·김재연 씨는 국회에 들어갈 자격이 없다. 그들을 포함한 당권파는 부정 경선에 대한 당 진상조사위원회의 조사결과조차 부정하고, 중앙위원회에서 폭력 사태를 일으켰다. 그런 못된 행태에 대해 반성도, 사과도 하지 않은 채 국회의원 배지를 날름 챙긴 두 사람과 당권파를 보고 국민은 울화통을 터뜨리고 있다.

통합진보당 당권파는 '비례대표 총사퇴' 라는 중앙위 의결 사항을 즉각 받아들여야 한다. 이석기·김재연 당선자가 콩알만큼의 양심을 가지고 있다면 국회의원 배지를 반납하고 사퇴해야 할 것이다.

통합진보당 강기갑 중앙선거대책위원장은 "무릎을 꿇고 비는 한이 있어도 (이석기·김재연 당선자가 사퇴하도록) 설득하겠다"고 했다. 국회에서 소위 '공중부양' 이란 폭력을 행사해 지탄을 받았던 강기갑 위원장이 이런 말을 하는 건 당권파의 행태에 대해 견딜 수 없는 부끄러움을 느꼈기 때문일 것이다. 강 위원장이 이석기·김재연 씨에겐 읍소라도 하겠다고 하고 있으니 그들의 낯은 참으로 두꺼운 모양이다.

이석기·김재연 씨가 버티면 버틸수록 그들이 속한 집단인 당권파의 몰골은 갈수록 흉해질 것이고, 그들을 정리하지 못하는 비당권파도 동반 추락한다는 사실을 깨달아야 할 것이다.

어불성설(語不成說)의 통합진보당 대북인식

4.11 총선을 앞둔 3월 17일 북한은 김일성 탄생 100년을 맞아 광명성 3호를 발사하겠다고 발표했다. 과거 대포동 1, 2호 장거리 미사일을 함경북도 무수단리에서 동쪽의 태평양 해상으로 발사한 것과 달리 광명성 3호는 평안북도 철산군에서 '남쪽'으로 쏘겠다는 내용이었다. 중국과 러시아를 포함한 국제사회가 일제히 북한에 대해 비난을 쏟아냈다. 이는 유엔 안전보장이사회 결의 1874호를 위반한 것으로 국제사회에 대한 중대한 도발이었다. 한미 양국군은 장거리 미사일 추적을 위한 이지스함 등 각종 함정을 서해상에 배치하고, 일본도 오키나와의 이시가키 섬에 요격용 패트리어트 미사일을 배치했다. 나라 안팎으로 북한을 규탄하는 목소리가 높아지는 가운데 침묵하던 민주당이 "발사 계획을 취소하라"며 겨우 입을 뗐다. 북한의 미사일 발사 공식 발표 후 22일이 지난 4월 6일의 일이었다. 민주당이 뒤늦게라도 규탄에 힘을 보탰으니 그나마 다행이었다. 통합진보당의 입장 표명은 4월 13

일 장거리 미사일이 이미 발사된 뒤에 나왔다. 그런데 그 내용은 얼토당
토않은 것이었다. "북한의 미사일 발사에 대한 미국 및 유엔 안보리 제재
가 한반도 긴장 완화에 도움이 되지 않는다"는 것이었다. 국민을 불안에
떨게 하고, 동북아의 안정을 해친 북한의 행위를 규탄하지 않은 채 국제
사회의 대북 제재를 반대하는 입장을 지지하는 우리 국민이 과연 몇이나
될까. 주민의 행복과 인권을 무시하고 오로지 세습 체제의 존속을 위해
대량살상무기를 개발해 온 북한의 도발 행위에 눈을 감는 것은 대한민국
을 사랑하는 국민으로서 용납하기 어려운 일이다. 이런 생각에서 나는
"나쁜 짓을 하면 고운 밥을 먹을 수 없다"는 촌평을 냈고, 통합진보당의
논평을 강력히 비판하는 논평도 냈다.

성명

[12/04/13]

북한의 미사일 발사는 국제사회에 대한 중대한 도발이다.

북한의 장거리 미사일 발사는 유엔 안전보장이사회 결의 1874호
를 위반한 것으로, 국제사회에 대한 중대한 도발이다. 북한이 주장
하는 로켓 발사가 탄도 미사일 기술을 이용하는 것이 틀림없기 때
문이다.

북한은 또 미사일을 발사함으로써 스스로 한 약속도 지키지 않았
다. 그들의 미사일이 발사 몇 분 뒤 여러 조각으로 분리돼 떨어진

것처럼 북한에 대한 국제사회의 신뢰도 바닥으로 추락했다고 지적하지 않을 수 없다.

북한은 국제사회의 경고를 무시하고 미사일 발사를 강행한 데 대한 책임을 져야 할 것이다. 미사일 발사 시도는 한반도 안정과 평화를 해치는 것인 만큼 상응하는 대가를 치러야 한다.

유엔 안보리는 회의를 열어 북한의 미사일 발사 문제에 대해 논의할 방침이라고 한다. 유엔 안보리가 어떤 결정을 하든 북한은 그대로 따라야 한다. 북한은 더 이상 국제사회를 실망시키지 말고 혹독한 민생고를 겪고 있는 북한 주민의 삶의 질을 향상시키는 데 전념해 주기 바란다.

논평

[12/04/13]

통합진보당의 북한 미사일 논평은 매우 우려스럽다. 민주통합당은 파트너인 통합진보당의 논평을 어떻게 생각하나.

북한이 국제사회의 경고에도 불구하고 장거리 미사일을 발사했다. 이는 유엔 안전보장이사회 결의를 위반한 것일 뿐 아니라 스스로 한 약속을 뒤집는 행위다.

북한이 지구촌의 신뢰를 얻지 못하는 건 국제사회에서 통용되는 룰(rule)과 의무를 지키지 않고 약속도 이행하지 않기 때문이다. 북한이 고립되고, 주민이 도탄(塗炭)에 빠진 건 북한 지도부가 비이성적, 비정상적으로 행동하기 때문이다.

북한은 한반도와 동북아의 안정과 평화를 해치는 도발행위를 한 데 대해 응분의 책임을 져야 할 것이다. 정부는 유엔 안보리에서 각국과의 긴밀한 공조를 통해 북한의 책임을 묻는 조치를 강구해야 한다. 북한이 다시는 도발을 하지 못하도록 재발방지책도 마련해야 한다. 정부는 또 국가안보 태세를 정비하고 국민을 안심시키는 조치도 취해야 한다. 새누리당은 앞으로 국민의 불안을 해소하고 국가안보를 더욱 튼튼히 하는 데 만전을 기할 것이다. 야당과의 대화와 협력을 통해 필요한 입법조치도 강구할 것이다.

민주통합당과 손잡은 통합진보당의 논평은 매우 우려스럽다. "북한이 오늘 오전 광명성 3호를 발사하였다. 이를 둘러싸고 북미 간 대립과 한반도 긴장국면이 조성되고 있다. 미국을 비롯한 유엔 안보리의 제재 일변도 방식은 한반도 긴장 완화에 전혀 도움되지 않는다"는 논평엔 북한의 잘못을 지적하고 비판하는 내용이 전혀 들어 있지 않다. 한반도 긴장국면이 누구 때문에 조성됐는지에 대해서도 언급하지 않고 있다. 그저 '광명성 3호' 발사를 둘러싸고 긴장 국면이 조성됐다고만 말하고 있다.

북한이 발사한 게 장거리 미사일이라는 게 국제사회의 공통된 입장인데도 통합진보당은 북한 당국처럼 '광명성 3호'라고 부르고 있다. 통합진보당과 손잡은 민주통합당은 이런 문제에 대해 어떻게 생각하는지 답하기 바란다.

북한 지도부는 미사일 발사로 국제사회의 비난을 자초했다는 현실을 직시해야 한다. 모험주의식 도발행위는 국제사회에서 더 이상 통용되지 않는다는 걸 깨달아야 한다.

북한이 살 길은 개혁과 개방뿐이다. 미사일 발사에 드는 막대한 돈을 극심한 식량난, 물자부족 등으로 큰 고통을 겪고 있는 주민의 민생을 챙기는 데 쓰길 바란다. 소위 선군주의론 북한이 결코 온전한 나라가 될 수 없다는 걸 북한 지도부는 인식해야 한다.

민간인 사찰 사건에 단호하게 대응하다

4.11 총선 공식 선거운동이 시작된 첫 주말인 2012
년 3월 31일 박근혜 비상대책위원장이 이른 아침부터 선대위 회의를 소
집했다. 이날은 수도권 격전지의 표심을 얻기 위해 서울 6개 지역과 경기
도 구리, 의정부, 포천 등 13개 지역의 유세 일정을 잡은 날이었다. 그런
빡빡한 스케줄을 앞두고 박 위원장이 회의를 소집한 것은 총리실 공직윤
리지원관실의 민간인 사찰 문제가 불거졌기 때문이다. 회의가 소집되기
전날인 3월 30일 민간인 사찰 문건 내용이 언론 보도를 통해 알려져 파
문이 일었다. 공직윤리지원관실이 2008년부터 2010년까지 3년 동안 작
성했다는 하명사건 처리부와 사찰 결과 문건으로, 사찰이 고위 공직자는
물론 언론계, 금융계 인사와 국회의원, 민간인에 대해서까지 광범위하게
이루어졌음을 추정케 하는 것이었다.

민주당 한명숙 대표는 "희대의 국기문란 사건으로 문제는 이런 사찰 결
과가 VIP(대통령)에게 보고됐을 것"이라며 이명박 정부를 비난하고 새누

리당 심판론을 강조했다. 언론 역시 총선 정국의 메가톤급 변수로 작용할 것이라고 예상했다. 새누리당이 수세에 몰릴 것이라는 전망이 지배적이었다.

긴급회의를 주재한 박근혜 선대위원장의 어조는 단호했다. "민간인 사찰 문건이 공개돼 파문이 일고 있다. 저 역시 지난 정권과 현 정권에서 사찰을 받았다는 언론 보도가 여러 차례 있었다. 철저한 수사로 지위고하를 막론하고 그 사람이 누구든 책임질 사람은 책임을 져야 한다. 2년 전 검찰 수사가 미진해서 재수사하는 상황은 매우 유감이다. 정치는 국민의 삶을 챙기는 게 본연의 임무다. 자꾸 엉뚱한 일로 국민을 실망시키는 일이 계속되고 있다. 우리가 비상대책위원회를 꾸려서 쇄신과 개혁을 해 나가는 것도 이런 잘못된, 더러운 정치와 단절하겠다는 것이다."

국가기관의 민간인 사찰을 인권유린과 민주주의 파괴 행위로 규정한 이날 회의에서 우리는 특검 도입을 민주당에 제안했다. 그러나 민주당은 특검에 반대했다. 이명박 대통령이 임명하는 특검은 공정성을 담보할 수 없으니 특검은 안 되고 국회 국정조사를 하자는 것이었다. 하지만 이 이전에 주로 민주당의 요구에 따라 실시된 대형 사건의 특검도 이명박 대통령이 임명한 것이었다. 민주당이 진실 규명보다는 정치 공세 차원에서 '특검 반대, 국정조사 도입'을 외쳤기 때문에 과거와는 다른 모순된 행태를 보인 것이다. 어쨌든 민주당은 맹공세를 취하면서 박근혜 위원장에게도 동반 책임이 있다는 주장을 폈다.

나는 회의에서 권재진 법무장관 책임론을 제기하며 그의 퇴진을 주장했다. "정부기관이 민간인을 사찰한다는 건 천인공노할 일이고, 권 장관이 청와대 민정수석으로서 문제의 공직윤리지원관실의 보고를 받던 때에 이 문제에 대한 증거인멸 시도가 있었다. 2012년 검찰이 민간인 사찰 문제에 대해 부실수사를 했다. 그때 권 장관은 민정수석으로 일했으므로 '공직윤리지원관실의 증거인멸 → 검찰의 부실수사'에 대한 책임에서 자유로울 수 없다'고 판단해 그의 사퇴를 주장한 것이다. 회의에서 많은 분들이 동의를 표시하자 박 위원장은 권 장관 퇴진 요구를 당의 입장으로 발표해도 좋다고 했다.

한편 이명박 대통령의 청와대는 "검찰 수사를 통해 진상이 명확하게 규명되기를 희망하며 정치권에서 제기하면 특검도 받을 용의가 있다"고 밝히면서도 "사찰 문건 2,619건 가운데 2,200여 건은 한명숙 민주당 대표가 총리로 재직하던 노무현 정부에서 이뤄진 것"이라며 화살을 전(前) 정부로 돌렸다. 나는 "노무현 정권이든 이명박 정권이든 인권을 짓밟는 행위는 용서 받을 수 없다"는 논평을 냈다. 이에 앞서 발표한 첫 논평에선 민간인 사찰이 김대중(DJ) 정권의 도청을 연상시킨다고 꼬집었다. 도청이든 민간인 사찰이든 우리의 헌법적 가치와 인간의 기본권을 유린한 것이기 때문이다.

민간인 사찰에 대한 새누리당의 시각은 청와대나 민주통합당과는 확실한 차이가 있었다. 우리가 정치적 계산을 하지 않고 "현 정권이든 과거 정권이든 헌법의 가치를 훼손한 일이 있다면 철저히 규명해야 한다"며 일관된 태도를 취할 수 있었던 것은 당시 박근혜 선대위원장이 사찰을 받았을 가능성이 컸기 때문이다. 노무현 정권의 국가정보원이 소위 '박근혜 TF'라는 조직을 가동했고, 2007년 대선 당시에는 박근혜 보고서를 만들었다는 보도가 나온 바 있다. 2010년에는 민주통합당 이석현 의원이 "이명박 정부가 박근혜 위원장을 사찰하고 있다"는 주장을 한 적도 있다.

민간인 사찰은 나에게 유쾌하지 않은 기억을 떠올리게 했다. 2012년 3월 30일 민간인 사찰에 대한 나의 첫 성명은 김대중 정권에 대한 이야기로 시작한다. 기자 시절 김대중 정권의 불법 도청 사건으로 프라이버시를 침해당한 일이 있었기 때문이다.

2003년 초 〈중앙일보〉 기자였던 내게 한 통의 전화가 걸려왔다. 2002년 대선 막바지에 공개된 불법 전화도청 문건의 내용 중 나에 관한 것이 맞는지 확인해 달라는 검찰의 전화였다. 나는 "도청이 확실하다"고 했다. 김대중 정권 때 정권 핵심과 야당 인사, 그리고 중견 언론인의 통화내용을 몰래 엿들었다는 사실이 후에 명명백백하게 밝혀졌기 때문에 나는 그때의 전화와 도청문건을 잊지 않고 있다. 당시 도청 피해자로 추정된 인물은 42명(국회의원 26명, 기자 8명, 언론사 사장 2명, 기타 기업인 6명)으로, 이들 중 대부분이 도청문건이 사실임을 인정했다. "목욕탕에서 몰래카메라에 찍힌 기분"이라며 당혹스러움을 감추지 못했던 김홍신 당시 한나라당 의원의 말처럼, 사건으로 인한 충격은 컸다. 국가가 마음만 먹으면 개인의 일거수일투족을 마치 빅브라더처럼 감시할 수 있다는 걸 확인한 나는 민주주의를 외쳤던 정권의 인권유린과 후진성에 경악했다.

그런데 10년이 지난 2012년에도 정부의 인권침해가 사라지지 않았다는 사실에 가슴이 아팠다. 그래서 나는 "과거 김대중 정권이 정관계 인사, 언론인 등을 상대로 매우 광범위하게 자행했던 불법 도청을 연상케 하는 이 사건은 인권을 유린하고 민주주의를 파괴하는 범죄행위라고 규정한다"는 논평을 냈다.

2013년 2월 인권위원회는 8개월에 걸친 사찰에 대한 직권조사를 마무리하면서 민간인 사찰에 대한 대책을 마련할 것을 이명박 당시 대통령에게 권고했다. 인권위가 대통령에게 권고 결정을 내린 것은 처음 있는 일이었다.

총선 당시 박근혜 선대위원장은 이렇게 말했다. "민간인 사찰은 헌법의 가치를 정면으로 위반하는 것이기 때문에 어떤 정부도 해서는 안 되는 것이다." 그런 박 위원장이 대통령이 된 만큼 이제는 정부가 이명박 전 대통령에게 내려진 인권위의 권고를 철저히 이행해서 인권을 짓밟는 일이 다시는 발생하지 않도록 해야 할 것이다.

총선 때 가장 큰 이슈 가운데 하나였던 민간인 사찰사건에 대해 새누리당은 단호하게 대응했다. 그때의 일과 국가정보원의 댓글 의혹 사건에 대한 당의 대응을 비교하면 아쉬운 점이 남는다. 댓글 문제에 대해선 재판이 진행 중이고, 사법부의 판단이 아직 나오지 않았기 때문에 섣불리 말하기 어렵다. 국가정보원이 불법을 저질렀다면 그것이 조직적이든, 개인의 일탈행위이든 엄정하게 진상이 규명되어야 하고 관련자는 상응하는 처벌을 받는 게 마땅하다. 하나를 잘못했다고 쳐도 잘못은 잘못인 만큼 다시는 그런 일이 벌어지지 않도록 개혁방안을 만들어 실천하는 게 중요하다.

2013년 6월 검찰수사가 발표됐을 때 새누리당 일부 당직자 등이 "수사가 잘못됐다"며 무작정 이명박 정부의 국정원을 비호하는 인상을 준 것은 신중하지 못한 처신이었다고 본다. 검찰 발표 직후 나는 방송 인터뷰 프로그램에 출연해 "국가기관이 잘못을 했다면 여당이 감쌀 이유가 없다. 댓글 때문에 대선 결과가 달라졌을 걸로 믿는 국민은 거의 없을 것이므로 국정원이 불법을 했다면 그것이 조직적이든, 아니든 우리가 적극적으로 나서서 진실을 밝히고 재발을 막는 개혁 조치를 취해야 한다. 그래야 우리가 야당에 대해 국정원 여직원 인권유린 문제, 국정원 전직 직원과의 거래 문제를 당당하게 따질 수 있다"는 취지의 이야기를 했다.

👤 성명

[12/03/30]

민간인 사찰은 김대중 정권의 불법 도청과 같은 범죄행위다. 검찰은 철저한 수사로 성역을 남기지 말아야 한다.

총리실 공직윤리지원관실이 저질렀던 민간인 사찰의 실태가 언론 보도를 통해 알려진 대로라면 매우 충격적이다. 사찰 대상에 과거 한나라당의 비주류였고, 이번 총선에 새누리당 후보로 뛰고 있는 인사들도 포함돼 있다고 하는데 얼마나 많은 분들이 사찰을 받았는지 묻고 싶다. 과거 김대중 정권이 정관계 인사, 언론인 등을 상대로 매우 광범위하게 자행했던 불법 도청을 연상케 하는 이 사건은 인권을 유린하고, 민주주의를 파괴하는 범죄행위라고 규정할 수밖에 없다.

검찰은 성역 없는 철저한 수사로 민간인 사찰의 전모를 밝혀내야 할 것이다. 단 한 점의 의혹도 남기면 안 될 것이며, 관련자는 지위 고하를 막론하고 엄중 처벌해야 할 것이다. 소위 '윗선'이 있다면 그 윗선이 누구인지 분명하게 밝혀내야 할 것이다.

새누리당은 검찰의 수사를 예의 주시할 것이고, 수사 결과가 미흡하다고 판단되면 다른 조치를 강구할 것이다.

📊 브리핑

[12/03/31]

제2차 중앙선거대책위원회 비공개 부분

새누리당은 민간인 사찰 문제를 인권을 유린하고 민주주의를 파괴하는 범죄행위로 규정한다. 오늘 박근혜 중앙선거대책위원장이 선대위 회의를 주재한 것은 이 때문이다. 회의 결론은 민주통합당에 당장 특검을 하자고 제안하는 것이다. 2년 전 의혹이 제기됐던 이 사건에 대한 검찰 수사가 대단히 미흡했고, 그때의 잘못된 검찰 수사를 지금 검찰이 다시 수사하는 상황에서, 과연 국민이 검찰의 수사를 믿을 수 있겠느냐는 의문을 갖게 될 것이기 때문이다. 이 사찰 문제가 드러났을 당시 청와대 민정수석이었던 분이 권재진 법무장관이다. 법무장관의 지휘를 받는 검찰이 수사를 하고 있는 상황이다. 때문에 검찰이 제대로 수사할 수 있겠느냐는 의문을 국민은 품고 있다. 검찰 수사에 대한 신뢰가 떨어진 상황이므로 당장 특검을 실시하자는 것이 새누리당의 입장이다. 회의에서 이뤄진 또 하나의 결론은 민간인 사찰에 대한 의혹이 제기됐을 때 청와대 민정수석으로 일했던 권재진 법무장관이 책임을 느끼고 물러나야 한다는 것이다. 2년 전 민간인 사찰의 주체인 총리실 공직윤리지원관실이 검찰 수사에 대비해 증거인멸을 시도했고, 그런 공직윤리지원관실의 보고를 받는 상급기관이 청와대 민정수석실인 만큼 권 장관 자신은 이 사건과 무관하다고 가정하더라도 지휘책임은 면할 수 없다.

성명

[12/04/04]

사찰 가해자가 피해자를 청문한다는 게 말이 되나. 노무현 정권 때 사찰한 것도 모자라 정치공세 펴나. 불법 사찰 근절 방안 마련하는 데 함께 경쟁하자.

언론 보도에 따르면 노무현 정권은 국가정보원에 소위 '박근혜 TF'라는 조직을 가동했고, 대통령 선거가 있던 2007년엔 박근혜 현 새누리당 중앙선거대책위원장에 대한 보고서를 만들었다고 한다. 노무현 정권의 박 위원장 사찰 문제를 보도한 한 언론은 2008년 사정기관 관계자의 말을 이렇게 인용했다. "검찰에선 (노무현 정부의) 국정원 측이 박근혜 전 한나라당 대표 주변 정보를 수집했다는 객관적 정황을 포착했다. 국정원 내부에서 작성된 박근혜 보고서가 정치권으로 유출됐다는 증언도 최근 나왔다." 노무현 정권은 '박근혜 TF'를 2004년부터 가동했다고 한다. 박 위원장이 천막당사에서 2004년의 17대 총선을 성공적으로 치루고, 이후 각급 보궐선거에서 연전연승하자 노무현 정권이 박 위원장을 본격적으로 감시하고 사찰한 것 아니냐는 의혹을 사기에 충분하다. 지금 민주통합당을 이끌고 있는 한명숙 대표, 한 대표 멘토 역할을 하면서 민주통합당에 막강한 영향력을 행사하는 이해찬 세종시 후보는 노무현 정권에서 총리를 지냈다. 그런 그들의 지휘 아래 있는 민주통합당이 사찰 청문회 운운하면서 박 위원장을 증인으로 채택하겠다고 하는 건 어불성설 아닌가. 가해자가 청문회의 주체가 돼서 피해자를 추궁하겠다는 꼴을 국민은 어떻게 생각할까.

민주통합당 측은 과거 현 정부도 박 위원장을 사찰했다고 몇 차례 주장했다. 경기 안양동안갑에 출마한 이석현 민주통합당 의원은 지난해 6월 2일 국회 대정부질문에서 현 정부가 '박근혜 사찰팀'을 운영했다고 말했다. 이에 앞서 2010년 12월에도 현 정부의 박 위원장 불법 사찰이 있었다고 주장했다. "2009년 4월 현 정부의 정보기관이 사찰팀을 꾸려 박 위원장의 모든 사항을 집중 사찰했다"는 게 이 의원의 발언이었다. 박 위원장이 사찰의 피해자라는 걸 민주통합당 측에서 강조한 것이다. 그랬던 민주통합당이 이제 와서 엉뚱한 소리를 하고 있다. 박 위원장에게 사찰의 동반책임이 있다며 터무니없는 억지 주장을 하는 것이다. 이처럼 말을 함부로 바꾸면서 무작정 뒤집어씌우기로 나가는 민주통합당을 보면서 현명한 국민은 무슨 생각을 할까. 양심불량으로 보이는 민주통합당에 눈살을 찌푸리지 않을까.

민주통합당은 이제라도 온정신으로 돌아주길 바란다. 그리고 어떤 정권이든 불법 사찰을 할 수 없도록 법적, 제도적 방안을 마련하는 데 새누리당과 경쟁해 주기 바란다. 민주통합당이 좋은 아이디어를 내놓는다면 얼마든지 받을 용의가 있다. 민주통합당은 또 국민의 행복을 위해, 민생을 위해, 우리의 미래를 위해 정치권이 무엇을 할 것인지 진지하게 고민해 주기 바란다. 국민이 정치권에 바라는 건 미래를 위한 건설적인 설계일 것이다.

🖋 논평

[12/05/16]

검찰은 공직윤리지원관실 문건의 사실관계를 철저히 규명해야 한다.

민간인 불법 사찰 문제와 관련한 국무총리실 공직윤리지원관실 문건이 공개돼 의혹이 증폭되고 있다. 언론 보도에 따르면 2008년 8월 작성된 공직윤리지원관실 문건에 지원관실이 VIP(대통령)에게 절대적으로 충성하는 인사들로 구성된 비선 조직이며 노무현 정권 인사들의 음성적 저항 등을 타개하기 위한 목적으로 설립됐다고 적혀 있다고 한다. 문건에는 '특명사항은 청와대 비선을 거쳐 VIP 또는 대통령실장에게 보고한다'는 대목도 나온다. 또 'VIP 보고', 'VIP 지시사항' 등의 단어도 등장한다. 검찰은 현 정부에서 공직윤리지원관실이 무슨 일을 했는지 낱낱이 밝혀야 한다. 청와대와의 관련성도 정확하게 규명해야 한다. 검찰은 국가권력의 민간인 불법 사찰 문제에 대한 조속하고 철저한 수사로 모든 의혹을 규명해야 하며 어떤 궁금증도 남기지 않도록 해야 한다. 또 불법을 저지른 책임자는 지위고하를 막론하고 엄중 처벌해야 한다. 이 땅에 민간인 불법 사찰이 다시는 일어나지 않도록 해야 한다.

걱정했던 총선에서 승리하다

2012년 4월 10일 총선을 하루 앞두고 국민의 지지를 호소하는 새누리당 박근혜 중앙선거대책위원장의 기자회견이 열렸다. 박 위원장은 "민주통합당과 통합진보당이 국회의 과반을 차지하면 우리 국회는 이념의 전쟁터, 정치 싸움터가 될 것"이라며 야당의 폭주를 제어할 수 있도록 힘을 달라고 호소했다. 박근혜 위원장이 회견을 할 때 경기 시흥갑 함진규 후보 등 네 명이 서 있었다. 민주통합당 백원우 후보가 내리 3선을 지켜 온 시흥갑 지역에 출사표를 던진 함진규 후보 등 네 명은 수도권 초접전 지역의 후보들이었다.

박 위원장이 2주간의 선거 레이스를 정리하고 마지막으로 국민의 한 표를 호소하는 자리에 박빙 지역의 후보를 내세우자는 아이디어는 내 머리에서 나왔다. 선거 전날 열린 선대위원장 기자회견에 선거대책위 멤버가 아닌 박빙 지역 후보를 배석시킨 것은 이례적인 일이다. 그런 장면이 연출된 까닭은 이렇다.

기자 회견 전날 밤 전략회의를 앞두고 이혜훈 종합상황실장 등 매일 밤 회의를 하는 멤버들과 늦은 저녁을 먹고 있는데 나에게 전화가 걸려왔다. 박근혜 비대위원장 비서실에서 "내일 기자회견에는 이상일·조윤선 대변인 두 사람만 배석한다"는 전화였다. 나는 이혜훈 실장에게 이렇게 말했다. "나의 경우 비례대표 8번을 받았으니 당선된 것이나 다름없다. 조윤선 대변인은 공천을 받지 못했으니 당락과 무관하다. 내일 박 위원장 회견은 지상파 등에서 생중계를 할 것이고, 많은 국민들이 시청할 테니 수도권에서 초접전을 벌이는 후보들을 옆에 서게 하면 그들이 득표하는 데 도움이 될 것이다."

이 실장은 "좋은 아이디어"라며 박 위원장 비서실과 연락을 취했고, 뜻을 관철시켰다. 박 위원장 기자회견 현장에 어깨띠 1번을 메고 나온 네 후보 중 함진규 후보가 당선되었다. 함 후보는 개표 과정에서 엎치락뒤치락 하더니 200표(0.2%) 차이로 백원우 민주통합당 후보를 누르고 19대 국회에 입성했다.

개표를 앞두고 새누리당은 초조한 분위기에 휩싸여 있었다. 방송 3사 출구 조사에서 새누리당과 민주통합당의 승부를 예측하기 어려운 결과가 나왔기 때문이다. SBS 출구조사는 새누리당 126~151석, 민주통합당 128~150석으로 양당이 오차범위에서 초접전을 벌일 것으로 예측했다. 통합진보당까지 포함한 야권연대 의석은 138~171석일 것이라고 전망했다. KBS는 새누리당과 민주통합당 모두 131~147석을 얻을 것으로 예상했고, MBC는 새누리당 130~153석, 민주통합당 128~148석을 내다봤다.

그러나 뚜껑을 열고 보니 우리의 확실한 승리였다. 새누리당은 총 152석을 얻는 성과를 거뒀다. 민주통합당은 127석, 통합진보당은 13석을 차지했다.

이명박 정부에 대한 국민들의 실망이 이만저만이 아닌 상황에서 여당인 새누리당은 매우 힘든 선거를 치렀다. 그렇다면 새누리당이 왜 총선에서 승리했을까. 한나라당에 등 돌렸던 민심은 왜 다시 새누리당으로 기울었을까. 정치싸움보다는 민생과 미래를 위해 일하겠다는 각오로 정책 중심의 선거를 이끌어 온 박근혜 선거대책위원장의 리더십과 새누리당의 변신을, 그리고 이런 새누리당이 민생정치라는 측면에서 민주당보다 상대적으로 우위에 있다는 점을 국민이 평가했기 때문이 아닐까 싶다.

✒ **논평**

[12/04/12]

국민 여러분 감사합니다. 뜻을 겸허히 받들겠습니다.

국민 여러분께서 저희 새누리당에 보내주신 지지는 민생을 위하는 정치, 미래로 나아가는 정치, 약속을 반드시 지키는 정치, 오만하지 않고 겸손한 정치를 하라는 뜻으로 새깁니다.

19대 국회에선 새누리당은 물론 정치권이 뭔가 달라진 모습을 보여 드리기 위해 노력하겠습니다. 국민의 눈살을 찌푸리게 하는 정치싸움, 이념싸움을 지양하고 국리민복을 위해 애면글면 애쓰는 모습을 보여 드리기 위해 최선을 다하겠습니다.

여야가 합리와 상식으로 대화하고 토론하면서 이견을 수렴하고 갈등을 조정하는, 그래서 정치다운 정치를 하는 시대가 열릴 수 있도록 분발하겠다는 다짐도 드립니다.

과거의 한나라당이 국민과 소통하는 데 소홀히 한 점 죄송하게 생각합니다. 사회 양극화 문제를 해소하고 소외계층을 돌보는 일에도 미흡한 게 많았던 점 역시 송구스럽게 생각합니다.

새누리당은 성찰과 반성의 바탕 위에서 쇄신과 변화를 추구해 왔습니다. 이 초심을 잃지 않고 정치를 하겠습니다. 국민께 드린 작은 약속이라도 목숨처럼 지키겠습니다. 항상 낮은 자세, 겸손한 자세로 국민 여러분에게 다가가겠습니다.

이번 선거에서 선의의 경쟁을 한 여러 야당께도 감사와 위로의 말씀 드립니다. 선거기간 중에 서로 거친 말이 오가기도 했는데 저희가 먼저 사과의 말씀 드립니다. 서로 감정의 앙금을 털고 나라를 위해, 국민을 위해 우리 모두 좋은 정치를 펴도록 노력하면 좋겠습니다.

새누리당은 앞으로 열린 마음으로 야당의 여러분들을 만나겠습니다. 여러분들께서 좋은 의견을 주시면 경청하겠습니다. 앞으로도 서로 선의의 경쟁을 하면서 이 나라를 품격 있고, 보다 경쟁력이 있는 강국으로 만들자는 말씀도 드리고 싶습니다. 감사합니다.

'증자의 돼지' : 박근혜 대통령이 즐겨 인용했던 고사

박근혜 당시 선대위원장이 갖고 있던 신뢰의 정치인 이미지는 하루아침에 만들어 진 것이 아니다. 오랜 세월에 걸쳐 차곡차곡 견고하게 쌓인 것이다. 박 위원장이 즐겨 인용했던 고사가 있다. '증자(曾子)의 돼지'다. 공자의 제자인 증자의 이야기다. 하루는 증자의 아내가 시장에 가는데 아이가 울면서 따라간다고 보챘다. 아내는 "돌아와서 돼지를 잡아줄 테니 집에서 기다리라"고 달래고 나서 장을 보러 갔다. 아내가 귀가한 다음 증자는 정말로 돼지를 잡았다. 부모가 자식을 속이면 자식이 부모를 믿지 않을 것이라는 판단에서 그랬다는 것이다. 나는 〈중앙일보〉 정치부장을 할 때인 2010년 어느 날 박 위원장과 식사하는 자리에서 이 이야기를 처음 들었다. 그리고 언젠가는 박 위원장과 증자의 돼지 이야기를 기사로 쓸 때가 있을 것이라는 생각에서 기억해 두었다. 2011년 세종시 문제로 여권 내부에서 논란이 벌어졌을 때다. 나는 박 위원장이 세종시 계획 수정을 왜 반대하는지 분석하는 기사에 이 고

사를 담으면 되겠다고 판단, 이 내용을 후배 기자에게 알려주고 기사를
쓰라고 지시했다.

📰 **기사**

〈중앙일보〉 2010년 1월 23일자 이가영 기자

요즘 박근혜 화두는 '증자의 돼지', 자식과 약속도 지키라는 중국 고사
세종시 신뢰 강조하며 자주 인용 "노 정부 산물이라는 평가는 비겁"

박근혜 한나라당 전 대표 "지난해 어떠셨어요."

H 의원 "지역 현안과 공약 때문에 정신 없었습니다."

박 "어떤 걸 하셨어요."

H "특목고도 유치하고 지하철 연장도 추진하고…."

박 "아이고, 많이 하셨네요. 주민과의 약속을 지키는 게 제일
    중요해요. 쉽게 약속해서도 안 되지만 약속은 꼭 지켜야 합
    니다."

올 초 박근혜 전 대표와 한 의원이 나눈 대화다. 박 전 대표가 '신뢰와
원칙'을 중시하는 건 이미 잘 알려진 얘기다. 당 주류 측은 "국가의 백
년대계를 위해선 약속도 바꿀 필요가 있다"며 압박을 가하지만 그는
꿈쩍 않는다. 그는 지인과 보좌진에게 자신의 신뢰관을 설명하기 위해
중국 고전 『한비자(韓非子)』의 고사 '증자(曾子)의 돼지'를 인용한다고
한다.

◆ **'증자(曾子)의 돼지'** 박 전 대표는 세종시 얘기가 나오면 종종 '증자의 돼지' 고사를 들려준다.

그는 이렇게 말한다. "공자의 제자인 증자의 아내가 시장에 가는데 아이가 울면서 따라간다고 보챘다. 아내가 '돌아와서 돼지를 잡아줄 테니 집에 있으라' 고 달래자 아이는 말을 들었다. 아내가 장을 보고 돌아오자 증자가 돼지를 잡으려 했다.

아내는 '아이를 달래려 한 말인데 정말 잡으면 어떡하느냐' 고 언성을 높였다. 그러나 증자는 '당신이 아이에게 뭐라고 했느냐. 아이에게 속임수를 가르치려고 하느냐. 어미가 자식을 속이면 자식이 어미를 믿지 않게 된다' 며 돼지를 잡았다."

박 전 대표는 이런 얘기도 한다. "박사 학위를 10개 가진 뛰어난 능력의 친구라도 신뢰를 깨면 누구도 같이 일하려 하지 않을 것이다. 정치인이 중요한 약속을 안 지키면 국민들은 아무것도 믿지 않게 되고 정부 정책은 신뢰를 잃게 된다. 이는 비효율로 이어진다. 위정자가 국민을 믿게 하는 데 많은 에너지, 많은 인력과 예산을 낭비해야 하기 때문이다."

◆ **"노무현 탓하는 건 비겁"** 2007년 당 대통령 후보 경선 때 박 전 대표를 지지했지만 세종시에 대해선 이견을 가진 인사가 최근 박 전 대표를 만났다. 이 자리에서 그는 "세종시를 노무현 정부의 사상이 담긴 산물이라고 주장하는 한나라당 사람들이 있는데 그들은 비겁하다" 는 박 전 대표의 주장을 들었다.

이 인사는 "박 전 대표가 세종시 원안을 '자식' 처럼 생각하는 것 같더라. 세종시 관련법은 노무현 전 대통령에 의해 만들어진 게 아니라 공당인 한나라당과 당시 대표였던 자신이 민주적 절차를 거쳐 만든 것이란 점을 분명히 밝혔다"고 전했다.

박 전 대표는 2004년 7월 국회 원내교섭단체 대표 연설에서 행정기관 이전 문제에 대해 "충분한 시간을 갖고 토론한 뒤 당의 공식 입장을 정하겠다"고 말했다. "이 중요한 국가대사를 두고 당이 또 당론을 번복하고 국민을 두 번 속이는 일은 결코 없을 것"이라는 말도 했다. 그로부터 7개월 뒤인 2005년 2월 행정기관을 일부 이전하는 내용의 당론은 확정됐다.

◆ **여론 향배는** 세종시 행보와 관련, 박 전 대표의 지지율은 두 가지 방향으로 움직이고 있다. 한나라당 지지층에선 약간의 이탈이 있고, 호남 등 한나라당 열세 지역에선 지지율이 조금 상승한 것으로 조사됐다. 친이 측은 "영남권과 보수층에서 이탈 현상이 보여 위기를 맞을 것"이라고 말하고, 친박 측은 "지지층의 외연이 넓어지고 있다"고 주장한다.

증자(曾子)의 돼지 공자의 제자인 증자의 아내가 시장에 가는데 아이가 울며 따라 나왔다. 아내는 "돌아와 돼지를 잡아 주겠다"고 약속했다. 아내가 집에 와보니 증자가 돼지를 잡으려 하고 있었다. 아내는 "아이를 달래려 한 말인데 정말 잡으면 어떡하느냐"며 증자를 말렸다. 그러나 증자는 "아이에게 속임수를 가르쳐선 안 된다"며 돼지를 잡았다.

출처=『한비자(韓非子)』

기사가 나간 뒤 박근혜 전 대표측에서 이가영 기자에게 연락했다. 박 전 대표의 한 측근은 "기사가 좋은데 하나가 빠졌다. 더 중요한 것은 증자의 말을 들은 아들의 행동이다"라며 다음과 같은 이야기를 해주었다.

돼지를 잡은 날 밤 증자의 아들이 "친구에게 빌린 책을 오늘까지 돌려주기로 해놓고 돌려주지 못했는데 아버지가 약속을 지키려고 돼지를 잡는 것을 보니 저도 오늘 약속을 지키기 위해 친구 집에 다녀와야겠습니다"라고 했다. 증자의 행동을 보고 아들이 친구와 한 약속을 지켰다는 것이다.

나는 이 대목을 박 전 대표에게서 직접 들어 알고 있었지만 이야기의 출처를 확인하지 못해 처음 기사에는 싣지 않았다. '증자의 돼지' 고사를 전하는 《한비자(韓非子)》에는 아들이 친구에게 책을 돌려주었다는 얘기가 없었기 때문이다.

박근혜 전 대표는 〈중앙일보〉 기사를 읽고 나서 증자 아들의 행동에 대해 쓴 책이 있다며 출전을 기자에게 알려주도록 했다고 한다. 중국인 교사 샤오춘성(肖春生)이 쓴 《교자서(敎子書, 큰 인물을 키워낸 부모들의 자녀 교육법)》에 증자의 행동을 보고 아들이 약속을 지킨다는 내용이 나온다는 얘기를 듣게 되자 그걸 후속 기사로 써서 독자들에게 알렸다.

'증자의 돼지' 고사에서도 알 수 있듯 박근혜 위원장은 신뢰를 중시했다. 신뢰라는 사회적 자본이 형성되어야 나라가 선진국으로 도약할 수 있고 정치도 선진화된다고 믿었던 것이다.

2012년 4월 총선에서 유권자가 박근혜 위원장이 이끄는 새누리당에 더 많은 지지를 보내 준 것은 '증자의 돼지' 교훈을 실천하려고 애썼던 박 위원장을 야당 대표보다 더 신뢰했기 때문이라고 생각한다.

〈중앙일보〉 2010년 1월 25일자 이가영 기자

박근혜 "증자의 돼지는 뒷얘기가 더 중요"
"빌린 책 돌려준다는 약속 지키려 증자 아들, 자다 말고 일어나 나가"

"'증자(曾子)의 돼지'(본지 1월 23일자 4면) 얘기는 그 뒷부분이 더 중요한 핵심이에요."

박근혜 한나라당 전 대표가 주말인 23~24일 만난 측근들에게 이렇게 말했다고 한다. 그가 정치인의 신뢰를 강조하며 즐겨 인용하는 고사가 중국 고전 『한비자(韓非子)』에 나오는 '증자의 돼지'라는 본지 보도를 보고 나서 한 말이라고 한다. 이 고사와 관련해 박 전 대표가 측근들에게 한 말은 다음과 같다고 한다.

"돼지를 잡은 그날 밤 증자가 잠을 자는데 아들이 자다 말고 일어나 밖으로 나가더래요. 증자가 '어디 가느냐'고 물었더니 아들이 '친구에게 책을 빌렸는데 오늘까지 돌려주기로 약속했어요. 아버지가 약속을 지키려 돼지를 잡는 것을 보고 저도 친구와의 약속을 지키기 위해 다녀오려 합니다'라고 말했대요. 그걸 본 증자는 흐뭇해했더랍니다."

증자의 아들 이야기는 중국인 교사 샤오춘성(肖春生)이 쓴 『교자서(敎子書, 큰 인물을 키워낸 부모들의 자녀 교육법)』에 소개돼 있다고 한다. 박 전 대표는 이 얘기를 하고 나서 "신뢰는 전염되고 퍼지는 것"이라

2012년 6월 비례대표 국회의원 모임 '약지25'의 서울시립북부장애인종합복지관 배식봉사 때의
박근혜 대통령과 이상일 의원

고 말했다고 한다. 박 전 대표의 대변인 격인 이정현 의원은 24일 '증자의 돼지' 고사를 자세히 설명하는 보도자료를 냈다. 그는 "한나라당과 이명박 정부가 세종시 약속을 뒤집고 국민의 믿음을 잃게 될 경우 신뢰의 손실 비용은 천문학적일 것"이라고 주장했다.

제 3 장

게임은 싱거웠지만
곡절은 많았던
새누리당 대통령 후보
경선

민주당 아성인 곳에서의 새누리당 경선 열기는 뜨거웠다.
새누리당 대통령 후보 경선 주자들의 첫 합동연설 장소가 왜
광주였는지 궁금해하는 분들이 있을지 모른다.

새누리당은 국민대통합이 시대정신이라고 생각했기 때문에

합동연설의 출발 장소를 광주로 택한 것이다. 합동연설회의 흥행보다는

호남에 다가가서 새누리당이 달라졌음을 알리기 위해,

그래서 국민과 사회의 통합에 기여하겠다는 각오를 다지기 위해 그런 것이다.

"선수가 룰을 따라야지 왜 바꾸려 하나"

총선을 승리로 이끈 새누리당 박근혜 위원장은 유권자들에게 감사의 인사를 하기 위해 전국순회를 결정했다. 첫 방문지는 강원도였다. 그런데 투어 시작 하루 전날인 4월 22일 김문수 경기도지사가 새누리당 대통령 후보 경선 출마선언을 하면서 경선 룰을 완전 국민참여경선제도인 오픈 프라이머리로 바꾸자고 제안했다. 하지만 박근혜 비상대책위원장의 생각은 달랐다. 이미 경선 룰이 정해져 있는데 경선을 네 달 앞두고 룰을 바꾸는 건 옳지 않다는 입장이었다. 박 위원장은 2007년 이명박 당시 한나라당 대통령 후보와의 경쟁에서 2,400여 표 차이로 졌다. 경선을 일찌감치 앞두고 이명박 후보 측은 당의 경선 규칙을 바꾸자고 줄기차게 요구했고 당시 당을 이끌던 박근혜 대표는 자신에게 불리한 경선 방식을 받아들였다. 경선 결과는 당원과 일반국민경선단의 직접 투표에서 432표를 더 얻은 박근혜 후보가 여론조사에서 뒤지는 바람에 1.5%포인트 차이로 지는 것으로 나왔다. 박근혜 후보는 전당대회 개표 현장에서 경선 결과에 깨끗이 승복했다. 박근혜 후보는 엄밀히 말하면 '당원이 선택한 후보였지만 제도 때문에 패한 후보'였다. 그런 경험을 가진 박근혜 위원장을 상대로 김문수 지사가 또 다시 경선 규칙을 바꾸자고 주장하고 나섰으니 박 위원장 진영에서는 기분 좋을 리 없었다.

강원도로 떠나는 날 아침 나는 박근혜 위원장에게 전화를 걸었다. "어제 김문수 지사가 한 이야기에 대해서 기자들이 물어볼 텐데 어떻게 말씀을 하시겠습니까. 저는 경선 룰에 대해서는 언급을 안 하셨으면 좋겠습니다"라고 했더니, 박 위원장은 "왜 그렇게 생각하나요"라고 물었다. "오늘 강원도에 가시는 목적은 총선에서 이길 수 있도록 해 준 유권자들에게 감사 인사를 하기 위해서입니다. 그리고 총선 약속을 지키고 민생을 챙기며 미래로 가겠다는 말씀을 하기 위해서입니다. 그런데 김문수 지사의 주장을 직접 반박하시면 언론은 경선 후보들끼리 벌써부터 룰을 놓고 싸운다고 쓸 겁니다. 그러면 위원장께서 오늘 말씀하시려는 메시지는 가려지게 됩니다. 경선 룰은 비상대책위 체제가 끝나면 선출될 당의 다음 지도부에서 결정하게 될 것인 만큼 적절할 때 입장을 밝히겠다고 말씀하시고 오늘은 총선 약속을 지키고 민생을 챙기며, 미래로 가겠다는 말씀만 하시면 좋겠습니다"라고 했더니 "생각해 볼게요"라고 짧게 답했다.

그러나 박근혜 비상대책위원장은 이날 오후 강릉에서 김 지사 회견에 대한 입장을 묻는 기자들의 질문에 "선수가 경기 룰에 따라야지 룰을 바꾸려 하면 안 된다"고 답했다. 원칙을 중요하게 생각하는 박근혜 위원장의 날 선 한마디였다.

박근혜 비상대책위원장 활동 관련

내일부터 2주간 새누리당 박근혜 비상대책위원장 활동에 대해 말씀드리겠다. 박근혜 비상대책위원장은 총선 공약 실천의지를 거듭 확인하고, 국민의 지지에 감사 인사를 드리기 위해 전국 각 지역 방문을 23일부터 시작한다. 앞으로 약 2주간에 걸쳐서 전국의 여러 곳을 찾게 된다.

저희 새누리당이 총선기간 중 발표한 '가족행복 5대 약속' 등 민생공약을 이행하기 위한 지역별 총선공약실천본부도 발족한다. 박근혜 위원장은 발족식에 참석해 지역별 총선 공약에 대해 반드시 실천하겠다는 말씀을 할 것이다.

중앙당 총선공약이행 TF에 속해 있는 분야별 공약 담당 당선인들도 박근혜 위원장의 지역 방문에 동행하게 된다. 박근혜 위원장은 방문지역의 민생현장도 찾아 민심을 청취할 계획이다. 선거 때에는 여러 정당의 지도부가 각 지역을 찾아다니며 표를 달라고 호소를 해놓고 선거가 끝나면 지역의 민생을 챙기는 일을 소홀히 하고, 공약도 잊어버리는 듯한 모습을 연출했던 과거의 정치권과 달리 약속은 반드시 실천하겠다는 책임 있는 태도를 보이겠다는 것이다.

새누리당의 이념은 민생이고, 우리는 미래로 간다는 점을 박근혜 비상대책위원장의 현장행보를 통해서 거듭 확인하겠다는 뜻이다.

내일은 강원지역을 찾게 된다. 25일 충청지역, 26일 경기 · 인천 지역, 27일 부산 · 경남 지역을 방문하실 예정이다. 다음 주 일정은 다음에 말씀드리겠다.

내일 강원지역 방문의 경우 일단 춘천을 방문해서 강원총선공약 실천본부 출범식에 참석하고, 당선인들 및 주요당직자들과 오찬을 하게 된다. 이어 원주의 자유시장을 방문해 시장의 상인, 시장을 찾은 시민들과 만남의 기회를 갖는다. 또 평창동계올림픽조직위원회를 방문해서 격려의 뜻을 전한 다음 마지막 일정으로 강릉의 노인종합복지관을 찾는다.

강릉의 노인종합복지관은 하루 평균 700명~1,000여 명의 어르신들께서 찾는 시설이라고 한다. 그곳에서 박 위원장은 이미 발표한 '가족행복 5대 약속' 중 어르신에 대한 공약을 설명하고, 그분들의 말씀도 들을 방침이다. 우린 공약을 반드시 실천하겠다는 뜻도 밝힐 걸로 알고 있다.

박근혜 후보의 출마선언에 담긴
국정운영 패러다임

박근혜 비상대책위원장의 임기는 2012년 5월 15일 전당대회에서 황우여 대표를 비롯한 새 지도부가 선출됨에 따라 종료됐다. 이후 박 위원장은 약 한 달 동안 침잠하면서 경선 준비를 했다. 경선 캠프에서 일할 사람들을 고르고, 어떤 메시지로 국민에게 다가갈지 연구하는 시간을 보냈던 것이다. 나는 캠프 대변인에 내정된 상태였다.

드디어 7월 10일 서울 영등포 타임스퀘어 광장에서 박근혜 전 비대위원장이 경선 출마선언을 했다. 특유의 온화한 모습으로 단상에 올라 국민 모두가 꿈을 이루는 대한민국을 만드는 데 모든 것을 바치겠다고 했다. 출정식에는 예상보다 많은 인파가 모였지만 요란하지 않고 차분한 분위기에서 진행되었다.

전날 밤 경선 캠프에서는 공보단 회의가 열렸다. 밤 11시쯤 우리는 연설문 작성팀에 출마 선언문 초안을 보여 달라고 했다. 초안이 후보의 생각을 잘 담고 있는지 확인하기 위해서였다. 초안을 읽고 난 첫 소감은

'미흡하다'는 것이었다. 나는 "내가 정치부장으로서 이 연설문을 기사로 다룬다면 제목거리도 뽑기 어렵겠다"라고 말했다. 다른 이들도 비슷한 의견을 냈다. 우리는 내용을 바꾸자고 제안했고, 연설팀도 그런 의견을 수용했다.

연설팀이 후보와 교감하면서 밤새 연설문을 몇 차례나 고쳐 쓴 끝에 출마 선언문이 매듭지어졌다. 최종본은 초안보다 한결 좋았다. 박 후보는 출마 선언문에서 "과거에는 국가의 발전이 국민의 행복으로 이어졌지만 지금은 국가의 성장과 국민의 삶의 질 향상과의 고리가 끊어졌다"며 "이제 국정운영의 패러다임을 국가에서 국민으로, 개인의 삶과 행복 중심으로 확 바꿔야 한다"고 강조했다. 그러면서 "국민행복을 열어가는 3대 핵심 과제"로 경제민주화의 실현, 일자리 창출, 생애주기별 맞춤형 복지제도 확립을 제시했다. 사람을 키우는 교육을 강조하고 '한반도 신뢰 프로세스'로 남북한 관계의 악순환을 끊겠다는 약속도 했다. 그는 국민의 마음에 꿈을 심는 대통령이 되어 국민의 행복을 실제적으로 이루는 대통령이 되겠다고 다짐했다.

✒ **논평**

[12/07/21]

눈높이를 국민행복에 맞추고 비전과 정책경쟁을 펼칠 것임을 다짐합니다.

오늘부터 30일간 새누리당 대통령후보 선출을 위한 선거운동이 시작됩니다. 박근혜 후보의 국민행복 캠프는 이번 경선과정에서 국민의

새누리당 대통령후보 경선 출마를 선언한 박근혜 후보가 기자회견을 하고 있다.
좌측엔 이상일 의원이 회견 사회를 보는 모습

행복을 증진하기 위한 각종 비전과 정책을 제시하는 데 주력할 방침입니다. 사회양극화가 가속화하는 가운데 유럽발 재정위기에 따른 충격으로 삶이 더욱 고달퍼진 중산층과 서민을 위해 현실적인 정책대안을 내놓는 등 이번 경선을 비전과 정책경쟁의 장으로 만드는 데 솔선수범할 것임을 다짐합니다. 경선에서 민생과 미래를 위한 정책드라마가 전개될 수 있도록 선도함으로써 새누리당이 역시 책임 있는 정당, 품격 높은 정당이라는 평가를 받을 수 있도록 모든 노력을 기울일 것입니다. 새누리당의 소중한 자산인 다른 경쟁후보들 진영에서도 이번 경선이 국민의 행복을 증진하고 국민 개개인의 꿈을 키우는 데 보탬이 되는 비전과 정책을 열심히 제시해 주길 바랍니다.

근거 없는 흠집 내기식 네거티브 공세는 서로 자제하면 좋겠습니다. 그리하여 새누리당 대통령 후보 경선이 국민 사이에서 큰 감동을 일으키고 야권에도 좋은 교훈을 주는 모범적인 모델이 될 수 있도록 우리 함께 노력하자고 제안 말씀을 드립니다.

민주당 심장부에서
첫 합동연설회를 한 이유는

7월 26일 새누리당 경선 후보들의 첫 합동연설회가 광주에서 열렸다. 연일 34~35도를 오르내리는 찜통더위에도 호남의 정치 1번지인 광주의 연설회장에 모인 청중의 숫자는 제법 많았다. 민주당 아성인 곳에서의 새누리당 경선 열기는 뜨거웠다. 새누리당 대통령 후보 경선 주자들의 첫 합동연설 장소가 왜 광주였는지 궁금해하는 분들이 있을지 모른다. 새누리당은 국민대통합이 시대정신이라고 생각했기 때문에 합동연설의 출발 장소를 광주로 택한 것이다. 합동연설회의 흥행보다는 호남에 다가가서 새누리당이 달라졌음을 알리기 위해, 그래서 국민과 사회의 통합에 기여하겠다는 각오를 다지기 위해 그런 것이다.

합동연설회를 지켜보는 청중들은 후보들의 연설을 경청했다. 청중들은 새누리당 후보들을 큰 박수로 격려해 주었다. 첫 경선에 대한 반응은 모두의 예상을 뛰어넘는 열광적인 것이었다. 호남 청중들의 뜨거운 반응을 확인하고 나니 시작이 반이라고 모든 게 순조로울 것 같다는 느낌이 들었다.

　박근혜 후보는 호남과의 거리를 좁혀 보겠다는 뜻이 강한 분이었다. 2004년 4월 17대 총선에서 100석만 얻어도 대성공이라고 생각했던 한나라당은 기적적으로 121석을 차지했다. 당시 호화스러운 당사를 황량한 아스팔트 위에 먼지바람이 불던 여의도 광장의 천막 당사로 옮기고 선거를 지휘했던 박근혜 대표는 '선거의 여왕', '박다르크'라는 별명을 얻었다. 망할 뻔했던 한나라당을 재건한 박 대표는 영남이 아닌 전남 곡성군 봉조리에서 첫 의원 연찬회를 열었다. 이후에도 박 대표는 틈틈이 호남을 찾아 그곳 민심을 들었다. 그해 11월 봉조리 분들은 서울로 상경해 박 대표를 만났다. 그리고 그 자리에서 진귀한 모양의 수석(壽石, 121페이지의 사진)을 선물했다. 두 사람이 마주보며 공손하게 머리를 숙여 인사하는 것처럼 보이는 형상이 까맣게 도드라진 돌이었다.

　봉조리 이장은 "정치에도 돌의 형상처럼 예절이 있어야 하는데 안타깝다"며 한국정치에 예절이 뿌리 내릴 수 있도록 힘써 달라고 당부했다. 박근혜 후보는 이 수석을 자택 응접실 한켠에 놓아두었다. 남을 인정하고 배려하는 마음에서부터 시작되는 것이 예절이다. 정치의 기본도 다르지 않다고 생각한다.

　나는 당시 박근혜 대표와 봉조리 이장의 사연을 〈중앙일보〉 '분수대'라는 칼럼에 실었다. 호남 연설회를 마치고 서울로 돌아오는 KTX 안에서 불현듯 그날의 기억이 떠올랐다. 이날 논평에는 호남의 열기와 함께 박근혜 후보와 전남 곡성군 봉조리 이장님의 추억도 같이 실렸다.

[12/07/26]

새누리당의 호남합동연설회가 주는 교훈

26일 광주 염주 체육관에서 열린 새누리당 대통령 예비후보들의 합동연설회 열기는 뜨거웠습니다. 광주, 전남북의 대의원과 당원, 그리고 선거인단에 속한 일반 국민 등 수천 명이 폭염도 아랑곳하지 않고 한데 모여 경선에 나선 후보 다섯 분의 연설을 경청하고 후보들을 격려하였습니다. 첫 번째 합동연설회에서 호남의 선거인단이 보인 성숙한 모습은 다른 곳에서 열릴 연설회의 귀감이 될 것입니다.

이날 연설회에 참석한 호남의 청중은 새누리당의 소중한 자산인 다섯 분의 후보들을 열렬히 환영해 주셨습니다. 당세가 약한 호남에서 그처럼 뜨거운 환영과 격려를 받았기에 다섯 분의 후보들은 더욱더 분발하실 걸로 봅니다.

연설회를 보신 분들은 잘 아시겠지만 박근혜 후보에 대한 지지 열기는 정말 대단했습니다. 왜 그랬을까요? 당원과 국민은 박근혜 후보가 그간 어떤 일을 했는지 설명하지 않아도 잘 알기 때문일 것입니다. 당이 두 번이나 존폐위기에 처했을 때, 그리고 테러를 당해 생명이 위태로운 상황에서 그가 어떻게 처신했고 무슨 일을 했는지 당원과 국민은 선명하게 기억하기 때문일 것입니다.

박 후보가 2004년 4월 총선 때 천막당사의 기적으로 당을 재건

한 직후 가장 먼저 찾은 곳이 전남 곡성 봉조리였고, 이후에도 틈틈이 호남을 찾았다는 사실을 호남인들이 잘 알기 때문일 것입니다. 2004년 11월 곡성 봉조리의 주민들이 상경해 박 후보를 만난 자리에서 진귀한 모양의 수석(壽石)을 선물한 건 박 후보의 호남 사랑이 남다르다는 걸 느꼈기 때문입니다.

박 후보의 연설을 듣던 호남의 청중이 특히 환호하며 우레와 같은 큰 박수를 보낸 대목이 있습니다. 박 후보가 "약속은 누구나 할 수 있지만 실천은 아무나 하지 못한다. 약속을 반드시 실천할 사람은 과연 누구인가"라고 물었을 때, "어딜 가나 (국민이) 어렵다고 하는데 우리 정치는 이런 국민의 삶을 제쳐놓고 과거와 싸우고 비방과 네거티브를 하느라 바쁘다. 이런 정치 정말 비상식적이지 않나"라고 지적했을 때입니다.

여기에 정치의 답이 있습니다. 정치인이 어떻게 행동해야 국민이 좋아하는지 오늘 연설회에서 호남의 청중은 분명하게 가르쳐 주었습니다. 어떤 후보의 입에서 네거티브 공세용 발언이 나왔을 때 청중의 반응은 냉랭했습니다. 과거 막강한 권한을 행사하던 위치에 있던 이가 당시에도 할 수 있던 걸 새삼스럽게 약속이라며 내놓는 것을 본 청중 가운데 의아한 표정을 지은 이가 많았습니다.

새누리당 경선에 나온 후보들 뿐 아니라 민주당 경선에 참여한 후보들, 그리고 여야의 모든 정치인들에게 큰 교훈이 될 장면이 아닐까 싶습니다.

새누리당이 호남 민심에 적극적으로 다가간 것은 선거 전략이라기보다
국민대통합이 시대정신이자 민심이기 때문이었다. 장맛비 속의 나주 방문(2012년 7월 14일)

2004년 11월 전남 곡성군 봉조리 주민들이
박근혜 당시 한나라당 대표에게 선물한 수석
(122페이지의 저자의 칼럼 참고)

[분수대] 〈중앙일보〉 2004년 11월 17일자 이상일 정치부 차장

박 대표의 수석

한나라당 박근혜 대표의 자택 응접실에는 진귀한 모양의 수석(壽石)이 하나 놓여 있다. 마치 사람이 공손하게 인사하는 것 같은 형상이 까맣게 도드라져 있는 돌이다. 이는 얼마 전 전남 곡성군 봉조리 마을의 이장이 선물한 것이다. 애석인(愛石人)인 이장이 남한강에서 발견한 것이라고 한다.

봉조리는 지난 5월 한나라당이 의원 연찬회를 열었던 곳이다. 의원들은 호남과의 거리를 좁혀 보겠다는 뜻에서 그곳에 갔고, 마을 사람들은 그들을 살갑게 대했다. 그렇게 맺은 인연이 소중하다며 이장은 박 대표를 찾았다.

공개되지 않은 박 대표와의 만남에서 이장은 '나는 여당(열린우리당) 소속이지만 그런 걸 떠나 정치가 제 길을 찾았으면 좋겠다'(전여옥 대변인 전언)고 했다. 그러면서 "우리가 예절을 잃어가고 있다. 인사는 이 수석처럼 땅을 보고 머리 숙여 하는 법이다. 정치에도 그런 예절이 있어야 하는데 예절이 뿌리내리도록 힘써 달라"고 했다.

박 대표는 "충고를 잘 새기겠다"고 했다. 그는 기자에게 "수석을 참 아낀다"며 "그걸 볼 때마다 '정치도 저 모양처럼 겸손하게 하면 험한 세상이 좀 나아질 텐데…' 라는 생각을 한다"고 말했다. 그는

최근 미니홈피(www.cyworld.com/ghism) 일기란에 "진정한 아름다움은 내면의 절제된 마음과 남을 인정하고 배려하는 마음에서부터 시작된다"고 썼다. 그것은 예절의 바탕이고, 좋은 정치의 기본이기도 하다.

그러나 정치권의 현실은 암담하다. 무엇보다 기본이 안 돼 있다. 국회는 요 며칠 동안 하루도 난장판이 아닌 날이 없었다. 국민의 대표인 여야 의원들은 막말 퍼레이드를 했다. 고함과 욕설도 배설하듯 마구 쏟아냈다. 언어의 순결은 수없이 짓밟혔다. 막가는 실력은 초선들이 더 뛰어나 보였다. '후생이 무섭다'(後生可畏)는 말에는 이제 새로운 종류가 추가된 셈이나 그런 현실이 무섭다.

국회가 저질로 가고 있는 데는 총리 책임도 크다. 한나라당을 모욕하는 발언으로 국회 분위기를 바꿔놨기 때문이다. 총리나 의원이나 국사를 논하기 전에 해야 할 일이 있다. 예절의 기본부터 갖추는 일이다. 그 시작은 박 대표가 쓴 대로 '아름다운 마음'을 가다듬는 것이다. 자신을 절제하고, 남을 인정하며 배려하기란 쉽지 않은 일이다.

하지만 지도자들이기 때문에 그걸 해야 한다. 그래야 정치가 살고, 국민이 산다. 박 대표가 받은 수석에 담긴 뜻을 각자가 마음에 새겨두었으면 싶다.

경선의 모델이 될 포지티브 캠페인

경선 선거운동이 시작된 지 열흘이 지나면서 분위기도 과열되기 시작했다. 상대 후보 진영에서는 네거티브 공격에 몰두했다. '함께'라는 새누리당 18대 대통령 후보 경선 구호가 무색할 정도였다. 일부 경쟁 후보들은 자신들의 이야기는 적게 하면서 박근혜 후보를 깎아 내리는 데 치중하는 인상을 줬다.

그러나 박 후보는 어떤 공세에도 의연했다. 상대 후보 누구에게도 네거티브를 하지 않고 본인의 비전과 정책을 제시하며 국민만 바라보고 걸었다. 나는 박 후보의 이런 모습을 국민들에게 알려야겠다고 생각했다. 박 후보가 새로운 경선 문화를 만들고, 그게 우리 정치권에 신선한 충격을 주고 있다는 사실을 알려 다른 후보들과 민주당이 참고했으면 좋겠다는 생각에서 논평을 썼다.

나는 당시 기자들을 만날 때마다 "신문이 경선 문화에 대해 사설을 쓴다면 '네거티브 하지 말고 자신의 비전과 정책을 제시하는 포지티브 선거운동을 하라'고 강조할 것 아니냐. 박 후보가 바로 그렇게 하고 있는데 왜 이 점은 안 쓰는 것이냐'라고 말했다. 그런 마음을 담은 것이 아래의 논평이었다.

🖋 논평

[12/07/31]

새누리당 경선 중간 평가: 네거티브에 의연하게 처신한 박 후보의 태도가 경선 문화 바꾸고 있다.

새누리당 대통령 후보를 선출하기 위한 경선의 선거운동이 시작된 지 열흘이 지났습니다. 그간 박근혜 후보는 모범적인 선거운동을 했습니다.

경선 초반 일부 후보가 네거티브 공세를 취했지만 박 후보는 의연하게 처신했습니다. 경선에 나선 그 누구에게도 네거티브를 한 적이 없고, 오직 박 후보 본인의 비전과 정책을 선거인단과 국민 여러분께 소개하고 설명하는 데 주력했습니다.

토론회에서나 합동연설회에서 박 후보가 어떤 캠페인을 했는지 당원과 대의원, 그리고 국민 선거인단뿐 아니라 현장을 취재한 여러 언론인들도 잘 아실 겁니다. 박 후보는 오로지 국민만 바라보고 뚜벅뚜벅 자기의 길을 가는 모습을 보여주었습니다. 어떻게 하면 우리 사회를 통합하고, 국민의 행복을 증진시켜 국가의 밝은 미래를 개척할 수 있는지 박 후보가 그간 깊이 고민하며 연구했던 방안들을 차근차근 제시하는 캠페인을 벌인 것입니다.

민생을 말하면서도 네거티브에 몰두하고, 자기의 이야기는 하지 않으면서 남을 깎아내리는 데 혈안이 돼 있는 야당의 대선 주자들과는 확연하게 다른 면모를 보인 것입니다. 신문이 대선 캠페인에 대해 정치권에 사설로 충고한다면 어떻게 할까요? '네거티브를 자제하고, 정책대결을 하라. 남을 헐뜯기보다는 자기의 이야기를 하라'고 하지 않을까요. 그 본보기를 박 후보가 보여주었던 겁니다.

박 후보의 영향을 받은 탓인지 30일 창원에서 열린 새누리당 경남 합동연설회에선 분위기가 많이 달라졌습니다. 네거티브에 치중한 인상을 주었던 일부 후보가 자신의 비전과 정책을 강조하는 등 사뭇 다른 모습을 보였습니다.

그로 인해 연설회가 한층 진지해졌고, 그 품격도 올라갔다고 봅니다. 보다 차원 높은 캠페인이 새누리당에서 전개되기 시작한 것이죠. 얼토당토않은 네거티브 공세에도 의연한 태도로 꿋꿋하게 국민을 위한 비전과 정책을 제시하는 데 열중한 박 후보의 태도가 경선 문화를 정화하고 있다고 생각합니다.

민주당은 이 점에 주목해야 할 겁니다. 새누리당 경선 문화가 갈수록 모범적이란 평가를 받을 경우 국민이 어느 정당을 신뢰할지 물어보나 마나일 테니까요.

비박(非朴) 후보들의 경선 보이콧으로 진통을 겪다

대선 경선이 시작된 지 열사흘째 되던 8월 3일 예기치 않은 상황이 발생했다. 오후 2시경 김문수·김태호·임태희·안상수 후보가 공동 기자회견을 했다. 이들은 총선 공천헌금 의혹 사건이 불거진 점을 경선과 연계했다. 그러면서 경선 일정 연기, 당 진상조사위원회 구성, 책임자 인책 등을 요구했다. 요구가 받아들여지지 않으면 경선 보이콧도 불사하겠다고 했다. 검찰이 수사중인 상황에서 '비박'(박근혜 후보 반대측) 주자들은 경선 보이콧을 거론하며 박근혜 후보에게 사과를 요구했다.

이날은 KBS에서 경선 후보 방송 토론회가 있는 날이었다. 토론회 2시간 전인 저녁 9시경 비박 후보 세 명은 경선 일정을 보이콧하겠다고 선언했다. 8월 4일까지 당 지도부가 어떤 결정을 하는지 지켜보겠다던 입장을 바꿔 3일 밤에 전격적으로 보이콧 공세를 취한 것이다.

그들은 자신들의 요구를 당 지도부가 논의하지 않았다고 주장하며

KBS토론 불참 등 경선일정을 전면 보이콧하겠다고 했는데 당 지도부는 이미 경선 후보들이 모두 참석하는 연석회의를 열어 공천헌금 의혹에 대해 논의하겠다는 입장을 밝힌 상태였다. 비박 주자들의 경선 보이콧 소식이 전해졌지만 박근혜 후보는 밤 10시쯤 KBS 스튜디오로 나갔다. 당이 국민 앞에 약속한 토론에 성실하게 응하겠다는 뜻에서였다.

토론회장에는 박근혜 후보와 안상수 후보만 모습을 드러냈을 뿐 다른 후보들은 끝내 나타나지 않았다. 결국 토론회는 무산되었다. 박근혜 후보는 스튜디오를 나오면서 기자들의 질문에 답했다. 그는 세 후보의 토론 불참이 국민과 당원, 그리고 토론회를 준비해온 방송사를 무시한 행위라고 비판했다. 당에 대해 조금이라도 애정이 있다면 경선 보이콧처럼 당에 피해를 주는 일은 하지 말아야 한다고 했다. 옆에서 듣고 있던 나는 미리 준비해 놓았던 논평과 너무도 흡사해 은근히 놀랐다. 나는 그간 다른 경선 후보들을 비판하지 않았으나 이날만큼은 도가 지나치다고 생각해 아래와 같은 논평을 냈다.

이틀 후 여의도 당사에 황우여 대표와 김수한 경선관리위원장, 박근혜 전 비상대책위원장, 김문수·김태호·안상수·임태희 후보가 연석회의를 열어 공천 의혹 사건의 처리 방향에 대한 가닥을 잡았다. 그리고 다음 날부터 경선을 정상화하기로 했다. 비박 진영에서는 공천 의혹이 사실로 확인되면 황우여 대표가 물러나야 한다는 입장을 관철했다. 이후 검찰은 공천 때 금품수수 의혹을 받은 현기환 전 의원에 대해 무혐의 결론을 내렸다.

✒ 논평

[12/08/03]

새누리당 대통령 후보 경선에 참여한 김문수·김태호·임태희 후보(가나다순)의 불참으로 3일 밤 KBS 초청 당 경선 후보 TV 토론이 무산된 것은 매우 유감스럽다.

세 후보가 토론 시작 2시간 전에 갑자기 불참하겠다고 한 것은 도저히 이해할 수 없는 비이성적인 행동으로, 토론회를 지켜보던 국민과 당원, 그리고 토론회 준비를 해 온 방송사를 무시한 큰 결례행위다. 세 후보는 국민과 당원, 해당 방송사에 정중하게 사과해야 할 것이다.

지난 총선 때 당의 공천과 관련해 제기된 의혹에 대해 관계 당사자들의 주장이 다르고, 검찰이 막 수사에 착수해 어떤 결론도 내리지 않은 상황에서 세 후보는 당에 무리한 요구를 한 데 이어 경선을 위한 토론회도 무산시켰다. 당 지도부가 경선 주자들이 모두 참여하는 연석회의를 열어 세 후보 등의 의견을 듣겠다고 했음에도 세 후보는 스스로 합의했던 경선일정을 거부했다.

경선을 파국으로 몰고 가려고 하는 세 후보에게 어떤 저의가 있는지 궁금하다. 의혹 사건을 빌미로 한 무책임한 정치공세로 정치적 이득을 챙기겠다는 것은 아닌지 따져 묻고 싶다. 세 후보는 이성을 되찾고 즉각 경선에 복귀하기 바란다. 세 후보가 경선을 계속 파행시키려 할 경우 국민적인 비난을 면치 못할 것임을 경고한다.

📉 **브리핑**

[12/08/05]

새누리당 대통령 후보 연석회의 결과 관련

새누리당 대통령 후보 경선에 출마한 후보 등이 참석한 가운데 열린 5일의 연석회의 결과에 대한 박근혜 후보의 국민행복 캠프 입장을 알려드립니다.

경선에 출마한 다섯 분의 후보들이 당을 위해, 그리고 12월 대선 승리를 위해 현명한 결단을 내린 것으로 평가한다. 특히 김문수·김태호·임태희(이상 가나다순) 후보가 6일부터 경선에 복귀하겠다고 결심한 것을 환영한다.

19대 총선과 관련해 불거진 의혹과 관련해 당에서는 각 후보가 추천한 1인의 위원 등이 참여하는 진상조사위원회에서 철저하게 조사해서 진상을 정확하게 규명하고, 진상조사위 결과에 따라 합당한 조치를 취해주기 바란다.

경선을 정상화하기로 한 날의 해프닝

경선 보이콧을 한 지 이틀 만에 후보들은 경선에 복귀하기로 했다. 당은 19대 총선과 관련해 불거진 소위 공천헌금 의혹에 대해 철저히 조사하고 그 결과에 따라 합당한 조치를 취하기로 했다.

후보자 연석회의 직후 새누리당 기자실을 찾은 임태희 후보는 "박근혜 후보가 공천 의혹 논란과 관련해 자신이 책임질 필요가 없다는 말을 했다"고 주장했다. 캠프에서 소식을 전해들은 나는 임태희 후보가 정치공세를 하는 것이라고 생각했다. 우리가 가만히 있으면 다음날 신문에 '박근혜 후보, 공천 의혹에 책임질 일 없다고 주장' 이라는 큼직한 제목의 기사가 나올 것이 뻔했다. 이렇게 되면 박근혜 후보가 국민들에게 무책임하게 비춰질 테니 방치할 수 없었다. 그래서 박 후보에게 전화를 걸어 임태희 후보의 기자회견 내용을 설명하고 그의 주장이 맞는지 여부를 확인했다. 박 후보는 "그런 이야기를 한 적이 없다"고 했다. 연석회의 상황을 자세히 전해들은 나는 급히 당사 기자실을 찾아 임 후보의 틀린 주장을 바로잡는 브리핑을 했다. 그때 시각이 밤 11시쯤이었다. 문제는 정정 브리핑을 듣지 못한 채 임 후보의 말만 듣고 돌아간 기자들이었다. 그런 이들에게 내가 한 브리핑 내용을 메일로 보내려고 귀갓길의 택시 안에서 아이패드를 꺼냈다. 메일을 전송하고 택시에서 내리고 보니 아차 싶었 다. 정정 브리핑을 쓰느라 택시 좌석에 안경을 두고 내린 것을 깨달았기 때문이다. 오랫동안 아끼고 좋아했던 안경이어서 아쉬움이 컸다. 하지만 다음날 신문에서 '박근혜 후보가 무책임하다'는 기사는 찾아볼 수 없었 으니 안경을 잃어버리면서 밤늦게까지 일한 보람이 있었다.

📊 **브리핑**

[12/08/05]

임태희 후보 발언과 관련한 박근혜 후보의 국민행복캠프 대변인 브리핑

 제가 박근혜 후보께도 확인을 했고 제 앞에서 한 기자가 김문수 지사 와 통화한 내용도 들었다. 임 후보가 한 말에 대해 김 지사도 그런 말 을 들은 적이 없다는 취지의 얘기를 기자에게 했다 한다. 여러분이 취 재해 보면 알겠지만 박 후보가 공천 책임질 일이 없다고 말한 적 없 다. 일부 후보가 박 후보에게 후보직을 사퇴하라고 해서 박 후보가 총 선 때의 공천심사위에 대한 설명을 했다. 심사위가 독립성을 지키려 했고, 과거 당 대표 시절에 중진 비리가 터졌을 때 박 후보는 부패척결 의지를 강하게 갖고 수사의뢰를 했다는 얘기를 하면서 이런 사건이 총 선 당시(비대위원장시절) 터졌다면 더 강하게 조치했을 거라고 강조 했다. 이런 일이 발생해 송구스럽지만 후보 사퇴 요구는 적절하지 않 다고 박 후보는 말했다고 한다.

정치의 저열성을 드러낸 야권의 네거티브

민주당 의원의 막말 트윗 파문 인터넷 매체 〈데일리 안〉이 경선 후보들을 상대로 서울 목동 방송회관에서 '뉴미디어 토론 회'를 진행하던 때인 8월 5일 오후 우리 캠프의 최외출 특보가 민주당 이 종걸 의원의 트위터를 열어보라고 연락을 해 왔다. 이 의원은 트위터에 새누리당 공천 논란의 원인이 박근혜 비상대책위원장에게 있다고 주장 하면서 '그들의 주인은 박근혜 의원인데 그년 서슬이 퍼래서…'라고 적 었다. 트윗을 본 한 시민이 너무나도 상스러운 표현에 대해 문제 제기를 하자 이 의원은 '그년'은 '그녀는'의 줄임말이라는 궤변을 늘어놓았다. 국회의원이라는 사람이 차마 입에 담지 못할 욕을 하다니 이종걸 의원의 인격이 의심스러웠다. 이런 저질 언행에 대해서는 정치문화의 개선을 위 해서도 단호하게 대처해야 한다는 판단에서 토론회장을 떠나 당사 근처 에 위치한 캠프로 급히 돌아왔다. 그리고 이종걸 의원의 막말을 규탄하 는 논평을 써서 신속하게 기자들에게 알렸다. 논평 끝에 이종걸 의원의 트위터를 있는 그대로 캡처해 첨부한 것은 그의 언행이 얼마나 잘못된 것인지 논평을 보는 이들이 쉽게 알 수 있도록 하기 위해서였다.

✒ **논평**

[12/08/07]

박근혜 후보에게 쌍욕을 한 이종걸 의원은 사과하라.

민주당 이종걸 의원이 5일 밤 시정잡배나 쓰는 욕을 새누리당 대통령 후보 경선에 출마한 박근혜 후보에게 했다. 그는 트위터에 "…그들의 주인은 박근혜 의원인데 그년 서슬이 퍼래서…"라고 적었다. 그의 트윗을 본 어떤 분이 의원답지 못하다며 표현을 순화하라고 충고하자 이종걸 의원은 '그년'은 '그녀는'의 줄임말이라고 했다. 그러면서 '나름 많은 생각을 했다. 사소한 표현에 너무 매이지 말'고 했다. 실수로 오타(誤打)를 낸 게 아니라 상스러운 욕을 하기 위해 의도적으로 쓴 것임을 자인한 것이다.

박근혜 후보를 헐뜯고 비방하는 데 혈안이 돼 온 민주당에선 이제 쌍욕까지 내뱉은 사람이 나왔다. 정말 막가도 너무 막가지 않는가. 해도 해도 너무하지 않는가.

이종걸 의원에게 묻고 싶다. 당신은 남 앞에서 당신의 아내에 대해 얘기할 때 '그녀는'이란 말 대신 '그년'이라는 표현을 쓰는가. 민주당 여성 의원들과 여성 당직자들, 그리고 일반 여성에 대한 언급을 할 때도 '그녀는' 이라고 하지 않고 '그년' 이라고 하는가.

소설 '어머니' 로 유명한 작가 '막심 고리키' 는 "욕으로 가장 큰 피해를 보는 자는 욕을 한 당사자" 라고 했다. 쌍욕으로 제 얼굴에 침 뱉기를 했고, 민주당에도 먹칠을 한 이 의원에게 딱 맞는 말이다. 민주당에서 4선을 한 중진의원인 이 의원은 스스로의 입으로 자신의 인격이 천박하다는 걸 드러냈다.

이 의원의 쌍욕을 접한 국민은 인상을 찌푸렸을 것이다. 민주당 중진의원의 수준이 고작 이 정도밖에 되지 않는가라고 생각한 국민도 많았을 것이다. 이 후보가 인격의 끝없는 추락을 막으려면 박 후보와 여성, 그리고 국민에게 정중하게 사과해야 할 것이다. 그가 말도 안 되는 변명으로 잘못을 어물쩍 넘기려 한다면 여성계를 비롯해 국민 대다수가 분노의 회초리를 들 것임을 명심해야 한다.

[자료] 이종걸 의원과 일반 시민 사이의 트윗 내용

leejongkul **이종걸**

'공천헌금' 이 아니라 '공천장사' 입니다. 장사의 수지계산은 직원의 몫이 아니라 주인에게 돌아가지요 그들의 주인은 박근혜의원인데 그년 서슬이 퍼래서 사과도 하지않고 얼렁뚱땅....

2012-08-05 23:54 twtkr for iPhon

John_2512John Choi

@leejongkul 심정은 이해합니다만 표현은 좀 순화해 주시면 어떨까요. 그년이란 표현은 저같은 사람이 쓰는 거지 의원님께는 좀 격이 안 맞네요.

2012-08-05 23:59 web leejongkul 글의 답

leejongkul **이종걸**

@John_2512 아하! '그년' 은 '그녀는' 의 줄임말입니다 나름 많은 생각을 하였지요

2012-08-06 00:09 twtkr for iPhone

leejongkul **이종걸**

@KwonSunBu 사소한 표현에 너무 매이지 마세요, '그년' 과 '그녀는' 은 같은 말입니다

2012-08-06 00:11 twtkr for iPhone

John_2512John Choi

@leejongkul 오타가 아니라 의도적인 표현이시라구요? 흠... 줄임말이라고 하시지만 듣는 입장에선 무척 기분 나쁠텐데요. 괜히 트집잡혀서 역공당하실까봐 염려됩니다.

2012-08-06 00:16 web leejongkul 글의 답

이종걸 의원의 막말을 질타하는 논평이 나가자마자 이 의원은 국민들과 언론의 뭇매를 맞았다. 진보 논객 진중권은 이 의원의 막말이 저속하고 유치한 인신공격이라며 그를 국회에서 제명할 것을 주문했다. 노회찬 전 의원 같은 이도 이종걸 의원이 무조건 엎드려 사과해야 한다고 했고, 여성계에서도 분노의 목소리가 폭포수처럼 쏟아졌다. 내가 논평에서 인격의 추락을 막으려면 박 후보와 여성, 그리고 국민에게 정중하게 사과해야 한다고 지적했음에도 이종걸 의원은 변명하기에 급급했다.

처음에는 "줄임말이었다"며 말도 안 되는 변명을 하더니 며칠 후엔 "어두운 곳에서 휴대폰의 작은 키판으로 적다 보니 오타가 발생한 것"이라는 궁색한 변명을 하기에 이르렀다. 여론의 흐름을 지켜보던 나는 경선 후보들의 방송 토론회를 지켜보기 위해 청주로 향하는 차 안에서 이종걸 의원의 막말과 관련해 그의 사과를 촉구하는 두 번째 논평을 썼다. 그런데 그날 오후 이종걸 의원은 "더 세게 말하라고 하는 사람들도 많았다"며 뭐가 잘못이냐는 투로 나왔다. 그래서 토론회를 마치고 서울로 올라오는 차 안에서 세 번째 논평을 썼다. 말을 계속 바꿔가며 사과를 거부한 이종걸 의원을 성토하기 위해 하루에 두 번 논평을 낸 것이다.

다음날 한국여성단체협의회는 성명을 내고 "문제의 발언은 비단 개인에 대한 비난이 아니라 여성 전체의 자존감을 훼손하고 인권을 침해하는 심각한 여성 모독성 비하발언"이라며 이종걸 의원을 강하게 비판했다. 8월 9일에는 우리 당의 황우여 대표가 이종걸 의원 문제를 국회 윤리위원회에 회부하기로 결정했다고 밝혔다. 사태가 심각해지자 민주당 지도부가 입을 열었다. 이해찬 대표는 라디오 방송에 출연해 "잘못된 표현"

이라고 비판하며 파문을 가라앉히려고 했다. 이처럼 분위기가 달라지자 이종걸 의원은 트위터와 보도자료를 통해 "본의가 아닌 표현으로 심려를 끼친 분들께 거듭 유감을 표한다. 앞으로 신중한 언행으로 활동하겠다"는 입장을 내놓았다.

그의 두 번에 걸친 유감 표명에는 당사자인 박근혜 후보에 대한 직접적인 사과는 없었다. 그래서 '진정성이 없는 사태 진화용 사과'라는 비판을 받았다.

✍ 논평

[12/08/08]

민주당 이종걸 의원은 변명을 하지 말고 정정당당하게 사과하라.

새누리당 대통령 후보 경선에 출마한 박근혜 후보에 대해 상스러운 욕을 한 민주당 이종걸 의원이 아직도 정신을 차리지 못하고 있다. 쌍욕으로 파문을 일으켜 욕을 실컷 얻어 먹고 여론의 몰매를 맞았으면 잘못을 인정하고 진솔하게 사과하는 게 도리일 것이다.

그럼에도 그는 스마트폰의 문자 자동입력 기능 탓에 오타가 난 것이라는 궁색한 변명을 늘어놓았다. '그년'은 '그녀는'의 줄임말이고, 나름대로 생각한 끝에 그런 표현을 썼다고 사뭇 자랑스레 말했던 사람이 엄청난 비난여론에 직면하자 느닷없이 그보다는 훨씬 스마트해 보이는 스마트폰 탓을 하고 있는 것이다. 그러면서 유감이란 말 한마디로 사태를 얼렁뚱땅 넘기려 하고 있다.

참으로 비겁한 행태가 아닐 수 없다. 이런 사람이 국회의원으로 활동해 왔다는 건 국회를 욕보이는 것이고, 그런 이가 민주당 최고위원으로 있다는 건 민주당을 욕보이는 것일 것이다.

이 의원에게 다시 한 번 요구한다. 박 후보와 새누리당, 그리고 대한민국의 여성을 비롯한 국민 모두에게 정중하게 사과하라. "이종걸을 국회에서 추방하자"는 분노의 목소리가 각계각층에서 분출하고 있는 현실을 두렵게 받아들여 국민 앞에 석고대죄를 청하는 모습을 보여라. 이 의원이 계속 꼼수를 부릴 경우 국회에서 퇴출당할 수도 있다는 점을 명심하라. 민주당도 사태를 방관하지 말고 이 의원이 최소한의 이성을 되찾도록 강력한 압박을 가해야 할 것이다.

✒ **논평**

[12/08/08]

민주당 이종걸 의원, 이렇게 막 나가면 국회서 추방당할 수도 있음을 경고한다.

민주당 이종걸 의원의 행태가 눈을 뜨고 볼 수 없을 정도로 가관(可觀)이다. 쌍욕을 해놓고 맹비난을 받자 스마트폰 기능 때문에 오타가 났다고 치졸한 변명을 하더니 8일 민주당 최고위원 회의에서는 또 다시 몰상식한 발언을 했다. 그는 새누리당 박근혜 후보를 욕한 사실을 설명하면서 "그 표현은 너무 약하다. 더 세게 했어야 하는데 이종걸이 무르다고 말한 사람들이 많았다"고 했다.

이는 그의 쌍욕이 의도된 것임을 입증하는 것이다. 그가 '스마트폰 탓' 운운하며 한 변명이 위선적인 것임을 확인해 주는 것이다.

민주당에 우호적인 진중권 교수라는 분조차 이 의원을 나무라면서 국회에서 제명돼야 한다고 했는데 이 의원은 이런 따가운 여론을 아는지 모르는지 막 나가고 있다.

이 의원에게 묻는다. 정말로 잘못을 인정하고 진솔하게 사과할 생각이 없는 건가. 당신의 사전엔 수치심이란 단어는 없는 건가. 대한민국의 여성과 국민이 두렵지 않은 건가.

이 의원이 버티기를 한다면 국회에선 그를 윤리위에 회부할 뿐 아니라 의원 자격심사를 통해 제명을 추진하는 움직임이 나올 수도 있음을 경고해 마지않는다.

민주당 지도부의 행태도 한심하기 짝이 없다. 당의 중진이 큰 물의를 일으켰는데도 어느 누구 하나 따끔하게 질책하며 충고하는 사람이 없다니, 이런 민주당을 누가 신뢰하겠는가. 민주당과 이 의원이 이번 사태를 적당히 넘기려 한다면 국민은 반드시 표로 응징할 것이다.

전교조 소속 중학교 교사의 막말 민주당 이종걸 의원 막말 파문의 논란이 채 사그라들기도 전에 또 다른 막말 파문이 불거졌다. 8월 11일 민노총이 주최한 '8.15 노동자 통일 골든벨 행사'에서 사회를 맡은 전국교직원노동조합(전교조) 소속 교사 백모 씨의 발언이 문제였다. 현직 중학교 한문 교사인 백씨는 대한민국 국민이 직접 선출한 이명박 대통령을 '국민의 원수'로, 집권당 대통령 경선 후보인 박근혜 전 비상대책위원장을 '공천헌금 받아 처먹은 년'이라고 말한 것이다. 현직 교사의 입에서 나온 말이라고는 도저히 믿기 어려울 정도로 저질 발언을 한 백씨도 지탄받아 마땅하지만 이런 수준의 사람을 행사 사회자로 내세운 민노총도 한심했다. 나는 규탄 논평을 연달아 냈다. 큰 파문이 일자 민노총 통일위원회는 돌발적으로 발생한 적절치 못한 표현이었다는 내용의 입장을 밝혔지만 역시 진정성 있는 사과를 하지 않았다.

문제 발언을 한 백모 씨는 이후 박근혜 대통령 비하 발언을 한 혐의로 기소됐다. 법원은 2013년 4월 박근혜 후보에 대한 명예훼손죄를 인정해 벌금 300만 원을 선고했다. 백씨에 대한 벌금형이 11월 22일 대법원 판결에 의해 확정되었지만 그의 교직은 유지된다고 한다. 그러나 그런 사람을 선생님으로 모셔야 할 학생들의 장래를 생각하면 안타깝고 서글프기 짝이 없다.

민노총 행사에서 박근혜 후보에 대한 막말이 나온 건 그들의 수준을 보여주는 것이다. 민노총은 박 후보에게 정중하게 사과하고, 전교조는 문제의 회원을 추방하라.

지난 11일 열린 전국민주노동조합총연맹(민노총)의 공식행사에서 전국교직원노동조합(전교조) 소속 사회자가 새누리당 대통령 후보 경선에 출마한 박근혜 후보에 대해 쌍욕을 곁들인 막말을 했다 한다. 언론 보도에 따르면 민노총의 '8.15 노동자 통일 골든벨' 행사에서 사회자는 "김일성 주석과 김정일 위원장의 사망 당시 나이, 대한민국 국민의 원수 이명박과 공천헌금 받아 처먹은 년의 나이를 모두 더하면 몇 살이냐. 김일성 주석, 김정일 위원장, 이명박, 박근혜의 나이를 모두 더하면?' 이라는 문제를 냈다 한다.

인격을 쓰레기통에 던져 버린 사람이 아니고서는 할 수 없는 저질 발언을 버젓이 한 사회자 백모(40)씨나, 그런 사람을 사회자로 내세운 민노총이나 모두 제정신이 아닌 것같다. 박근혜 후보에게 상스러운 욕을 하고서도 수치심을 모르던 천박한 인격의 민주당 이종걸 의원과 어찌 그렇게 닮았는가. 그동안 한통속으로 지내더니 서로 못된 것만 배운 것 아닌가. 유유상종(類類相從)의 사례 중 이런 저질은 찾아보기 어려운 것 아닌가.

백씨에게 요구한다. 박 후보가 공천헌금을 받아먹었다고 했는데 그

증거를 대라. 그러지 못할 경우 무고죄로 사법처리를 받게 될 것이다. 백씨는 쌍욕을 한 데 대해 박 후보에게 정중하게 사과해야 한다.

민노총도 자기네 행사에서 얼토당토않은 거짓주장과 막말, 그리고 쌍욕이 나온 데 대한 책임감을 느끼고 박 후보에게 정중한 사과를 해야 할 것이다.

전교조는 백씨처럼 수준 낮은 사람이 회원으로 있다는 사실, 그런 사람을 보며 전교조의 수준을 의심하는 국민이 많다는 사실을 깨닫고 부끄러워해야 할 것이다. 그리고 전교조의 명예를 걱정한다면 백씨 같은 저질 회원은 당장 추방하는 게 옳을 것이다.

박근혜 후보에 대한 괴소문을 퍼뜨린 김현철 씨의 어리석음 2012년 3월 6일 김영삼(YS) 전 대통령의 차남 김현철 씨가 새누리당을 탈당했다. 새누리당 부설 여의도연구소 부소장직도 사퇴하겠다고 했다. 4월 총선에 출마할 생각으로 새누리당에 공천신청을 했지만 낙천했기 때문이다. 그는 기자회견에서 박근혜 비상대책위원장에게 완전히 속았고 무자비한 정치보복이자 정치테러를 당했다고 주장했다. 이날 MBC 라디오 '손석희의 시선집중'에 출연한 김현철 씨는 "아버님이 대단히 격분하고 계시다"고 말했다.

그랬던 그가 2012년 6월 근거 없는 괴소문을 퍼트린 것으로 보도되었다. 그가 〈월간중앙〉(7월호)과의 인터뷰에서 박근혜 비상대책위원장의 출산설을 제기한 것이다. 그는 말도 안 되는 주장을 하면서 "아버지인 김영삼 전 대통령도 많이 알고 계신다"며 YS까지 끌어들인 것처럼 보도되었다. 〈월간중앙〉은 김씨 인터뷰 내용 뒤에 "박근혜 위원장이 낳은 자식이 올해 30살 정도이며 일본에 살고 있고, 야당에서도 접촉을 시도한다"고 적었다.

〈월간중앙〉은 인터뷰 내용을 싣고 나서 곧 정정 보도문을 냈다. "박 후보의 출산설은 근거 없는 음해성 유언비어로 확인됐다"며 박 후보에게 공식적으로 사과한 것이다. 나는 〈월간중앙〉의 정정 보도가 나온 다음 캠프의 입장을 밝히는 브리핑을 했다. 김현철 씨에 대해서는 법적 대응을 검토하고 있고, 김씨처럼 악의적으로 음해를 하는 이들이 있다면 단호하게 대처할 것임을 강조했다.

브리핑

[12/07/07]

〈월간중앙〉의 정정 보도 관련

〈월간중앙〉은 2012년 7월호에 게재한 김현철 씨 인터뷰와 관련해 27일 홈페이지(magazine.joins.com/monthly)에 정정 보도문을 실었다. 그러면서 "기사 때문에 명예와 신뢰가 크게 손상된 박근혜 전 새누리당 비상대책위원장께 깊은 사과의 말씀을 드린다"고 했다.

김현철 씨는 〈월간중앙〉과의 인터뷰에서 '박근혜 전 새누리당 비대위원장의 사생활에 불투명한 부분이 너무 많아 본선을 장담하기 어렵다'는 취지의 주장을 했다. 이에 대해 〈월간중앙〉은 '박근혜 출산설은 근거 없는 음해성 유언비어'라는 제목의 정정 보도문에서 "7월호 보도 이후 김현철 씨에게 자신의 주장을 뒷받침할 실체적 근거를 요청했으나 김씨는 제시하지 못했다.

따라서 〈월간중앙〉에 보도된 김현철 씨의 주장은 사실무근이라고 판단된다"고 밝혔다. 또 "〈월간중앙〉은 '박 전 위원장이 낳은 자식이 올해 30살 정도이고 일본에 살며, 야당에서도 접촉을 꾀한다는 설명까지 붙는다'는 정치권의 소문도 함께 소개했다. 이 소문 또한 사실관계가 전혀 입증되지 않았다.

〈월간중앙〉이 지금까지 확인한 결과 박 전 위원장이 아이를 낳았다는 소문에는 아무런 실체적 근거가 없었다. 〈월간중앙〉은 박 전 위원장 출산설이 2007년에 거론됐던 수준에서 한 발짝도 나가지 못한 음해성 유언비어에 지나지 않는다는 사실을 확인했다"고 정정(訂正)했다.

7월호 기사 중 "서울 강남 삼성동 박 전 위원장 자택에 고(故) 최태민 목사의 사위 정윤회 씨가 드나든다고 한다. 헬멧을 쓰고 오토바이로 이동하기에 동네에서도 그를 본 사람이 별로 없다.(중략) (정씨는) 철저하고도 음밀하게 움직이며 취재진을 따돌리고자 일부러 오토바이로 이동한다는 얘기가 그럴싸하게 나돈다"는 대목과 관련해서도 〈월간중앙〉은 정정 보도를 했다. "이 또한 새누리당 내 비박(非朴, 비박근혜) 진영의 말을 검증 없이 전달했을 뿐이다. 〈월간중앙〉은 이런 주장을 뒷받침할 사실을 확인하지 못했다. 결국 위 소문은 사실무근이다"라고 했다.

〈월간중앙〉이 박 전 위원장에 대한 김씨의 음해를 철저하게 검증하지 않고 보도한 건 유감이지만 곧바로 실수를 인정하고 정정 보도를 한 것은 정론지다운 태도라고 평가한다. 앞으로 이런 일이 재발하지 않기를 기대한다.

〈월간중앙〉도 인정했듯 터무니없는 주장으로 박 전 위원장의 명예를 훼손한 김현철 씨에 대해서는 법적으로 대응하는 방안 등을 검토하고 있다.

김씨처럼 음해를 하는 이들이 있다면 역시 단호하게 대응할 방침이다. 언론도 주장의 진위(眞僞)와 사실관계를 더욱 철저하게 확인한 다음 보도해 주시기 바란다. 언론이 주장의 사실관계를 파악하기 위해 문의해 온다면 성실하게 협조할 것이라는 점을 말씀드린다.

헌정사상 최초로 주요 정당의
여성 대통령 후보가 탄생하다

경선의 공식 선거운동 마지막 날인 8월 18일 경기도 안양 실내 체육관. 나는 그날도 예외 없이 기자석에 앉아 있었다. 특별히 박근혜 후보를 근접 수행해야 하는 때가 아니면 기자석에서 상황을 지켜보는 것이 경선 때의 버릇이었다. 기자들과 밀접하게 호흡해야 홍보도 잘할 수 있고 좋은 아이디어도 얻을 수 있으며 민심, 당심도 잘 들을 수 있다고 생각했기 때문이다. 경선에서 나는 상대 진영이나 후보를 자극하는 논평을 쓰는 것을 최대한 자제했다. 비박 주자들이 보이콧을 했을 때는 따끔하게 일침을 가하는 게 필요하다는 생각에서 비판 논평을 냈지만 그것도 가능한 한 담담하게 쓰려 했다. 경선 장정 30일 동안 박근혜 후보 캠프 전원이 원칙과 소신을 지키면서 성숙한 자세로 경선에 임했다. 새누리당의 앞날을 위해 어떤 후보가 선출되어야 하는지, 선거인단의 지혜롭고 현명한 선택이 있기를 고대하며 한 마음 한 뜻으로 달려온 것이다. 홍사덕·김종인 선대위원장, 이주영 특보단장, 최경환 총괄본부장, 홍문종 조직본부장, 유정복 직능본부장, 안종범 정책메시지본부장, 변추석 홍보본부장, 윤상현 공보단장, 이학재 후보비서실장 등 캠프에서 공식 직함을 가진 31명, 그리고 박근혜 후보와 31명을 보좌하던 젊은 그룹 모두 열과 성을 다해 뛰었다. 나는 경선의 대장정을 마무리하는 우리 캠프의 생각을 담은 논평을 냈다. "선거인단 여러분이 지혜로운 선택을 하신다면 12월 19일은 새누리당의 날이 될 것"이라는 내용이었다.

드디어 8월 20일 새누리당 대통령 후보를 선출하는 전당대회가 일산 킨텍스에서 열렸고, 예상대로 박근혜 후보가 당 대통령 후보로 선출되었다. 84%의 지지를 얻은 압승이었다. 선거인단은 확실한 경쟁력을 갖추고 신뢰의 정치를 할 수 있는 박근혜 후보로 대선을 치르면 승리할 수 있다는 판단에서 압도적 지지를 보낸 것이다. 나는 전당대회에서의 개표 장면을 기자석에 앉아 지켜보며 논평을 작성했다. "주요 정당에서 여성 대통령 후보가 탄생한 것은 대한민국 헌정사상 처음 있는 일"이라며 "화합과 단합의 교향곡으로 대선 승리를 쟁취하자"고 썼다. 박 후보는 수락 연설에서 "새로운 변화를 시작하겠다. 먼저 국민대통합의 시대를 열어가겠다"고 다짐했다. "이념과 계층, 지역과 세대를 넘어 모두가 함께 하는 국민대통합의 길을 가겠다. 새로운 대한민국을 만드는 큰 길에 모든 분들이 기꺼이 동참하실 수 있도록 저부터 대화합을 위해 앞장서겠다"고 했다.

[12/08/18]

내일은 새누리당 대통령 후보를 뽑기 위해 투표하는 날입니다. 선거인단 여러분의 위대하고 현명한 선택을 기다리겠습니다. 모두들 꼭 투표하셔서 당의 응집력을 보여주시기 바랍니다.

새누리당 대통령 후보를 선출하기 위한 30일간의 선거운동이 18일 종료됐습니다. 경선에 출마한 다섯 분의 후보는 캠페인을 통해 자신의 비전과 정책을 국민과 당 선거인단에게 잘 선보였습니다. 후보 간 차이는 있었지만 다섯 분이 제시한 비전과 정책은 모두 국민의 행복을 증진하고 삶의 질을 향상시키기 위한 것들이었습니다. 이번 경선과정을 통해 진정으로 국민을 위하는 정당은 새누리당이라는 걸 충분히 입증했다고 봅니다.

경선 도중 노정된 진통을 진솔한 대화로 성숙하게 극복하고 대장정을 훌륭하게 마무리한 다섯 분의 후보, 권역별 합동연설회와 정책토크, TV토론 등을 치밀하게 준비해 준 당 지도부, 그리고 당과 후보들에게 아낌없는 사랑과 격려를 보내 준 당원과 대의원, 국민 선거인단 여러분께 경의를 표함과 동시에 감사의 인사를 드립니다.

이제 선택만이 남았습니다. 다섯 분의 후보가 모두 훌륭하지만 그중에서도 가장 경쟁력이 있고 국민의 신뢰를 많이 받는 한 분을 골라야 합니다. 어떤 후보가 오는 12월 대선에서 우리에게 승리의 희열을 안겨줄 수 있는지, 누가 대한민국을 세계가 부러워하는 훌륭하고 깨끗한

나라로 만들 수 있는지, 누가 국민을 분열시키지 않고 통합해서 '100% 국민 행복'을 구현할 수 있는지, 누가 경제민주화를 제대로 실현하고 서민과 중산층의 삶을 개선할 수 있는지 위대하고 현명한 선택을 해야 합니다.

존경하는 당원과 대의원, 그리고 국민 선거인단 여러분, 대선 승리의 역사 창조는 여러분의 손에 달려 있습니다. 여러분이 19일 반드시 투표장으로 가서서 지혜로운 선택을 하신다면 12월 19일은 새누리당의 날이 될 것입니다. "부처님 마르고 살찌기는 석수(石手)에게 달려 있다"는 말이 있습니다. 석수가 어떤 솜씨를 부리는가에 따라 부처님의 모습이 달라진다는 뜻입니다. 새누리당의 모습도 마찬가지입니다. 여러분이 내일 어떤 선택을 하는가에 따라 새누리당의 경쟁력과 앞날이 결정될 겁니다.

선거인단 여러분, 내일 꼭 투표해 주시기 바랍니다. 한 분도 빠짐없이 투표장으로 가서서 새누리당의 응집력을 유감없이 과시해 주실 것을 부탁드립니다.

🖊 **논평**

[12/08/20]

새누리당의 위대한 선택에 경의를 표합니다. 화합과 단합의 교향곡으로 대선 승리를 쟁취합시다.

새누리당 대통령 후보로 박근혜 전 비상대책위원장이 선출됐습니다. 주요 정당에서 여성 대통령 후보가 탄생한 것은 대한민국 헌정사상 처음 있는 일입니다. 우리 역사에 새로운 장(章)을 연 새누리당의 위대한 선택에 경의를 표합니다.

새누리당 선거인단이 박근혜 전 위원장을 대통령 후보로 선출한 의미는 참으로 크다고 봅니다. 12월 대선에서 우리에게 승리의 기쁨을 안겨 줄 수 있는 확실한 경쟁력을 갖춘 후보, 대한민국을 자랑스러운 나라로 만들 수 있는 준비된 후보, 어떤 국가 위기도 극복할 수 있는 위기에 강한 후보, 국민 분열이 아닌 국민 대통합을 실현할 수 있는 리더십을 갖춘 후보, 서민과 중산층의 삶을 획기적으로 향상시킬 수 있는 책임감과 의지력을 지닌 후보를 골랐기 때문입니다.

선거인단이 박근혜 후보에게 압도적 지지를 보내준 건 이 나라를 무책임한 야당에게 결코 맡길 수 없다는 단호한 의지의 표현이라고 생각합니다. 위대하고 현명한 선택을 하신 당원과 대의원, 그리고 국민 선거인단 여러분께 감사 인사를 드립니다.

이제 진군만이 남아 있습니다. 12월 19일의 대선 승리를 위해 우리 모두 함께 힘찬 발걸음을 내디뎌야 합니다. 대한민국의 밝은 미래를 위해, 100% 국민행복을 위해 우리는 필승해야 합니다. 그러기 위해선 우리 모두 하나가 돼야 합니다. 화합과 단합의 교향곡 연주로 국민을 감동시켜야 합니다.

박근혜 후보가 후보 수락연설에서 "대한민국을 아끼고 사랑하는 분들이라면 그 누구와도 힘을 모으겠다. 저부터 대화합을 위해 앞장서겠다"고 천명한 건 박 후보 자신이 화합과 단합의 견인차가 되어 당을 승리로 이끌겠다는 강한 의지를 피력한 것입니다.

박 후보와 경쟁했던 네 분의 경선 후보가 아름답고도 감동적인 승복 연설을 한 것도 당의 대선 승리를 위해 그 어떤 일도 마다하지 않겠다는 뜻을 밝힌 것일 겁니다.

존경하는 당원, 대의원, 그리고 국민 선거인단 여러분, 우리 모두 신발 끈을 바짝 조이고 다시 뜁시다. 박근혜 대통령 후보와 김문수·김태호·임태희·안상수 경선 후보와 함께 힘찬 진군을 합시다.

그리하여 12월 19일 서울 광화문광장에서 이 나라를 사랑하는 애국 시민과 함께 대한민국의 위대한 새 출발을 축하하는 주역이 되어 대선 승리의 희열을 만끽합시다.

박근혜 새누리당 대통령 후보는 나라를 갈등과 분열이 아닌 통합으로 이끌겠다는 뜻을 일관되게 견지했다. '100% 대한민국'은 '99대 1'이란 논리로 국민 편 가르기를 시도했던 민주당의 입장에 맞선 슬로건이다.
(사진 : 연합뉴스 제공)

몇 고비를 넘겼던
대선의 대장정

박근혜라는 정치인이 자신만의 브랜드를 갖고 있는 후보였다면,
문재인 후보는 고(故) 노무현 대통령과의 관계로
규정되는 정치인이었다.

노무현 전 대통령의 핵심측근, 친노세력의 적자라는 것을 빼고는
자신만의 브랜드를 만들어 놓지 못했다는 게 나의 생각이다.

후보가 경쟁력이 없으면 아무리 좋은 환경이 주어진다고 해도 선거에서 패할 수밖에 없다.

충분히 이길 수 있는 선거에서 민주당이 패배한 결정적 이유 중 하나가
후보의 경쟁력과 매력 부족이 아닐까 싶다.

국민대통합 행보로 주목을 받다

박근혜 새누리당 대통령 후보의 첫 행보는 8월 21일 국립현충원에서 이승만·박정희·김대중 전 대통령의 묘역을 참배하는 것으로 시작됐다. 박 후보는 이날 오전 현충원 현충탑에 헌화와 묵념을 하고 나서 방명록에 "호국영령들의 숭고한 뜻을 받들어 국민대통합의 새로운 시대를 열겠습니다"라고 적었다. 그리고 전직 대통령 세 분의 묘역을 모두 참배하고 난 뒤 노무현 전 대통령 묘역이 있는 김해 봉하마을로 내려가겠다는 계획을 밝혔다. 박 후보가 봉하마을 방문 방침을 밝히자 현충원에 있던 수많은 기자들과 새누리당 의원들은 깜짝 놀랐다. 대통령 후보 첫날 일정부터 국민대통합을 위한 파격 행보가 이뤄진다는 걸 실감했기 때문이다. 일각에서는 당일의 깜짝 이벤트나 정치 쇼로 보는 시각도 있었지만 박 후보의 봉하마을 방문은 전당대회 전에 나온 이야기다. 대선후보 선출 전당대회 열흘 전쯤 캠프에선 이런 일이 있었다. 최경환 총괄본부장 주재로 전당대회 이후 일정을 논의하는 회의가 열렸는데 나는 그 자리에서 박근혜 후보가 대통령 후보로 선출되면 바로 봉하마을을 방문하는 것이 좋겠다는 의견을 냈다.

계층간, 지역간 갈등이 심한 대한민국에서 시대정신인 국민대통합의 의제를 선점하고, 그 진정성을 보여주는 것이 중요하다고 판단했기 때문이다. 야당보다 대통령 후보를 먼저 선출했으니 국민대통합이라는 어젠다를 선점한다면 박근혜 후보가 강조해온 '100% 대한민국'이 국민들 마음속에 선명하게 자리 잡을 수 있을 것이라고 생각했다. 봉하마을 방문에 반대하는 의견도 있었으나 대부분 좋은 생각이라며 긍정적으로 검토해 보자는 쪽으로 가닥이 잡혔다.

회의에서 나는 당내 화합과 결속을 위해 박근혜 후보와 이재오 의원의 만남도 성사시켜 보자고 제안했다. 나는 "기자들의 허를 찔러서 기자들을 놀라게 해야 좋은 기사가 크게 나가고 그것이 국민의 감동으로 이어진다"며 대통합의 맥락에서 박 후보의 파격 행보 일정을 잡자고 했다.

박 후보는 당의 대통령 후보로 선출되자마자 감동을 주는 행보를 시작했다. 박 후보가 대통령 후보로 선출된 날 밤 여의도의 한 식당에서는 캠프 멤버들의 조촐한 자축 파티가 열렸다. 그때 홍보 비서팀 일원의 전화가 왔다. "박 후보가 내일 봉하마을을 방문하기로 했으니 수행하라"는 내용이었다. 이학재 비서실장, 이상일 대변인 두 사람만 수행하기로 했으니 보안을 유지해 달라는 것이었다.

박 후보가 현충원을 방문하던 날 아침 SBS 남승모 기자에게서 전화가 걸려왔다. 박근혜 후보의 첫 외부일정인데 행보에 담긴 뜻이 무엇이냐는 질문이었다. 나는 보안문제 때문에 봉하마을 방문 계획은 말해 줄 수 없었기 때문에 "한 가지 분명한 키워드는 국민대통합이니 그런 맥락에서 취재하라"고 했다. 현충탑을 참배한 박근혜 후보는 방명록에 "국민대통합의 새로운 시대를 열겠습니다"라고 적고 나서 곧바로 그에 걸맞은 행보를 시작했다.

봉하마을 방문 일정이 발표되자 기자들은 빅뉴스를 타전하느라 분주했고 당내에선 많은 의원들이 급히 김해행 비행기 표를 예약하는 현상이 발생했다. 일부 언론에서는 봉하마을과 사전 협의가 없는 박근혜 후보의 일방적인 방문 선언이라고 비판했지만 사실은 방문 일정 발표 전에 봉하마을 쪽과 의견을 교환했었다.

봉하마을에 가다 박근혜 후보는 오후 3시 30분쯤에 봉하마을에 도착해 노무현 전 대통령 묘역을 참배했다. 그리고 곧바로 권양숙 여사를 예방했다. 경치가 제일 좋은 사랑채로 안내한 권 여사는 수박과 차, 직접 재배한 무화과를 내놓으며 우리 일행을 따뜻하게 맞아주었다. 대화 말미에 "좋은 일 있기를 바란다"는 덕담도 해주었다. 예방이 끝난 다음 권 여사에게 "(박 후보에게) 좋은 일이 있기를 바란다"고 한 말씀을 그대로 브리핑 해도 좋을지 여쭤봤다. 우리에게 도움이 될 만한 내용이니 그쪽 생각을 묻지 않고 일방적으로 브리핑 할 수도 있었지만 권 여사의 입장이 난처해질 수도 있는 만큼 그의 의향을 물은 것이다. 그때 옆에 있던 이병완 전 청와대 비서실장이 "여사님의 그 말씀을 언론에 알리지 말기 바란다"고 했고, 권 여사도 고개를 끄덕였다. 나는 "여사님의 뜻을 잘 알았으니 브리핑 하지 않겠다"고 했다.

박근혜 후보가 먼저 떠나고 나는 브리핑을 하기 위해 기자단 버스로 향했다. 그때 박 후보가 전화를 걸었다. 그리고 "오늘 우리가 폐를 끼친 셈이니 권 여사님 입장이 곤란하지 않도록 브리핑을 잘 해 달라"고 당부했다.

후보에게 도움이 될 만한 일은 가능한 한 많이 알리고 싶은 것이 대변인의 마음이다. 하지만 권 여사의 입장을 배려해 달라는 후보의 뜻에 따라 권 여사의 발언 내용 중 정치적으로 민감해질 수 있는 내용은 빼고 브리핑 했다.

이희호 여사를 예방하다 다음날인 22일에도 박근혜 후보의 국민대통합 행보는 계속됐다. 오전에 김영삼 전 대통령을 예방하고, 오후에는 동교동의 김대중 도서관으로 향했다. 고(故) 김대중 전 대통령(DJ) 부인 이희호 여사를 예방하기 위해서였다. 박 후보는 한나라당 대표 시절인 2004년 8월 DJ를 찾았던 때의 이야기를 꺼내며 대화를 시작했다. 당시 박근혜 대표는 아버지 집권 시절에 DJ가 고초를 겪은 것에 대해 딸로서 사과했다. 이에 DJ는 박 대표를 "통합을 위한 적임자"라고 부르며 기대를 나타냈다. 박 후보는 이 여사를 만난 자리에서 "국민이 더 행복해지고 편안해지는 나라를 만들고 싶다", "생전에 대통령님(DJ)께서도 저에게 국민통합을 위해 노력해 달라는 당부를 했다. 제가 그쪽으로 많이 하겠다. 국민 통합을 이루는 나라를 만들고 싶다는 꿈을 가지고 있다"고 밝혔다. 이 여사는 "우리나라에 여성 대통령이 없었다. 만일 당선된다면 여성의 지위 향상을 위해 힘써 달라"고 주문했다. "대통령이 된다면 여성 모두가 자랑스럽게 생각하고 우리나라의 위상도 높아질 것"이라고 덕담하면서 공약한 모든 것을 잘 실천해 달라고도 했다. 이 부분 역시 동교동 측에 브리핑 해도 좋은지 물었고 허락을 얻었다.

박 후보는 이어 경기도 이천에 있는 장애인 올림픽 선수촌을 방문해 선수단을 격려했다. 그리고 귀경길에 올랐다. 이때 나는 박 후보의 대통합 행보를 높이 평가하는 여러 언론인이 보낸 휴대전화 문자 메시지를 후보 수행 비서를 통해 박 후보에게 전달했다. 그런 다음 후보에게 전화를 걸어 "어제 오늘 진정성 있는 대통합 행보를 유지하신 데 대해 좋은 평가가 나오고 있습니다. 지금처럼 감동을 주는 행보를 하시면 대선 승리는 무난할 겁니다"라고 말했다. 이어 "오늘 이재오 의원이 이명박 대통령 특사 자격으로 우크라이나 방문을 마치고 귀국했습니다. 후보께서 그분에게 일단 전화를 걸어 인사하면 좋을 듯 싶습니다. 후보로 선출되셨을 때 이재오 의원은 외국에 나가 있었던 만큼 우리 쪽에서 먼저 인사하면 그쪽도 좋아할 겁니다"라고 건의했다. 며칠 뒤 박 후보는 하루 일정을 모두 비워놓고 이재오 전 한나라당 원내대표와 정몽준 전 한나라당 대표 두 분을 만나려고 했다. 당내 대화합을 일구기 위함이었다. 하지만 그때 정 전 대표와는 일정이 잘 안 맞아서, 이 전 원내대표와는 접촉이 잘 이루어지지 않아서 만남이 성사되지 않았다. 그러나 이후 대선에 돌입하는 과정에서 정 전 대표는 중앙선대위 공동위원장으로 박 후보를 적극적으로 도왔고, 이 전 원내대표도 당협위원장 자격으로 힘을 보탰다.

청와대에서 이명박 대통령과 회동하다 9월 2일 새누리당 박근혜 후보와 이명박 대통령의 단독 회동이 청와대에서 이루어졌다. 청와대에서는 하금열 대통령실장과 이달곤 정무수석비서관, 최금락 홍보수석비서관이, 박 후보 측에서는 최경환 비서실장과 대변인인 내가 수행원 자격으로 이 대통령과 박 후보의 회동 중 공개된 부분을 지켜봤다. 이 대통령과 박 후보가 만난 건 8개월 만이었다. 2011년 12월 17일 북한 김정일 국방위원장이 사망했는데도 우리 정보기관이 그 사실을 몰랐던 것과 관련해 "대북 정보 체계에 구멍이 뚫린 것이 확인된 만큼 정치권이 초당적인 대책을 마련해야 한다"는 지적이 나옴에 따라 이명박 대통령과 여야 교섭단체 대표들이 회동한 이후 처음 만난 것이다. 당시 여야 대표의 청와대 회동 후 이 대통령과 박근혜 한나라당 비상대책위원장은 따로 만나 대화를 했었다.

오랜만에 마주한 이 대통령과 박 후보는 태풍피해 대책 등 안전문제 등 시급한 민생현안을 중심으로 이야기를 나눴다. 박 후보는 현장에서 직접 들은 다양한 목소리들을 대통령에게 전달하며 정부가 문제 해결을 위해 적극 나서 달라고 요청했다. 언론과 정치권은 대선을 100일 앞둔 시점에 이루어진 '현재 권력'과 '미래 권력'의 만남에 주목했다. 일부 언론과 야당에서는 이명박 정부가 박 후보를 돕기 위한 관권선거 차원에서 회동을 하게 된 것이라고 주장했지만 두 분은 정치 이야기는 하지 않고 민생 문제만을 놓고 의견을 교환했다. 시비의 소지를 처음부터 없애 버렸던 것이다.

박근혜 후보 청와대 회동 비공개 부분

오늘 새누리당 박근혜 대통령 후보는 후보자로 선출된 후 처음으로 청와대에서 이명박 대통령과 100분간 오찬을 겸한 단독 회동을 가졌다. 박근혜 후보는 그동안 민생현장에서 들은 다양한 목소리를 대통령에게 전달하며, 이런 문제들을 해결하기 위해 대통령께서 적극 나서주실 것을 요청했다. 특히 태풍피해 대책과 성폭력 등 안전의 문제, 그리고 민생경제 등 시급한 민생현안 3가지를 중심으로 대화를 나눴다.

첫째, 태풍피해 대책 관련이다. 박근혜 후보는 어제 충남 논산의 태풍피해 현장에서 주민들에게 직접 들은 얘기를 전하면서 "지금 정부에서 수해복구 지원을 위해 많은 대책을 내놓고 있다. 하지만, 현장에선 엄청난 피해를 입었는데, 기준 미달로 아무 도움도 받을 수 없는 사각지대가 많다. 이 부분에 대해 정부에서 보완책을 마련하고, 농어민들이 하루 빨리 다시 일어설 수 있도록 대통령께서 직접 챙겨 달라"고 요청했다. 대통령은 "사각지대의 농어민들이 희망을 갖고 재기할 수 있도록 챙기겠다"고 답했다.

둘째, 민생경제 문제와 관련해서다. 박근혜 후보는 "지금 민생경제가 위기상황에 직면한 만큼 이에 맞는 특별한 대책이 필요하다"고 강조했다. 특히 대학생 반값 등록금과 0~5세 양육수당 확대 문제에 대해 정부가 적극 나서줄 것을 요청했다. 박 후보는 대통령에게 "대학생들의 어려운 현장 얘기를 들어보니 대학생들이 학자금과 생활비 마련을 위해 밤낮으로 아르바이트를 뛰며 학업과 병행하면서 어깨가 너무 무거웠다. 우리나라 미래의 기둥인 학생들이 마음 놓고 공부하면서 꿈과 희망을 가질 수 있도록 등록금 부담을 절반으로 낮춰주는 정책은 꼭 추진해야 한다"고 건의했다.

박근혜 후보는 "우리나라 여성들이 보육문제 때문에 그 역량이 사장되어서는 안 된다. 보육문제를 꼭 해결해서 여성들이 마음 놓고 사회 활동을 할 수 있도록 해야 개인도 행복하고, 나라의 발전에 기여할 수 있다"고 강조하면서, 0~5세 영유아에 대한 양육수당을 전 계층으로 확대하는 문제에 대해 정부가 나서줄 것을 당부했다.

박근혜 후보는 "정부가 보육료 지원이 불필요하다고 지목한 상위 30% 가구도 대부분 우리 주변의 평범한 맞벌이 가구다. 국가적 과제인 저출산 문제의 해결을 위해서도 보육은 국가가 책임지는 것이 맞다"고 요청했다. 이에 대해 대통령도 "학생들의 어려움과 여성들이 자기 역량을 잘 발휘할 수 있도록 도움이 절실하다는 것을 잘 알고 있다"고 말했다.

두 분은 추석을 앞두고 물가에 대해 걱정했다 대통령은 "어려운 재래시장을 활성화하기 위해서 온누리 상품권을 준비했고, 이것이 서민경제에 많은 도움이 될 것"이라고 말했다.

셋째, 성폭력 등 안전문제 관련이다. 박근혜 후보는 나주 어린이 성폭행 사건을 예로 들면서 "국가의 존재 이유가 국민의 생명과 안전을

박근혜 새누리당 대통령 후보와 이명박 대통령의 단독 회동(2012년 9월 2일)

지켜주는 것이 가장 기본인데, 정부가 모든 행정력을 총동원해서라도 보다 강력하고 근본적인 특단의 대책을 마련해 달라"고 희망했다.

그리고 지금부터 100일간을 '범국민 특별 안전확립 기간'으로 정하고, 민관합동으로 각종 반사회적 범죄의 대책을 수립하고 예방방안을 강구하며 안전한 환경을 확립하는 기간으로 활용하는 방안을 대통령에게 제안했다. 대통령은 "이런 문제는 민관이 합동으로 노력을 해야 한다"면서 그 필요성에 공감했다.

마지막으로 대통령은 "세계적으로 경제가 어렵고, 민생도 어려운데, 정치권에서 민생경제를 살려나갈 수 있도록 적극 협조해 달라"고 당부했다.

국민의 기대에 못 미쳤던 민주당 경선

불공정 논란 촉발한 모바일 경선　9월로 접어들자 민주당 경선 과정에선 잡음과 파행이 계속 생겨났다. 세계에서 유례 없는 혁신적인 모바일 투표로 대통령 후보를 뽑는다고 자랑하던 민주당 경선은 국민에게도, 민주당원에게도 불신을 안겨주었다. 손학규·김두관 후보 측은 "선거인단의 상당수가 모바일 전화를 받지 못해 투표권을 행사하지 못했다"며 모바일 투개표 전면 중단을 요구했다. 이런 시비와 잡음이 일면서 100% 국민경선의 가장 큰 흥행 요소라던 모바일 투표에 대한 국민들의 관심은 점점 더 멀어져갔다. 당심과 모바일심(心)의 불일치가 드러나면서 후보들의 갈등은 당의 단합을 위협할 수준으로 치달았다. 민주당 지도부는 불공정 논란으로 인한 경선 갈등과 진심 어린 승복이라는 문제를 깔끔하게 해결하지 못했다. 그로 인해 국민들의 신뢰도 함께 무너지는 위기 상황을 맞았다.

[12/09/06]

끊임없이 잡음을 일으키는 민주통합당 경선을 보는 국민의 실망은 클 것이다.

　세계에서 유례 없는 혁신적인 모바일 투표로 대통령 후보를 뽑는다고 자랑했던 민주통합당에서 사고가 끊이지 않고 있다. 경선에 참여한 손학규·김두관 후보 측은 제주 2,879명, 울산 777명 등 선거인단 3,656명이 규정에 정해진 전화를 받지 못해 투표권을 행사하지 못했다며 모바일 투개표 전면 중단을 요구했다. 이들 선거인단이 전화를 받지 못한 것은 투표용지를 받지 못한 것과 마찬가지인 만큼 중대한 문제가 아닐 수 없다. 김두관 후보 측이 "투표의 정통성이 근본적으로 부정되는 사태이며 국민의 참정권을 박탈한 민주주의에 대한 도전"이라고 주장한 건 맞는 말이다.

　이처럼 심각한 문제를 노정한 민주통합당 모바일 투표의 서버를 관리하는 업체의 대표는 문재인 후보 특보의 동생이라고 한다. 때문에 다른 후보 측에서는 모바일 투표에 '공정하지 못한 손'이 개입했을 가능성을 의심하고 있다. 심지어는 "선거인단 명부가 문 후보 측으로 유출됐을 가능성도 배제할 수 없다"는 주장까지 나오는 상황이다.

　그럼에도 민주통합당 지도부는 "문제 없다"는 태도로 일관하고 있다. 문 후보와 담합했다는 의심을 받고 있는 이해찬 대표는 여전히 모바일 경선이 최고라는 입장을 바꾸지 않고 있다.

　문재인 후보는 지역별 순회 경선에서 파죽의 7연승을 거두었다. 그러나 문 후보는 모바일 투표에서만 압승을 거두었을 뿐 대의원 투표나 당원과 시민 선거인단 일부가 참여하는 투표소 투표에선 손학규 후보에게 뒤졌다. 그가 7연승을 한 건 투표 비중의 압도적 다수를 차지하는 모바일 투표 덕분이어서 당 지도부와의 담합에 따른 불공정 경선이 이뤄지고 있다는 비판을 당 안팎에서 받고 있는 것이다. 이런 상황에서 문재인 후보가 경선에서 이긴들 경쟁력을 갖추겠는가. 국민은 끊임없이 잡음을 일으키는 민주통합당 경선을 보며 실소를 금치 못할 것이다. 그리고 친노 세력이 다시 정권을 잡기 위해 수단방법을 가리지 않고 있다고 생각하면서 과거의 친노 세력이 무슨 일을 했는지 떠올릴 것이다.

손학규, "각본 경선으론 12월에 통곡할 것" 선거에서 중요한 것은 선거구도와 정책·비전, 그리고 인물 경쟁력이다. 나는 구도도, 정책도 중요하지만 더 중요한 것은 후보의 경쟁력, 즉 매력이라고 생각한다. 후보가 매력적인 인물이라면 구도에서의 불리함도 극복할 수 있고, 정책 홍보에서도 우위를 점할 수 있기 때문이다. 민주당의 경선 잡음은 친노의 각본대로 앞서가고 있던 문재인 후보의 매력을 깎아먹는 것이었다. 민주당이 문재인 후보에 대항하는 다른 후보들의 의견을 무시한 채 조직화된 특정 세력이 좌우하는 모바일 경선을 강행함에 따라 경선의 드라마는 사라졌고, 감동도 함께 사라졌다. 많은 사람들이 예상했던 대로, 그리고 친노 세력의 예상 시나리오대로 경선에서 문재인 후보에게 몰표가 쏟아졌지만 그 결과에 국민은 흥분하지도, 감동을 받지도 않았다. 문 후보가 압승을 했지만 그의 매력과 경쟁력은 도리어 사라지는 아이러니가 생겼던 것이다. 경선 레이스에서 2위를 달리던 손학규 후보가 "짜인 각본으로는 12월에 통곡뿐이다"라고 경고한 것이 그대로 들어맞은 것은 문 후보 진영에서 국민의 감동을 일으키는 캠페인을 하지 못했기 때문이다.

✒ 논평

[12/09/11]

'짜인 각본'으로 선출될 민주당 대선 후보가 무슨 경쟁력을 갖겠는가.

민주통합당에서 의원들의 요청으로 11일 의원총회가 열렸고, 지도부의 무능과 편파성을 성토하는 목소리들이 쏟아졌다고 한다. 대통령 후보 경선에서 당심과는 전혀 다른 모발심(모바일 경선 결과) 덕분에 선두를 질주하고 있는 문재인 후보와 담합했다는 의혹을 받고 있는 이해찬 대표, 박지원 원내대표의 2선 퇴진을 주장하는 의원들도 있었다고 한다.

특히 이해찬 대표는 그간 수많은 문제점을 노정한 모바일 경선을 "세계사에 유례없는 정치혁명"이라고 극찬하면서 문 후보를 사실상 지원해 왔다는 비판을 받고 있다. 당 지도부는 문 후보와 경쟁하는 다른 후보들의 호소를 묵살하면서 모바일 경선을 그냥 밀어붙였고, 그 결과 친노 핵심세력의 시나리오대로 문재인 후보에게 몰표가 쏟아지고 있다.

문 후보나 이 대표 등 친노 당권파는 지금까지 진행된 경선 결과에 '물 본 기러기, 꽃 본 나비' 처럼 흐뭇해 하겠지만 당내에선 담합 경선, 불공정 경선에 대해 걱정하는 이들도 급증하고 있다. 오죽하면 상당수의 의원들이 당 지도부에 의총 소집을 요구하는 서명을 했고, 11일 열린 의총에선 "이대로는 대선에 희망이 없다"고 안타까워하는 목소리가 나왔겠는가. 문재인 후보 득표율에 한참 뒤떨어진 채 2위를 달리고 있는 손학규 후보는 이날 기자회견을 열어 이 대표 등 지도부에 대해 "패거리 정치, 담합 정치로 국민들로부터 외면 받고, 민주통합당 경선을 2부 리그로 만들어 놓은 사람들"이라고 싸잡아 비난했다. 그러면서 "짜인 각본으로는 12월의 통곡뿐"이라고 했다. 아무 감동도 주지 못하는 불공정 경선으로 선출될 민주통합당의 대통령 후보로는 12월 대선에서 승리할 수 없다고 한 것인데 옳은 말이다.

민주통합당의 경선을 딱한 눈으로 지켜봤을 현명한 국민의 생각도 같다고 본다. 새누리당은 친노 핵심세력이 장악한 민주통합당에서 '시나리오 후보'가 나오든 말든, 그 당이 당 밖의 다른 분과 단일화를 하든 말든 국민의 밝은 미래를 열어나갈 비전과 정책 제시로 포지티브 캠페인을 전개해 국민의 더 큰 신뢰를 얻기 위해 최선을 다할 것이다.

안철수와 '안철수 현상'

안철수, 드디어 대선에 뛰어들다 한때 트위터에서 유행했던 글이 있다. "안철수 대선 나온다고 보도—알아보니 부인했다고 보도—다시 대선 나올지도 모른다고 보도—또 안 나온다고 보도—온 국민이 짜증날 때까지 계속한다." 지난해 대선을 앞두고 안철수 당시 서울대 융합과학기술대학원장(현 19대 의원·무소속)이 한동안 애매모호한 입장을 취한 것을 꼬집는 야유다. '안철수 피로증후군'이란 말이 나온 것도 이런 맥락에서다.

나온다, 안 나온다 말만 무성했던 안철수 원장이 2012년 9월 19일 드디어 대선 출마를 선언했다. 나는 일단 선거판의 흐름을 지켜보고, 안 원장의 행보도 유심히 관찰하고 나서 대응 방안을 마련하는 게 좋다는 판단에서 안 원장이 정치 쇄신에 기여해 달라고 당부하는 첫 논평을 냈다. 안 원장이 대선판에 뛰어듦에 따라 대선 열기는 일단 후끈 달아올랐다. 안 원장이 '안철수 현상'으로 대변되는 국민의 정치 쇄신 열망을 현실 세계에서 구현하겠다는 의지를 밝혔으므로 그에 대한 국민의 기대는 컸다. '안철수 세력'과 민주당이 선거 막판에 손을 잡고 대선 구도를 흔들 가능성이 있었기 때문에 새누리당은 긴장했다. 하지만 그가 막 출마 선언을 한 상황에서 거친 견제구를 날릴 수는 없었다.

브리핑

[12/09/19]

안철수 원장 출마선언 관련

안철수 서울대 융합과학기술대학원장의 대선 출마 선언에 대해서는 만시지탄의 감이 있지만 그래도 그가 국민 앞에 입장을 밝힌 것을 다행스럽게 생각한다. 국민이 정치 쇄신을 원한다는 안 원장의 문제의식은 새누리당과 박근혜 대통령 후보의 인식과 같은 만큼 박 후보가 그간 누누이 강조한 대로 네거티브가 아닌 선의의 정책경쟁으로 정정당당하게 승부하길 기대한다. 안 원장은 "흑색선전 같은 낡은 정치를 하지 말자"고 했는데 새누리당이 그간 민주통합당에 대해 줄곧 촉구한 것이 바로 그것이다. 앞으로 민주통합당의 잘못된 풍토를 바꾸기 위해 안 원장이 새누리당과 공동노력을 기울이면 좋겠다. 안 원장은 '독자 노선을 유지할 것인가'라는 물음에 대해 명확한 답변을 하지 않았다. 이와 관련해 구구한 정치공학적 억측이 나와 선거판이 혼탁해지는 등 정치 쇄신이 아닌 정치 퇴행적 현상이 나타나지 않도록 안 원장이 유념해 주길 바란다.

안철수식 정치? … "글쎄올시다" 안철수 원장이 정치권에 큰 자극을 준 것은 부인할 수 없는 사실이다. 그의 대선 출마 선언으로 새누리당과 민주당은 정치 쇄신 의지를 다졌다. 세 정치 세력은 경쟁적으로 정치개혁 방안을 내놓았다.

안 원장의 대선 출마 선언에 앞서 이미 안대희 전 대법관을 영입해 정치 쇄신 작업을 맡겼던 박근혜 후보는 정치개혁 어젠다를 선점하는 일에 큰 관심을 보였다. '안대희 효과'는 투표 시장에서 상당한 위력을 발휘했고, 안 원장이 '안철수 현상'의 과실을 독점하는 것을 차단했다.

올해 4월 서울 노원병 국회의원 재보궐선거에 출마해 승리한 안철수 의원에 대해 평가하는 것은 매우 조심스럽지만 내 나름의 느낌은 있다. 과연 지금까지 안철수 의원이 구체적인 행동으로 '새 정치'의 모습을 보여줬는가라고 물으면 나의 답은 "글쎄올시다"일 것이다.

4월 재보궐 선거를 통해 국회에 입성한 안철수 의원에게 필요한 건 '새 정치'라는 구호나 추상적인 레토릭(rhetoric)이 아닌 구체적인 행동이다. 작은 변화라도 이끌어 낼 수 있는 실제적인 능력이고 실천이다. 그가 정치적 구상들을 실행에 옮겨 기존 정치권에 큰 충격을 준다면 다음 대선에서는 위력적인 후보로 등장할 수 있겠지만 계속 입으로만 '새 정치'를 말한다면 그의 정치적 영향력은 급속히 줄어들 수밖에 없을 것이다.

대선 때 보여준 그의 언행을 떠올리면 그가 지도자다운 모습을 보여주는 데 실패했다고 생각한다. 정치는 국민들의 '마음'을 얻는 것이다. 지난해 안철수 후보는 '새 정치'라는 화두를 앞세워 유권자들의 관심을 끄는 데는 성공했다.

하지만 결단력과 추진력 부족으로 국민 대다수의 마음을 얻는 단계로 나아가지 못했다. 우리나라 정치 현실에서는 지도자의 의지와 결단력, 열정이 매우 중요하다. 그러나 안철수 의원은 정치권에 들어오기 전에도, 그리고 들어와서도 좋게 보면 신중한 모습, 나쁘게 보면 우물쭈물 하는 모습을 보였다. 중요한 길목에서 결단을 하지 못한 채 자꾸 진의를 추측하게 하는 알 듯 모를 듯한 행보로 국민을 답답하게 만들었다.

그런 안철수 의원이 2013년 11월 28일 신당 창당의 뜻을 밝혔으나 정치권에 변화의 바람을 일으킬 수 있는 위력적인 정당을 만들 수 있을지 의문이다. 새누리당과 민주당을 긴장시킬 수 있는 정당을 출현시키려면 훌륭하고 참신한 인물들을 많이 포진시켜야 할 텐데 안 의원이 그런 역량을 갖고 있는지 미지수다. 그가 모셨던 좋은 분들 가운데 상당수가 실망해서 떠난 전례가 있기 때문에 언론도 그의 인재 영입 작업이 순탄치는 않을 걸로 보고 있다.

아름다운 야권단일화는 없었다

단일화 과정은 국민을 실망시키는 과정 만약 지난해 여름 안철수 후보가 민주당에 들어가 문재인 후보와 제1야당 대통령 후보 자리를 놓고 경선을 했다면 어땠을까. 친노 세력이 패권을 장악한 민주당에 안 후보가 입당하면서 민심이 온전히 반영될 수 있는 경선 룰을 만들어 달라고 요구했다면 어떠했을까. 그가 민주당과의 협상을 통해 경선 선거인단 확대문제 등에 대해 접점을 찾은 다음 국민 참여 경선에 뛰어들었다면 야당 대통령 후보 선출과정에 대한 국민들의 관심도 높아졌을 것이다. 만약 그런 경선을 해서 안 후보가 이겼다면 그는 막강한 파괴력을 가진 강한 후보가 됐을 것이고, 경선에서 졌다고 하더라도 문재인 후보에게는 큰 힘이 됐을 것이다. 경선에 대한 국민적 관심도 커졌을 것이고, 거기서 뽑힌 후보자의 경쟁력은 훨씬 강해졌을 것이라는 얘기다.

야권에서 본격적으로 단일화를 언급하기 시작한 시점은 2012년 11월 5일이었다. 안철수 후보가 전남대 강연에서 문재인 후보와의 단독 회동을 제안함에 따라 야권 후보 단일화는 급물살을 타는 듯 했다. 하지만 안철수 캠프에서 문 후보 측 인사의 '안철수 양보론' 등 언론 플레이에 불만을 나타냈고, 문 후보 측도 안 후보 측을 공격하면서 단일화 협상은 잠정 중단되기도 했다. 시간이 갈수록 양 측의 신경전은 점점 더 날카로워졌다.

두 세력은 서로 견제구를 날리면서 밀고 당기는 소위 '밀당'을 하는데 모든 에너지를 쏟는 것처럼 보였다. 그런데 이런 신경전 때문에 양측은 도리어 손해를 봤다는 게 내 생각이다. 국민의 삶과 행복의 문제는 등한시한 채 서로 상대를 제압하기 위한 정치공학적 밀당만 계속하면서 빈축을 샀기 때문이다. 아름다운 단일화는 말이 아닌 행동으로 보여줘야 국민도 감동할 터이고, 시너지도 나올 터인데 두 후보는 결국 서로에게 상처만 입히는 마이너스 게임을 했다고 본다.

문재인 후보와 안철수 후보의 단일화 과정에서 그들이 주장했던 아름다운 단일화, 감동을 주는 단일화는 없었다. 서로 야권 단일 후보가 되기 위해 종종 유치하다는 느낌을 줄 정도로 진흙탕 싸움을 벌였기 때문에 국민들의 실망이 컸다.

안철수 후보는 11월 16일 기자회견을 열어 문재인 후보에 대해 큰 불만을 나타냈고, 23일에는 대선 포기를 선언했다. 문재인 후보 측과 단일화 방식을 놓고 티격태격하다 대선 꿈을 일단 접은 것이다. 단일화 과정에서 틀어진 양 측의 감정의 골이 참으로 깊었음을 보여주는 장면이었다.

안 후보는 대선을 포기하고서 '잠적'했다가 열흘 만인 12월 3일 대선 캠프 해단식에 나왔다. 그런데 그는 이날 문 후보를 적극 지지하는 태도를 취하지 않았다. "사퇴 기자회견 때 문재인 후보를 성원해 달라고 했다"는 말만 하고 나서 여야의 선거운동을 싸잡아 비난했다. '새누리당도, 민주당도 새 정치를 하지 않고 있다'는 양비론을 편 것이다.

안 전 후보가 캠프 해단식에 참석해 대선에 대한 입장을 표명하기 이틀 전에 열린 새누리당 김무성 총괄본부장 주재의 심야회의에서 나는 "우리 당 입장에서 가장 두려운 것이 있다면 안철수 전 후보가 대인(大人)의 모습으로 나와 문재인 후보를 총력을 다해 돕는 것이다"라고 말했다. 만약 안 전 후보가 해단식에서 "문재인 후보에게 서운한 것이 많지만 모든 것 다 잊고 정권교체를 위해 온 힘을 다해 뛰겠다"고 했다면 선거양상은 다르게 흘러갔을지도 모른다. 그러나 안철수 전 후보는 양비론을 얘기했고, 그걸 본 나는 안도했다.

자기 브랜드를 만들지 못한 문재인 후보 안철수 후보의 사퇴로 선거 구도는 박근혜 후보와 문재인 후보의 양자 대결이 되었다. 문재인 후보는 안전 후보의 전폭적이고 적극적인 지지를 얻기 위해 애썼다. 그러나 단일화 신경전 과정에서 속이 상한 안 전 후보는 문 후보에 대해 마음을 흔쾌히 열지 않았다. 문 후보는 12월 5일 안 전 후보의 용산 자택을 찾았으나 안 전 후보는 만나주지 않았다. 이 소식이 알려지자 양측 지지자들은 크게 동요했다. "단일화는커녕 분열로 정권을 내주는 것 아니냐"는 걱정을 야권에서는 했던 것이다. 하지만 다음날 오후 서울 중구 정동의 한 식당에서 문 후보와 안 전 후보가 전격적으로 회동했다. 안 전 후보는 문 후보에 대해 뜨뜻미지근한 반응을 보였던 사흘 전과는 달리 적극지지 의사를 밝혔다. "내가 후보직을 사퇴한 이유는 후보단일화 약속을 지킴으로써 새 정치와 정권교체를 열망하는 국민의 열망을 온전하게 담으려고 했던 것이다. 그러나 지금의 상황은 이 두 가지(새 정치, 정권교체) 모두 어려울 수 있다는 것이다. 나로서는 내가 할 수 있는 일을 적극적으로 해야 한다는 책임감을 느낀다"고 말하면서다. 이에 문 후보는 반색했다. 그는 안 전 후보와 만난 직후 수원역 로데오거리에서 유세하면서 "내가 안 전 후보와 만난 소식을 들었는가. 안 전 후보가 적극적인 지원활동을 해주기로 했다"고 외쳤다. 하지만 안 전 후보는 선거일까지 따로 다니면서 자기만의 지원방식을 고집했다. 그 바람에 '안철수·문재인 연대'는 폭발적인 시너지를 내지 못했다. 항간에는 "안 전 후보가 야권의 대선패배로 인한 '안철수 책임론'이 크게 대두될까봐 문 후보 지원의사를 밝혔지만 문 후보에 대한 섭섭한 마음은 그대로 남아 있었기 때문에 독자적으로 문 후보 지원활동을 하는 것"이라는 관측도 나왔다. 안 전 후보가 대선일에 결과도 보지 않고 미국으로 떠난 것과 관련해서도 "문 후보에 대한 애정이 크지 않기 때문 아니겠느냐"라는 등의 뒷공론이 나왔다. 아무튼 나는 12월 6일 문 후보가 "안철수 전 후보와 만났다. 그가 지지해 주기로 했다"고 외치고 다니는 걸 보면서 딱하다는 생각이 들었다. 문 후보가 자신만의 정책과 비전을 제시하며 뚜벅뚜벅 지지층을 확장해 가기보다 안 후보의 지지 확보에만 매달리는 듯한 인상을 줬기 때문이다. 그래서 나는 그를 '허약한 대선 후보'라고 꼬집는 내용의 브리핑을 했다.

문재인 후보는 정치공학으로 만들어진 허약한 후보다.

민주당 문재인 후보는 정치공학으로 만들어진 허약한 후보다. 당 대통령 후보 경선 때 이해찬 전 대표, 박지원 원내대표가 아니었다면 문 후보는 후보로 선출되기 어려웠을 것이다. 문 후보는 이해찬·박지원 두 분의 합작품이었던 것이다. 그런 문 후보가 본선에서는 안철수 전 예비후보만 바라봤다. 안 전 후보가 없으면 홀로 설 수 없는 후보가 문 후보인 것이다.

문 후보가 어제 유세를 하면서 "안철수 전 후보가 나를 지지한 사실을 알지요?"라고 수없이 외친 것은 문 후보가 자생력을 가진 독립후보, 독자후보가 못 된다는 것을 고백한 것이나 다름없다. 새누리당 박근혜 후보가 유세 때마다 민생정부를 강조하며 국민의 삶을 챙기겠다고 강조하는 것과 대조적이다. 문 후보가 어제 '연대'라는 이름의 이벤트를 열면서 '국민후보'임을 내세운 것도 허약함을 가리기 위해서다.

민주당 대변인은 "이제 문재인 후보는 민주당만의 후보가 아닌 국민후보다"라고 했고, 문 후보도 스스로 국민후보임을 주장했다. 문 후보도 그렇고, 당도 그렇고 문 후보가 '민주당 후보'라는 사실이 자랑스럽지 않나 보다. 대다수 국민은 "도대체 어떤 국민을 말하는 것이냐"라며 어이없어 할 것이다.

문 후보가 정치공학으로 만들어진 허약한 후보라면 박근혜 후보는 위기를 수없이 헤쳐나오면서 단련된 후보라고 할 수 있다. 박 후보의 얼굴에 남아 있는 테러당한 흔적이나 새누리당 당사에 남아있는 과거 천막 당사 시절의 흔적 등을 살펴보면 박 후보의 정치생활 15년은 위기 극복의 연속이었음을 확인할 수 있다.

문재인 후보에 대해서는 이런 생각을 하게 된다. 만약 그가 좀 더 일찍 정치에 뛰어들어 다양한 경험을 쌓았다면, 그래서 자신의 브랜드를 만들었다면 그의 파괴력은 훨씬 컸을 것이다.

승부처에서 경험 부족을 드러낸 문재인 후보와 달리 박근혜 후보는 15년 동안 정치를 하면서 산전수전을 다 겪었다. 당이 간판을 내릴 뻔한 위기상황에서 당을 위해 자기를 희생하는 정신을 보여주었고, 약속을 하면 '**반드시지키는** 정치인' 브랜드를 만들었다.

박근혜라는 정치인이 자신만의 브랜드를 갖고 있는 후보였다면, 문재인 후보는 고(故) 노무현 대통령과의 관계로 규정되는 정치인이었다. 노무현 전 대통령의 핵심측근, 친노세력의 적자라는 것을 빼고는 자신만의 브랜드를 만들어 놓지 못했다는 게 나의 생각이다.

후보가 경쟁력이 없으면 아무리 좋은 환경이 주어진다고 해도 선거에서 패할 수밖에 없다. 충분히 이길 수 있는 선거에서 민주당이 패배한 결정적 이유 중 하나가 후보의 경쟁력과 매력 부족이 아닐까 싶다.

민주당은 대선 패배 후 18대 대선평가보고서를 내놓았다. 그리고 선거

패배의 주요 원인으로 문재인 전 대선 후보와 안철수 전 후보의 불완전한 단일화를 꼽았다. 안 전 후보가 대선패배에 공동책임이 있다는 의견(일반 국민 53.8%, 민주당 주요 인사 72.3%가 동의)까지 덧붙였다. 민주당 주요 인사들 중 64.6%가 "문 전 후보가 새 정치를 표방한 안 전 후보의 덫에 걸려 서민들의 경제적 불안에 적절히 대응하지 못했기 때문에 선거에서 졌다"는 지적에 동의했다고 한다.

민주당은 대선 직후 새롭게 시작한다는 각오를 밝혔다. 그랬던 민주당이 여전히 대선 패배 책임론을 놓고 남 탓을 하는 모습을 보는 것은 피곤한 일이다. 국민도 그런 민주당을 미덥게 여기지 않을 것이다. 대선에 패하고도 깊은 성찰을 하지 못한 채 계파간 다툼을 벌이는 민주당은 국민의 차가운 시선을 의식해야 한다.

물론 새누리당도 자만하거나 나태해서는 안 된다. 박근혜 정부 출범 이후 여당인 새누리당이 무기력하다는 비판이 나오고 있는 데 대해 우린 경각심을 가져야 한다고 본다. 민심은 갈대와 같아서 언제든지 쉽게 변할 수 있다는 사실을 잊지 말아야 하는 것이다.

아버지의 과거사 문제로
홍역 치른 박근혜 후보

5·16과 유신, 인혁당 사건에 대해 사과하다 박근혜 후보는 새누리당 대선후보로 선출되고 난 직후 MBC 라디오 '손석희의 시선집중'에 출연했다. 박 후보는 유신시대 인혁당 사건에 대한 질문을 받고 "두 가지 판결이 있었기 때문에 역사의 판단에 맡겨야 한다"고 답해 논란을 초래했다. 인혁당 사건 관련자들은 2007년 재심 끝에 대법원에서 무죄를 선고 받았고, 1975년 유신 시절의 판결은 효력을 잃었다. 2007년 판결이 사법부의 최종 판결인 것이다.

다음날 박 후보는 2007년의 대법원 판결을 존중한다는 입장을 내놓았다. 하지만 그의 역사인식이 도마에 올랐고 지지율이 떨어지는 등의 역풍을 맞았다.

선거캠프에서는 박정희 전 대통령의 딸로서가 아닌 정치인으로서 과거사를 냉철하게 평가해야 한다는 의견이 나왔고, 박 후보도 깊은 고뇌 끝에 입장을 내놓았다. 그는 추석 연휴를 앞둔 9월 24일 기자회견에서

5·16과 유신이 헌법 가치를 훼손했다는 점을 인정했다. 인혁당 사건 피해자들과 그들 가족에 대해서도 사과를 했다. 이 회견에 대해 문재인 후보 측과 안철수 후보 측은 긍정적인 반응을 보였다. 그날의 모든 상황을 지켜보고 나는 다음과 같은 논평을 썼다.

✒ **논평**

[12/09/04]

문재인 · 안철수 후보도 분열이 아닌 통합, 과거가 아닌 미래를 지향해 주기 바란다.

새누리당 박근혜 대통령 후보는 24일 아버지 시대에 대해 입장을 발표했다. "우리나라에서 자녀가 부모를 평가한다는 것, 더구나 공개적으로 과오를 지적한다는 것이 얼마나 힘든 일인지 (국민 여러분은) 잘 아시리라 믿는다. 하지만 대한민국의 대통령 후보로 나선 이상 이 부분(과거사)에 대해 보다 냉정하고 국민과 공감해야 한다는 생각에 이르렀다"는 대목은 입장을 정리하기까지 박 후보의 고뇌가 매우 컸음을 짐작케 하는 것이다.

박 후보는 아버지 시대에 헌법적 가치가 훼손된 역사가 있었다는 걸 솔직하게 인정했다. 그리고 당시 피해를 입은 분들과 가족들에게 다시한 번 진심으로 사과한다고 했다. 아픔을 가진 분들과 만나 더 이상의 상처가 남지 않도록 최선을 다할 것이며, 국민대통합위원회를 설치해 아픔과 고통을 치유하겠다고 약속했다. 새누리당은 박 후보의 약속이 차질 없이 이행될 수 있도록 후속조치를 취하는 등 국민의 신뢰를 얻기 위해 모든 노력을 다할 것이다.

민주통합당의 문재인 대선 후보와 무소속의 안철수 대선 예비후보 측이 오늘 박 후보의 입장을 긍정 평가한 것은 박 후보의 기자회견 내용에 진정성과 진솔함이 담겨 있다고 판단했기 때문일 것이다. 두 후보 측이 박 후보의 진심을 알게 됐다면 참으로 다행이라고 생각하며, 앞으로 과거사의 아픔을 치유하는 데 서로 지혜를 모으는 등 공동의 노력을 기울이면 좋겠다.

박 후보는 과거와 현재가 싸우면 미래를 잃는다고 했다. 그러면서 분열에서 통합으로, 과거에서 미래로 나아가야 한다고 강조했다. 문재인·안철수 후보 측도 눈의 지향점을 분열이 아닌 통합, 과거가 아닌 미래에 두기 바란다. 국민행복을 위한 선의의 정책경쟁으로 멋진 승부를 하겠다는 진심을 가지고 있다면 두 후보 측이 적극 호응해 줄 것으로 믿는다.

아무리 강조해도 지나치지 않은 국민대통합 박근혜 후보가 당의 대통령 후보를 뽑는 경선에 출마하자 일각에서는 대선 주자로서 과거사에 대한 평가를 제대로 하지 않으면서 '통합'을 외치는 것이 한낱 구호일 뿐이라고 지적했다. 특히 인혁당 문제가 불거지면서 야당과 여론의 매를 맞기도 했다.

비록 늦어지긴 했지만 박근혜 후보의 사과에 대해서는 야당도 평가한 만큼 새누리당은 이제 국민대통합이라는 어젠다를 뚝심 있게 살려가야 한다고 생각했다. 그래서 나는 박 후보의 기자회견이 끝난 뒤 국민대통합을 다짐하는 논평을 냈다. 박 후보의 대통합 의지를 다시 한 번 환기하기 위해서였다. 2004년 당시 한나라당 대표였던 박근혜 후보의 예방을 받은 김대중 전 대통령은 국민통합의 중요성을 강조하며 "내가 못한 것이지만 박근혜 대표는 꼭 이뤄달라"고 했다. 우리 정치인들이, 특히 대통령이 국민 통합, 지역 통합, 사회 통합을 이루지 못하면 이 나라는 연고주의와 지역패권주의, 편 가르기의 문제를 해결하지 못한 채 분열과 갈등의 비용을 계속 치르게 될 것이다. 통합을 못하는 대통령은 성공한 대통령이 될 수 없는 만큼 여당인 새누리당은 박근혜 대통령이 대선 때 약속한 대로 각종 갈등을 수습하고 조화로운 사회를 만들 수 있도록 한편으로는 적극 뒷받침하면서 다른 한편으로는 견인도 하는 정당이 되어야 할 것이다.

✒ **논평**

[12/09/24]

새누리당과 박근혜 후보는 DJ의 뜻대로 반드시 국민대통합을 이뤄낼 것이다.

"동서화합이 가장 중요하고 이에 실패하면 다른 것도 성공하지 못한다", "내가 못한 것을 박 대표에게 하라고 해서 미안하지만 수고해달라".

2004년 당시 한나라당 대표였던 박근혜 새누리당 대통령 후보의 예방을 받은 김대중 전 대통령이 한 발언이다.

김 전 대통령의 얘기대로 동서화합을 바탕으로 하는 국민대통합은 대한민국이 미래로 나아가기 위해 꼭 실현해야 할 최우선 과제다. 지역 간 벽을 허물고, 산업화 민주화 세력이 화합 단결하며, 계층간 세대간 갈등을 없앨 때 국민 모두가 행복한 100% 대한민국을 만들 수 있다.

새누리당과 박근혜 후보는 국민대통합의 길을 뚜벅뚜벅 걸을 것이다. 김 전 대통령이 IMF 외환위기 당시 국민통합의 리더십을 발휘했듯 박 후보도 국민과 함께 오늘의 각종 위기를 극복하고 미래로 나아갈 것이다.

우리 국민은 나라가 어려움에 처할 때마다 똘똘 뭉쳐 위기를 이겨내고 새로운 발전의 기회로 삼는 저력을 발휘해 왔다. 국민의 위대한 힘을 믿기에 새누리당과 박근혜 후보는 민주당의 무책임한 정치공세에도 전혀 흔들림 없이 국민대통합을 향해 전진할 것이다.

최경환의 자기희생과 김무성의 등장 박근혜 후보가 추석연휴를 앞두고 아버지 시대의 그늘에 대해 사과하는 입장을 밝혔지만 여론은 금세 호전되지 않았다. 연휴 직후 열린 의원총회에선 추석 때의 냉랭한 민심을 접했던 의원들이 위기감을 나타냈다. "이대로 가면 대선에서 질 수도 있다"는 목소리가 쏟아졌다. 상당수의 의원들은 박 후보 핵심측근들의 보좌에 문제가 있다며 이들의 2선 후퇴를 주장했고, 언론이 이를 크게 다루면서 국민의 관심도 커졌다. 박 후보가 곤혹스러운 상황에 빠진 것인데 이때 최경환 후보 비서실장(현 새누리당 원내대표)이 희생양을 자처하고 나섰다.

그는 10월 7일 비서실장직 사퇴를 선언했다. "선거 전략에 오류가 있었다면 저에게 돌을 던져 주십시오. 제가 그 돌을 맞겠습니다. 후보에게 서운했던 감정이 있었다면 저에게 침을 뱉어 주십시오. 제가 그 침을 기꺼이 받겠습니다. 이제 대선이 얼마 남지 않았기에 (사퇴는) 저 하나로 끝내고 모든 분이 자기가 맡은 직책에서 최선을 다해 대선 승리를 이끌어 주기 바랍니다"라고 말하고 선거전의 일선에서 물러났다.

당시 박 후보 주변 인사들의 2선 후퇴를 주장했던 의원들의 타깃은 최 비서실장이 아니었다. 그럼에도 최 실장은 책임을 자처하고 무대에서 떠났다. 그런 그의 결단 덕분에 당은 안정을 되찾았다. 사실 최 실장의 사퇴 선언이 있기 이틀 전 나는 조윤선 대변인에게 "현 상황에서 후보 주변에 아무런 변화도 주지 않고 가는 것은 불가능하다. 민심 이반을 막으려면 후보가 어떤 형태로든 쇄신하는 모습을 보여야 한다. 쇄신의 물꼬를 트기 위해 우리 둘이라도 먼저 물러나자"고 말했다. 조 대변인에게 "시간을 줄 테니 생각해 보라"고 했던 나는 몇 시간 뒤 선대위의 고위관계자로부터 "최 실장이 모든 이들을 대표해서 사퇴하기로 결심했다. 혼자서 짐을 지겠다는 것이다. 이 대변인의 뜻은 잘 알겠으나 대변인단까지 동반사퇴하면 최 실장의 결단이 가려지게 된다"는 말을 듣고 사퇴의사를 접었다.

최경환 비서실장이 물러난 날 밤 박 후보는 서울 시내의 한 호텔에서 당 중앙선대위 의장단을 만났다. 의장단(임태희 전 청와대 비서실장, 안상수 전 인천시장, 김태호 의원 등 대통령 후보 경선에 참여했던 세 분과 김무성 전 의원)의 요청으로 이뤄진 회동이었다. 지금까지 언론에 알려지지 않은 사실이지만 이 날 임태희·안상수·김태호 선대위 의장은 한 목소리로 김무성 전 의원의 중추적 역할을 강조했다. "추진력과 장악력이 강한 김무성 전 의원이 실질적으로 일할 수 있도록 해야 한다"는 주장을 편 것이다. 선거 전략의 수립이나 후보의 활동과 관련해 큰 틀에서 충고하고 자문하는 등 2선에서 지원하는 역할을 하는 의장단에 김 전 의원을 놔두지 말고 그를 선거전의 최일선으로 불러내 활용하라는 주문이었다. 김 전 의원도 박 후보 앞에서 "지금 대성통곡하고 싶은 심정이다. 선대위 조직이 제대로 가동되지 않고 있다는 지적들이 나오기 때문이다. 내 꿈은 박 후보를 대통령으로 만드는 것이다. 이제 일을 할 수 있게 해달라"고 말했다.

박 후보는 네 분의 주장을 경청했다. 그리고 사흘 뒤인 10일 김무성 전 의원에게 전화를 걸어 황우여 대표, 정몽준 전 대표 등과 함께 공동선대위원장을 맡아달라고 했다. 그러나 김 전 의원은 공동선대위원장보다 지위가 낮은 선대위 총괄선거대책본부장직을 희망했다. 박 후보를 위한 모든 선거운동의 실무를 책임지고 싶다고 한 것이다. 다음 날 박 후보는 김무성 전 의원을 총괄선거대책본부장에 임명했다. 김 본부장은 이날 선대위 중앙위원 워크숍이 열린 자리에서 특강을 하면서 "오늘부터 선대본부는 24시간 비상체제로 돌입한다. 나는 사무실에 야전침대를 갖다 놓고, 그곳에서 숙식을 할 테니 여러분은 아무 때나 찾아와라. 무슨 문제든 즉각 대응하는 체제를 만들 것이다"라고 밝혔다. 그러면서 "박 후보가 대통령이 되면 저는 (총선 때의) 백의종군 연장선상에서 어떤 임명직도 맡지 않겠다"고 선언했다.

김 본부장이 일을 시작하면서 당의 선거운동에는 짜임새가 생겼다. 김 본부장은 당의 모든 역량이 선거운동에 투입될 수 있도록 신속한 조치를

2012년 8월 당 경선 후보 정책토크를 마치고, 우측엔 당시 박근혜 후보 캠프에서
총괄본부장으로 활약했던 최경환 현 새누리당 원내대표
(사진 : 오마이뉴스 제공)

19대 대선에서 새누리당의 선거 실무를 책임졌던
김무성 중앙선대위 총괄본부장과 대화하는 이상일 대변인
(사진 : 뉴시스 제공)

취해나갔다. 친이계 전현직 의원들이 선대위에서 활동할 수 있도록 공간을 마련했고, 느슨했던 일부 선거조직들이 제대로 돌아가도록 동기를 부여하고 긴장감도 불어 넣었다. 김 본부장은 권영세 종합상황실장, 서병수 사무총장 겸 당무조정본부장, 홍문종 조직본부장, 유정복 직능본부장, 이주영 특보단장, 이정현 공보단장 등과도 호흡을 잘 맞춰나갔다. 권영세 상황실장과는 수시로 발생하는 현안에 대해 긴밀하게 협의하면서 기민하게 대처해 나갔다. 이 과정에서 권 실장은 유세 현장의 박 후보와 원활하게 소통하면서 선대위와 후보 사이에 거리가 생기지 않도록 하는 가교 역할을 훌륭하게 수행했다. 서병수 사무총장은 선대위가 원활하게 움직일 수 있도록 인적·물적 뒷받침을 했고, 홍문종 본부장은 당의 조직, 이성헌 본부장은 당 밖의 지지 조직, 유정복 본부장은 각종 직능단체들을 성공적으로 관리하면서 박 후보 지지표를 실질적으로 끌어 모았다.

이상일·조윤선에 이어 대변인단에 가세한 정옥임·조해진·안형환·박선규 대변인의 활약도 뛰어났다. 선대위 대변인 숫자가 민주당의 절반 정도밖에 되지 않았으나 우리 여섯 명의 대변인은 조화롭게 역할분담을 하면서 열심히 일했다. 대변인단이 후보와 선대위 입장을 정확히 알리고, 민주당의 공세에 잘 맞서 싸웠다는 평가를 받게 된 데에는 부대변인단과 대변인 분석팀, 행정실의 도움도 컸다. 이 책의 지면을 빌려 김근식·전광삼·이동환·최수영·김대은·유경희 수석부대변인, 박재갑·김혜원·윤희석 부대변인, 이원기 행정실장, 김소양 분석팀장과 모든 행정실·분석팀 일원에게 감사의 뜻을 전한다.

박근혜 대통령에게 세종시가 갖는 의미

말에 대한 책임이 실종된 한국 정치판에서 박근혜 후보는 자신의 말에 대해서는 일관되게 책임지려 했던 정치인이라고 할 수 있다. 몇 년 전 말수가 적은 박근혜 전 한나라당 대표가 한 말이 있다. "제가 말을 적게 하는 게 아니라 안 할 이야기는 안 하고, 할 이야기는 꼭 한다."

이명박 대통령 시절 세종시 수정안이나 신공항건설 여부를 둘러싸고 큰 논란이 벌어졌을 때 박근혜 전 대표는 자신의 생각을 분명히 밝혔다. 박근혜 대통령은 지역균형발전론자다. 2007년 한나라당 대통령 후보 경선 때의 토론회를 봐도 알 수 있다. 당시 이명박 후보는 수도권에 이미 경쟁력이 있는 인프라가 확보되어 있으니 그것을 잘 활용해야 국가 경쟁력이 커진다는 입장이었다. 반면 박근혜 후보는 지방에 사는 국민에게도 혜택이 돌아가야 한다며 지역균형발전론을 주장했다. 이명박 대통령이 17대 대선 때 약속했던 신공항 사업을 백지화하자 박근혜 전 대표는 즉각 기자회견을 열어 "당장 경제성이 없더라도 미래의 국익을 위해 신공항은 필요하다"고 말했다.

신공항이 필요없다고 생각하는 사람들은 지방의 주민들이 KTX를 타고 인천으로 가서 비행기를 타면 된다고 말하지만 이것은 수도권 중심의 발상이다. 가까운 곳에 공항이 있으면 지방 사람들도 시간과 돈을 절약하고 불편을 덜 수 있다. 게다가 먼 미래를 내다보면 지방에서도 각종 물동량이 크게 증가할 것이기 때문에 한반도 남쪽에도 신공항이 필요할 수밖에 없을 것이라는 게 박근혜 전 대표의 생각이었다. 당장 눈앞에 보이는 이익만 보고 근시안적인 결정을 한다면 지역을 고루 발전시키는 균형발전은 기대하기 어렵다는 생각을 했던 것이고, 경제적 타당성 문제도 단기적이 아닌 장기적인 측면에서 검토해야 한다는 입장을 갖고 있었던 것이다.

이명박 대통령이 세종시 계획을 수정하려 했을 때 박근혜 전 대표는 국회 본회의장 연단에 직접 올라 '국민 앞에 한 약속을 지켜야 하며 지역을 균형발전 시켜야 한다'는 논리로 반대 토론을 했다. 세종시 법안은 노무현 전 대통령의 '행정수도 이전' 공약에서 출발했다. 행정수도 이전은 정치인 노무현을 대통령으로 만들어 준 결정적인 공약이었다. 그러나 행정수도를 통째로 옮기는 것에 대해선 헌법재판소가 위헌이라는 판단을 내렸다. 세종시 법안은 크게 실망한 충청민심을 달래기 위해 마련된 것이고 법안 통과에 따라 세종시 계획이 세워졌다. 박근혜 전 대표는 당시 한나라당 대표였으며 세종시 법안을 발의했다. 그러나 2009년 가을 이명박 정부는 세종시 계획을 전면 수정하려 했다. 당시 한나라당에서는 이 문제를 놓고 첨예한 갈등이 빚어졌다. 당시 박근혜 전 대표가 세종시 원안을 지키려 한 이유는 두 가지다. 첫째는 국민과의 약속 때문이다. 박근혜 전 대표는 2007년 대선 때 충청도민에게 이명박 후보 지원연설을 하면서 세종시 약속을 지키겠다고 했다. 이 후보가 "약속을 지킨다"며 충청에서 지원 연설을 해달라고 해서 그렇게 한 것이다. 그래서 박 전 대표는 "이명박 후보가 대통령이 되면 반드시 세종시를 계획대로 건설하겠다고 하니 나를 믿고 도와달라"고 한 것이다. 선거 때마다 지키겠다고 하고 그 약속을 저버리면 국민이 그런 정치인과 정당을 어떻게 신뢰하겠는가라는 것이 박 전 대표의 생각이었던 것이다. 둘째는 지역균형발전에 대한 신념이다. 한국의 경우 수도권 집중률이 세계 최고 수준이다. 모든 혜택이 수도권에 집중되고 있다. 그래서 수도권과 가까운 곳을 제외한 지역은 상대적으로 낙후되어 있고, 소외받고 있다. 박 전 대표는 "지방에 사는 국민은 2류, 3류 대접을 받고 있는데 이래서는 안 된다"고 사석에서 여러 차례 말한 바 있다. 이런 문제를 해결하려는 맥락에서, 그리고 약속을 지킨다는 점을 보여주기 위해서 박 전 대표는 국회 본회의장에서 이명박 대통령의 세종시 수정안을 비판했고, 결국 이 대통령의 계획을 물거품으로 만들었다. 오늘의 세종시는 이런 곡절 끝에 탄생한 것이다.

2012년 9월 문재인 후보는 충북을 방문해서 "세종시 법안 수정을 간신히 막아놓으니 숟가락 올리고 자신이 세종시를 지킨 것처럼 말한다"고 박근혜 후보를 비판했다. 당시 식당에서 저녁식사를 하던 나는 즉각 아이패드를 꺼내들고 반박논평을 썼다. 자기 자신에게 불리한 상황에서도 용기를 내서 싸운 정치인이 누구인지, 국민과의 약속을 지킨 정치인이 누구인지, 지역균형발전에 대해 심도 있게 고민하는 후보가 누구인지 국민들에게 정확히 알려드리기 위해 그런 것이다.

이명박 대통령의 세종시 계획 수정 시도가 박근혜 전 대표 등의 반대로 좌절됨에 따라 세종시는 원안대로 출범했다. 그러나 세종시가 행정중심도시로 제대로 기능하려면 해결해야 할 문제가 많다. 나는 2013년 6월 임시국회에서 정치분야 대(對)정부질문을 하면서 세종시의 비효율 문제를 집중적으로 따지고 조속한 개선책 마련을 정부에 촉구했다. 나는 대정부질문에 앞서 세종시에서 근무하는 공무원들과 세종시 청사를 찾는 민원인들을 상대로 설문조사를 했다. 조사 결과 행정 비효율이 제법 심각하고, 공무원들과 민원인들이 겪는 불편도 꽤 크다는 응답이 압도적으로 많았다. 박근혜 정부는 이 문제와 관련해 큰 책임감을 느껴야 한다. 세종시는 박근혜 대통령의 작품이라고 해도 과언이 아닌 만큼 현재 세종시가 노정하고 있는 비효율과 불편의 문제를 속히 해결하도록 노력해야 하는 것이다.

✒ 논평

[12/10/17]

충청도민, 세종시민과 국민은 세종시가 어떻게 출범했는지 똑똑히 기억하고 있다.

세종시 건설과 관련해 민주통합당 문재인 대통령 후보는 잘못된 발언을 했다. 그는 새누리당 박근혜 대통령 후보를 겨냥해 "박 후보가 숟가락 하나 올려놓고 자신이 지킨 것처럼 말한다"고 야유조로 얘기했다.

지난 2010년 6월 세종시에 행정중심도시를 건설하는 계획을 백지화하는 내용의 수정법안이 국회 본회의 표결에 부쳐졌을 때 박 후보는 직접 연단에 올라 반대한다는 입장을 밝혔다.

"세종시는 미래의 문제로, 미래로 가려면 약속은 반드시 지켜진다는 신뢰가 있어야 한다"는 박 후보의 당시 발언은 큰 울림을 일으켰다. 당시 찬성 105명, 반대 164명, 기권 6명으로 세종시 수정법안이 부결돼 세종시가 원안대로 출범할 수 있었던 것은 박 후보가 충청도민과의 약속을 지키기 위해 수정법안에 강력히 반대했기 때문이라는 사실은 당시 모든 언론의 보도를 봐도 알 수 있다.

당시 국회의석이 84석에 그쳤던 민주당이 수정법안에 반대했지만 그들의 힘만으로는 세종시 계획을 바꾸려던 이명박 정부의 시도를 저지할 수 없었다. 충청도민과의 약속을 소중히 여겨 당내 친이계의 비판을 감수하고 수정법안을 단호히 반대했던 박 후보가 없었다면 오늘의 세종시는 탄생하지 못했을 것이다. 당시 민주당에서도 "박근혜가 아니었다면 세종시 계획은 수정됐을 것"이란 목소리가 나왔고, 이 역시 언론에 보도됐다. 문 후보가 믿지 못하겠다고 한다면 그때의 언론 보도를 찾아보기 바란다.

사실관계가 이렇게 명확한데도 문 후보가 숟가락 운운하는 것은 2년 전의 일을 까맣게 잊었거나, 제1야당의 대선 후보답지 못한 유치한 정치공세로 국민을 기만하고 박 후보를 흠집 내려는 의도로 볼 수밖에 없다. 문 후보가 무슨 말을 하든 충청도민과 세종시민, 그리고 국민은 세종시가 어떻게 탄생하게 됐는지 잘 알 것이다.

국고보조금 '먹튀' 한
통합진보당 이정희 후보

통합진보당 이정희 씨가 대선에 출마했다. 그가 TV 토론에서 밝혔듯 그의 출마 목적은 박근혜 후보를 떨어뜨리기 위해서였다.

이정희 씨에게 봉상스(bon sens, 양식)나 커먼센스(common sense, 상식)를 기대하는 것 자체가 무리였다. 전 국민이 지켜보는 가운데 대선 TV 토론회에서 거침없이 내뱉은 그의 말들은 일반인의 상식으론 이해하기 어려운 것이었다. 그것은 분노와 광기였고, 상대 후보에 대한 막된 인신 공격이었다.

이정희 후보의 막말 논란이 여론의 도마 위에 오르자 정치권에서는 대선 토론에 참가할 수 있는 조건을 보다 엄격하게 유지해야 한다는 지적까지 나왔다. 박근혜 후보를 떨어뜨리기 위해 출마했다던 이정희 후보는 3차 TV토론회를 앞두고 예상대로 후보직을 사퇴했다. 40%가 넘는 지지율을 보이고 있는 박근혜 후보를 떨어뜨리기 위해서 출마한 0.2% 지지율의 이정희 씨는 대선 과정에서 주저앉았지만 그의 통합진보당은 국고보조금 27억 원을 받았다. 대선후보를 낸 정당에 국고보조금을 지급하는 이유는 선거운동 비용을 국가에서 부담해서 깨끗한 선거운동이 이뤄지도록 하기 위함이다.

정당의 후보가 사퇴하면 대선 후보 자격을 상실하기 때문에 국고보조금은 전액 반납되어야 하는 것이 국고보조금을 지급하는 본래의 취지에 부합한다고 본다. 그러나 이정희 후보 측은 국민의 세금으로 받은 27억원을 손에 움켜쥐고는 토해 놓을 생각조차 하지 않았다. 한마디로 국민 세금을 '먹튀' 한 셈이다.

새누리당은 지난해 10월 대선 후보자가 중도 사퇴할 경우 국고보조금을 환수하도록 하는 이른바 먹튀 방지 법안을 국회에 냈다. 그리고 지지율 15%가 넘지 않는 후보는 대선 토론에 참가할 수 없도록 하는 일명 '이정희 방지 법안'도 발의한 상태다.

✒ **논평**

[12/09/24]

통합진보당 이정희 전 대표의 대선 출마는 후안무치의 극치다.

25일 대통령선거 출마를 선언한 통합진보당 이정희 전 대표의 사전엔 수치심이나 염치라는 단어가 없지 않나 싶다.

4.11 총선 때 서울 관악을 지역에서 민주통합당과 통합진보당의 총선후보 단일화를 위한 여론조사를 조작한 혐의로 총선 후보직을

불명예스럽게 사퇴한 그가 무슨 염치로 대한민국의 미래를 책임지는 자리에 도전하겠다고 하는지 이해하기 어렵다.

이정희 전 대표가 이끌었던 통합진보당은 총선 후 구당권파와 신당권파의 패권 다툼으로 수차례나 꼴불견을 연출했다. 그런 통합진보당을 국민은 외면했는데도 이 전 대표가 그 당의 간판으로 대선에 나오겠다고 하니 후안무치도 이만저만 심한 게 아니다.

이번 대선 때 국고보조금이나 챙겨보겠다는 속셈에서 그러는 것 아닌지 묻고 싶다. 이 전 대표는 자신의 대선 출마를 냉소적으로 바라보는 국민이 압도적 다수라는 사실을 깨닫고 자숙하기 바란다.

브리핑

[12/12/16]

통합진보당 이정희 전 대표의 대선 불출마 관련

이정희 후보는 사퇴하면서 대선 국고보조금 27억 원을 내놓을 것인지 입장을 밝히지 않았다. 그가 염치없이 이 돈을 움켜쥐고 있을 경우 '먹튀'를 하는 것이라는 국민적 비난에 직면할 것이다. 이 후보가 최소한의 양심을 가지고 있다면 국민의 혈세인 27억 원을 국민께 돌려드려야 한다. 이 후보의 처신을 지켜보겠다.

대선판을 달군 NLL이슈

남북정상 회담록을 열람하면 될 것을 대선의 빅(big) 이슈 중 하나는 NLL(서해 북방한계선)이었다. 이명박 정부에서 청와대 통일 비서관을 지낸 새누리당 정문헌 의원은 국정감사에서 노무현 전 대통령이 NLL을 사실상 포기하는 내용의 발언을 했다고 주장했다. 2007년 10.4 회담 당시 노 전 대통령은 김정일에게 "NLL 때문에 골치 아프다. 미국이 땅 따먹기 하려고 제멋대로 그은 선이니까 남측은 앞으로 NLL을 주장하지 않을 것이며, 공동어로활동을 하면 NLL은 자연스럽게 사라질 것이다"라고 했다는 것이다. 민주당은 사실무근이라고 반박했지만 정문헌 의원이 전혀 근거 없이 문제 제기를 한 것 같지는 않았다. NLL 포기 발언이 사실이라면 노무현 정권에서 남북정상회담 실무준비를 책임졌던 문재인 후보가 곤경에 빠질 테지만 사실이 아니라면 새누리당이 근거 없는 정치 공세를 폈다는 비난을 면치 못할 상황이었다. 민주당은 정 의원 주장이 거짓이라고 강조하면서도 여야가 국회법에 따라 의결하는 절차를 거쳐 당시 회담 기록을 열람하자는 새누리당 제안에 찬성하지 않았다. 따라서 새누리당과 민주당 사이에선 지루한 정치 공방만이 벌어졌다.

남북정상회담 대화록에서 문제되는 대목만 확인하면 사실 규명이 이뤄지고 국민의 궁금증도 풀릴 텐데 회담록 열람을 반대하는 민주당의 태도는 국가안보를 걱정하는 많은 유권자들의 의구심을 증폭시켰다고 생각한다. 천안함 폭침 때 전사한 장병의 유족들은 "목숨을 바쳐 지켜온 NLL이 논란의 대상이 되는 것은 대한민국을 위해 목숨을 바친 용사들의 원혼을 욕되게 하는 것"이라고 했다. NLL을 둘러싼 여야 공방이 격화되는데도 민주당이 진실을 규명하려는 의지가 없는 것으로 비쳐지자 지지 후보를 정하지 않은 많은 유권자들은 문재인 후보를 미덥지 않게 생각했을 것이라는 게 나의 판단이다.

✒ 논평

[12/10/09]

노무현 전 대통령의 북방한계선 관련 발언 여부에 대해 민주당이 자신 있다면 국정조사를 받아야 한다.

2007년 남북정상회담을 한 자리에서 노무현 당시 대통령이 "북방한계선(NLL) 때문에 골치 아프다. 남측은 앞으로 NLL을 주장하지 않을 것이다"라고 말했다는 주장이 나온 데 대해 새누리당은 국민의 의구심을 해소하기 위해 필요하다면 국회 국정조사를 실시하겠다고 했다. 그러자 민주통합당은 "새누리당이 만들어 낸 허깨비를 조사하겠다는 것"이라며 거부했다.

민주통합당에게 묻겠다. 도대체 허깨비라고 말하는 근거가 뭔가. 어제 국감장에서 문제를 제기한 새누리당 정문헌 의원이 주장한 내용은 매우 구체적이다. 또 당시 남북정상회담과 관련해 언론이 오늘 취재해서 보도한 내용도 심층적이고 구체적이다. 그런 걸 그냥 허깨비라고 치부할 수 없다는 것은 정 의원 주장이나 언론의 보도를 자세히 살펴본 국민이라면 잘 알 것이다.

노무현 전 대통령이 김정일 전 북한 국방위원장과 만나 무슨 말을 했는지에 대한 국민의 궁금증과 의구심이 갈수록 커지고 있다. 국민이 진실을 바란다면 여야 정치권과 국회가 나서서 밝혀야 한다. 허깨비인지 아닌지는 국정조사를 통해 가리면 된다. 노무현 정부 시절 청와대 요직에 있으면서 '노무현의 정신'을 계승했다고 하는 문재인 민주통합당 대통령 후보나 그 당 지도부가 이 문제에 대해 정말로 자신이 있다면 허깨비 운운할 게 아니라 국정조사를 하든, 다른 수단을 동원하든지 해서 진실을 가리면 될 일이다. 민주통합당이 먼저 나서서 국정원 등 관계 당국에 당시의 회담에서 무슨 말이 오고 갔는지 공개할 것을 촉구해야 한다. 민주통합당이 자꾸 허깨비 운운하는 건 제 발이 저린 까닭이 아니냐는 의심을 살 수도 있다. 국민은 민주통합당이 상식에 맞는 행동을 하는지 지켜볼 것이다.

[12/10/09]

노무현 전 대통령은 남북정상회담 때 북방한계선(NLL)에 대해 어떤 말을 한건가. 국정원 등 관계기관은 정상회담의 관련 내용을 조속히 공개하라.

 북한 국방위원회 정책국 대변인은 지난달 29일 "역사적인 10.4 선언(노무현 전 대통령과 김정일 전 북한 국방위원장 정상회담 결과)에 명기된 조선 서해에서의 공동어로와 평화수역 설정 문제는 철두철미 '북방한계선(NLL)' 자체의 불법 무법성을 전제로 한 북남 합의조치의 하나"라고 말했다. 그러면서 "'북방한계선 존중'을 전제로 10.4선언에서 합의된 문제를 논의하겠다는 박근혜 후보의 떠벌임은 북남공동합의의 경위와 내용조차 모르는 무지의 표현"이라고 주장했다.

 민주통합당 문재인 대통령 후보는 10.4 선언 5주년을 맞아 "2007년 11월 남북 국방장관 회담에서 군사적 합의만 이뤄졌으면 많은 성과를 이룰 수 있었는데 성공으로 이끌지 못한 것이 참 아쉽다"고 했다. 그는 "우리 측에서도 국방장관이 회담에 임하는 태도가 대단히 경직됐었다"는 말도 했다. 이에 대해 당시 국방장관으로 남측 대표를 맡았던 김장수 전 국방장관은 "당시 김일철 북한 인민무력부장이 '노무현 대통령도 서해 북방한계선(NLL)에 문제가 있다고 하는데 어떻게 국방장관이 그런 얘기를 하느냐'고 언급했다"고 밝힌 바 있다. 김장수 전 장관이 김일철 당시 북한 인민무력부장에게 NLL을 지키겠다고 하자 북측의 김일철 대표는 '노무현 전 대통령의 생각은 다르다'고 한 것이다. 북한 측이 어떤 근거로 이런 말을 했는지, 노무현 전 대통령이 NLL과 관련해 과연 무슨 말을 했는지 밝혀져야 한다. 특히 2007년 당시 대통령 비서실장이었던 문 후보는 북한 국방위 발언에 대해 어떻게 생각하는지 분명히 밝혀야 한다.

어제 국회 외교통상통일위원회의 통일부 국정감사에서 새누리당 정문헌 의원은 "2007년 남북정상회담 당시 노무현 대통령이 김정일 국방위원장과의 단독 회담에서 '북방한계선(NLL) 때문에 골치 아프다. (NLL은) 미국이 땅따먹기 하려고 제멋대로 그은 선이다. 남측은 앞으로 NLL을 주장하지 않을 것이며 공동어로 활동을 하면 NLL 문제는 자연스럽게 사라질 것'이라고 말했다"고 주장했다. 당시의 대화 내용이 담긴 대화록이 국정원 등 관계 부서에 보관되어 있다는 주장도 나왔다.

북한 국방위 대변인의 발언과 문재인 후보의 최근 발언에 비춰볼 때 2007년 남북정상회담 당시 노무현 전 대통령이 국가안보의 근간인 NLL을 지키지 않을 수 있다는 뜻을 김정일 당시 북한 국방위원장에게 전달한 것 아니냐는 의문도 나오고 있다. 이제 당시의 남북정상회담과 관련해 새로운 주장이 제기됐고 국민들의 의구심도 커지고 있는 상황인 만큼, 당시 비서실장이자 노 전 대통령의 대북정책을 계승코자 하는 문후보와 당시 정상회담에 참석했던 인사들은 진실을 밝혀야 한다. 또한 정부 관계기관이 보유하고 있는 정상회담 기록의 해당 부분을 조속히 한 점의 의혹도 없이 공개하기 바란다.

새누리당은 국민의 궁금증을 해소하고 국민의 알 권리를 충족하기 위해 필요하다면 국회에서 국정조사를 추진하는 문제 등을 검토할 것이다.

[12/10/12]

문재인 후보 발언으로 민주당에겐 국정조사를 거부할 명분이 없어졌다. 민주당은 새누리당의 국정조사 요구서를 즉각 처리하는 데 협조해야 한다.

국민은 2007년 남북정상회담 때 노무현 당시 대통령이 김정일 당시 북한 국방위원장에게 무슨 말을 했는지 알고 싶어 한다. 대한민국의 대통령이 북한 지도자에게 "북방한계선 때문에 골치 아프다. 남측은 더 이상 북방한계선을 주장하지 않겠다"고 하는 등 영토주권을 포기하는 발언을 했다는 새누리당 정문헌 의원 주장이 사실인지, 아닌지 규명되길 바라는 것이다. "노무현 전 대통령이 당시 회담에서 한미관계나 북한 핵에 대해 너무도 놀랄 만한 발언을 쏟아냈다"는 언론 보도도 나온 만큼 그때 어떤 이야기가 오고 갔는지에 대한 국민의 궁금증은 커지고 있다.

당시 청와대 비서실장으로 남북정상회담 실무준비 작업을 지휘했던 민주통합당 문재인 대통령 후보가 "정문헌 의원 발언이 사실이라면 책임지겠다"고 한 것은 북방한계선 문제가 국민적 관심사로 부상한 사실을 이해했기 때문일 것이다.

진실을 가리는 방법은 간단하다. 국회 국정조사를 통해 당시 회담의 대화록을 살펴보면 된다. 문 후보가 "사실이라면 책임지겠다"고 말한 것은 그에게 진실 규명 의지가 있기 때문인 것으로 새누리당은 이해한다. 문 후보가 책임진다는 말까지 한 만큼 민주통합당은 국정조사를 거부할 명분이 없다. 여야가 국정조사를 통해 당시 회담의 대화록을 열람해서 정문헌 의원 주장이 맞는지 틀리는지 가리면 된다. 그것이 소모적인 정치공방을 줄이는 길이고, 국민을 덜 피곤하게 만드는 길이다. 문 후보 말대로 민주통합당이 자신 있다면 새누리당이 제출한 국정조사 요구서를 즉각 처리하는 데 협조해야 할 것이다.

NLL 논란을 통해 배운 것은 민주통합당 문재인 후보는 NLL 포기발언과 관련해 허위사실을 유포한 혐의로 새누리당 정문헌 의원을 고발했다. 대선이 끝난 2013년 2월 검찰은 당시 정상회담 대화록을 부분 발췌해서 열람한 결과 '노무현 전 대통령이 앞으로 NLL을 주장하지 않겠다'고 했다는 정문헌 의원 발언이 허위 사실로 보기 어렵다며 정 의원에게 무혐의 처분을 내렸다. 이런 결론은 2007년 남북정상회담에서 NLL 포기로 볼 수 있는 발언이 있었다는 것을 암시하는 것이다.

당시 민주통합당은 정문헌 의원의 주장에 대해 중상모략이라며 정 의원과 새누리당을 맹비난했지만 정작 진실을 규명할 수 있는 국정조사와 해당 대화록 공개는 반대했다. 대선 당시 문재인 후보는 NLL 포기 발언이 사실이면 법적 책임을 지겠다고 했다.

NLL 논란이 대선 이후에도 종식되지 않고 지속되자 문재인 의원은 올해 6월 21일 대화록은 물론이고 녹취자료와 회담 전 준비자료, 이후 보고자료까지 함께 공개할 것을 제안하면서 만약 NLL 포기 발언이 사실이라면 정계 은퇴를 통해 책임을 지겠다고 했다.

사흘 뒤 국정원은 보관하고 있던 정상회담 회의록 전문과 발췌록을 국회 정보위원회에서 공개했다. 이로 인해 큰 파문이 일자 국회는 7월 2일 본회의를 열어 국가기록원에 보관돼 있는 걸로 알려진 회담대화록을 열어보기로 의결했지만 문제의 대화록은 기록원에 없었다. 10월 2일 서울 중앙지검 공안2부는 국가기록원에 문제의 대화록이 없는 이유가 무엇인지 수사하고 있다고 밝혔다. 노무현 정부의 마지막 청와대 비서실장을 지낸 문재인 의원은 11월 6일 검찰에 출두해 조사를 받았다. 국정원이 공개한 회담록에는 노무현 전 대통령이 김정일과의 만남에서 대한민국 대통령으로서는 할 수 없는 이야기를 한 걸로 나온다. "NLL이라는 것이 이상하게 생겨가지고 무슨 괴물처럼 함부로 못 건드리는 물건이 돼 있다. 나는 (김정일) 위원장님과 인식을 같이한다. NLL은 바꿔야 한다"는 등의 발언이 그것이다.

나는 노무현 전 대통령의 머릿속에 NLL을 부정하고 싶은 마음이 분명히 있었기 때문에 이런 발언이 나왔을 걸로 생각한다. 대한민국의 군 통수권자로서 위험한 생각을 품었던 것은 사실이 아닐까 싶다. 그러나 노무현 전 대통령이 실제로 NLL을 북한의 뜻에 맞게 건드린 것은 아니라는 점 또한 사실이다.

대선 전에 논란이 발생해 이 글을 쓰는 지금까지도 여야 간에 지리한 공방이 이어지고 있는 건 생산적이지 못하다. 그러나 이런 논란을 통해 여야 정치권이나 국민은 한 가지 분명한 사실을 깨닫게 됐다. 그건 NLL이 우리의 생명선이요, 우리 장병들이 피로 지킨 영토선이라는 점이다. 이젠 민주당도 이 점을 부인하지 않는 만큼 다행이라고 생각한다.

여성 표심 파고든 여성대통령론

2012년 10월 들어 우리는 박근혜 후보의 행보에 '여성'을 강조하기 시작했다. 여성이 대통령이 되는 것만큼 큰 변화는 없다는 점을 선거 메시지의 또 다른 핵심으로 삼은 것이다. 우리가 연일 여성 대통령을 강조하자 야당에서는 신경질적인 반응을 나타냈다.

박근혜 후보는 정치를 하면서 여성들을 위해 나름대로 많은 일을 한 분이다. 여성 이미지를 정치적으로 활용하거나 내세우지 않았을 뿐 여성들이 차별을 받지 않는 세상, 일을 하면서도 가정을 돌볼 수 있는 환경을 만드는 일에 큰 관심을 기울였던 정치인이다. 우리가 여성대통령론을 들고 나오자 민주당은 "박 후보가 여성을 위해 한 것이 뭐가 있느냐"라고 시비를 걸면서 비난 공세를 폈다. 그래서 나는 현안 브리핑을 통해 민주당의 주장을 조목조목 반박했다. 박 후보가 여성에 대한 차별제도를 없애고자 호주제 폐지 입법 청원을 냈고, 한나라당 대표 시절에는 정당 사상 처음으로 중앙당사 사무처의 여성 당직자들을 위한 보육시설인 어린이집을 열었다는 등의 이야기를 논평에 담은 것이다.

여성대통령이 선거이슈로 떠오르자 여성 표심에도 변화가 생겼다. 성별 지지율에서 의미 있는 변화가 나타나기 시작한 것이다. 여성대통령론을 내세운 지 열흘 만에 박근혜 후보 지지율 중 여성 지지율이 5%나 상승한 것으로 조사되었다. 조급해진 민주당은 '박 후보에겐 여성성은 없고 남성성만이 있다'거나, '박 후보는 생물학적으로만 여성일 뿐'이라는 치졸한 브리핑을 했다가 욕만 실컷 먹었다. 민주당의 이런 브리핑과 관련해선 대변인실이 어떻게 돌아가는지 몰랐던 여성 기업인 출신 김성주 새누리당 공동선대위원장의 얼굴이 떠오른다.

10월 30일 민주당 문재인 후보 캠프 대변인이 "박 후보는 생물학적으로만 여성일 뿐"이라고 했다는 소식을 나보다 빨리 전해들은 김 위원장은 "어떻게 그런 말을 할 수 있느냐"며 흥분했다. 그런 그는 전날 내가 발표한 브리핑 내용을 보고나서 만나자고 하더니 다짜고짜 "민주당에서 박 후보를 생물학적으로만 여성이라고 했는데 왜 대변인은 약하게 대응하느냐"고 따지듯 물었다. 영문을 몰라 "왜 그러느냐"고 하니까 김 위원장은 전날의 내 브리핑 내용을 거론했다. 그래서 나는 "민주당 대변인이 막말을 한 건 오늘이고, 김 위원장이 읽은 브리핑은 어제의 것인데 브리핑에 시차가 있는 줄도 모르고 흥분부터 하면 되겠느냐"라고 맞대응했다. 나는 10월 29일 박 후보가 참석한 의원총회장에도 가지 않고 박 후보가 여성을 위해 한 일들을 여성국에 문의하고, 인터넷을 검색해 자세히 파악한 다음 브리핑을 했다. 그런데 브리핑의 시차도 확인하지 않은 채 무턱대고 약한 대응을 한다고 하니 답답하기 이를 데 없었다. 그런 해프닝을 겪고 나서 나는 민주당과 진보정의당의 유치한 공세를 질타하는 브리핑을 곧바로 했다. 내 생일 하루 전에 있었던 일이어서 특히 기억에 남는다.

브리핑

[12/10/29]

'여성대통령론'에 대한 민주당의 신경질적 트집 잡기에 대하여

새누리당 박근혜 대통령 후보는 1998년 15대 국회의원으로 정치를 시작한 다음 의원으로서, 당 대표로서 국민이 안전한 사회에서 행복한 삶을 살 수 있도록 끊임없이 노력해 왔다. 특히 여성에 대해서는 차별적인 제도를 없애고 일자리와 가사가 양립할 수 있는 여건을 만들려고 애썼다. 한나라당 부총재 시절에는 여성계의 숙원이었던 호주제 폐지 입법 청원을 냈으며, 당 지도부를 설득해 호주제 폐지를 권고적 당론으로 채택하도록 한 적이 있다. 한나라당 대표 시절에는 정당 사상 처음으로 중앙당사에 사무처의 여성 당직자들을 위한 보육시설인 '신나는 어린이집'을 열어 여성이 일과 육아를 함께 할 수 있는 환경을 조성한 적도 있다.

박 후보는 지난 7, 8월 당내에서 경선을 할 때 이미 '여성행복' 공약을 발표했으며, 임신부터 출산, 보육까지 국가가 책임질 수 있도록 하겠다고 약속했으며, 그 실천방안을 담은 법률안을 박 후보 여성 특보인 민현주 의원이 이미 대표 발의한 바 있다. 박 후보는 집권할 경우 가능한 한 많은 여성을 정부 요직에 중용하겠다고 공약하는 등 여성의 사회 참여 기회를 확대할 방침임을 밝혔다.

새누리당은 그동안 박 후보가 큰 관심을 갖고 직접 챙겨왔던 '아동과 여성, 가족이 안전한 사회'를 만들기 위한 논의를 지속적으로 해 왔으며 법안과 정책으로 그걸 실현할 계획이다. 지금까지 우리 사회에서 여성의 영역은 '2차적 문화', '배제된 문화'에 속해 있었다고 해도 과언이 아니다. 여성과 관련한 제도가 사회의 중심에 서 있지 못했던 것도 사실이다. 따라서 '여성 대통령' 탄생에 대한 기대는 그동안 변방에 머물렀던 '여성의 영역'을 사회 중심에 두는 대변혁의 결정적 계기가 될 것이다.

대한민국 헌정 사상 처음으로 여성 대통령 탄생 가능성이 높아지자 민주통합당은 박 후보에 대해 여성을 대표하는 대통령이 될 수 없다는 해괴한 논리를 펴며 흠집 내기에 열을 올리고 있다. 그러면서 느닷없이 민주당이 더 여성 친화적이라고 주장하고 나섰는데 새누리당의 여성 대통령론이 먹히니까 그러는 모양이다. 민주당이 아무리 박 후보를 공격한다고 해도 그 당에는 여성 대통령 후보가 없고, 박 후보처럼 여성을 위한 일과 정책을 실행에 옮긴 후보도 없다.

여성이 우리 사회의 한 축이 되는 길이 여성만을 대상으로 한 제도의 개선만으로는 열리지 않는다고 본다. 여성에 대한 사회의 인식과 편견을 바꾸고 사회 전체의 변화를 이끌어 내는 정치지도자의 리더십이 작동해야 새로운 세계가 열릴 수 있다고 생각한다. 그런 측면에서 박 후보는 어떤 후보보다도 우위에 있다. 당이 두 차례에 걸쳐 파산할 뻔한 큰 위기에 직면했을 때 박 후보가 발휘한 헌신적인 리더십은 굳이 설명할 필요가 없을 것이다. 그런 박 후보이기 때문에 그가 대통령에 당선되면 그것이 곧 사회의 혁명적 변화요, 정치의 최고 쇄신이요, 여성사(史)의 신시대 개막을 뜻하는 것이라는 얘기가 나오는 것이다.

브리핑

[12/10/30]

민주당 대변인들과 진보정의당 심상정 후보가 박근혜 후보와 여성을 모독하는 발언을 한 것에 대하여

대한민국에서 여성 대통령이 탄생하는 것은 최고의 정치쇄신이요 혁명이고, 글로벌 경쟁시대에서 한국의 국제적 위상을 제고하는 것이라는 사실에 대해 지지여론이 확산되자 민주당과 구(舊) 진보당 세력이 새누리당 박근혜 대통령 후보에 대해 치사하고 졸렬한 공격을 가하고 있다. 민주당 정성호 대변인은 "박 후보에게 여성성은 없고, 남성성만 있다"며 "남성성을 가진 박 후보가 대통령이 되는 것은 쇄신과 변화라고 말할 수 없다"고 했다. 민주당 문재인 대통령 후보 캠프의 박광온 대변인은 박 후보에 대해 '생물학적으로 여성일 뿐'이라는 식의 얘기를 했다. 진보정의당 심상정 대통령 후보는 "박 후보가 대통령이 되는 것은 역사의 반역"이라고 말했다.

4월 총선 때 야합을 했음에도 박 후보가 이끈 새누리당에게 패배한 두 세력이 이번 대선에선 무슨 수를 써서라도 박근혜 후보의 당선을 저지하기 위해 박 후보는 물론이고 여성 전체를 모독하는 막말을 쏟아내고 있는 것이다. 현명한 국민은 두 세력의 저의를 잘 알고 있는데도 문재인 후보와 심상정 후보 측에서 연일 온갖 저열한 표현을 사용하며 박 후보를 공격하는 것은 그들의 천박함과 치졸함을 광고하는 것일 뿐이다.

박 후보가 생물학적으로만 여성이고, 박 후보에겐 남성성만 있다는 말은 사실과 다른 터무니없는 정치공세일 뿐 아니라 박 후보에 대한 중대한 모욕이다. 정 대변인은 박 후보에게 출산과 보육, 교육 등의 경험이 없다는 이유로 여성성이 없다고 단정했고, 박 대변인은 박 후보가 가정주부의 삶을 경험하지 않았다는 이유로 '사회정치적 여성이 아니다'고 했는데 이렇게 함부로 규정하는 두 대변인은 신(神)이라도 되는 것인가. 그런 착각을 하지 않고서야 어떻게 공당의 대통령 후보에 대해 여성성이 없다거나, 사회정치적으로는 여성이 아니라고 규정하는 무례한 태도를 취할 수 있겠는가. 두 대변인의 막된 발언은 미혼 여성에 대한 집단모독인 만큼 미혼 여성들이 들고 일어날 수도 있음을 알아야 할 것이다.

두 대변인이 아무리 정치공세에 정신이 팔렸다고 해도 공당의 대통령 후보에 대해 최소한의 예의를 지키는 게 옳다. 그리고 미혼 여성에 대해서도 사려 깊은 생각을 했어야 했다. 품격을 상실한 두 대변인은 박 후보와 새누리당, 그리고 미혼 여성을 비롯한 국민 모두에 대해 정중하게 사과해야 할 것이다.

박근혜 후보의 대통령 당선을 '역사의 반역'이라고 주장한 심상정 후보의 발언은 박 후보뿐 아니라 여성 대통령의 탄생을 갈망하는 여성과 국민을 모독한 것이다. 여러 대통령 후보들 가운데 박 후보를 지지하는 여성과 국민이 압도적으로 많은 상황에서 군소후보 중 한 명인 심 후보가 박 후보의 당선을 역사의 반역이라고 말하는 것은 대다수 국민을 역사의 반역자로 모는 것이나 다름없다. 심 후보가 막말의 대가를 톡톡하게 치르지 않으려면 지금이라도 당장 박 후보와 여성을 비롯한 우리 국민에게 머리 숙여 사과해야 할 것이다. 새누리당은 민주당의 두 대변인과 심 후보의 처신을 주시할 것이다. 그들이 박 후보와 여성을 모욕하는 언행을 한 데 대해 진지한 반성을 하지 않을 경우 박 후보를 아끼는 모든 여성과 국민이 민주당과 진보정의당을 응징할 것임을 경고한다.

📉 브리핑
[12/10/30]

민주당과 진보정의당은 박근혜 후보와 여성을 모독한 데 대해 정중하게 사과해야 한다.

대한민국 헌정 사상 처음으로 여성 대통령의 탄생 가능성이 커지자 민주당은 신경질적 반응을 보이면서 새누리당 박근혜 후보와 여성을 모독하는 치졸한 정치공세를 펴고 있다. 민주당 대변인은 "박 후보는 출산과 보육 및 교육, 장바구니 물가에 대해 고민하는 삶을 살지 않았다"며 "박 후보에게 여성성은 없고 남성성만 있다"고 공격했다. 박 후보가 미혼이라는 사실을 가지고 흠집 내기 공세를 펴면 통할 것이라고 생각했는지 모르지만 민주당이 늘 그래왔듯 네거티브치곤 참으로 졸렬할 뿐 아니라 여성에 대한 시각도 편협하고 한심하기 짝이 없다.

민주당 대변인 논평은 여성의 역할을 출산과 보육, 교육, 장보기 정도로 한정하고 있다. 민주당이 선진국뿐 아니라 한국에서도 여성이 사회의 모든 분야에서 리더로서, 파트너로서 눈부신 활약을 하면서 대한민국의 위상을 드높이고, 과거의 인습을 혁파하고 있는 현실을 몰라도 유분수이지, 어떻게 이런 시대착오적인 여성관을 드러낼 수 있다는 말인가. 그런 민주당이 무슨 염치로 여성의 지지를 호소할 수 있겠는가. 민주당 최고위원이란 사람이 "그년"이란 천박한 상소리를 함부로 뱉어도 당에서는 비호하는 분위기였으니 그런 정당에서 우리 여성의 역할을 어떻게 온전하게 평가할 수 있겠는가.

"박 후보에게 출산과 보육, 교육 등의 경험이 없다는 이유로 여성성이 없다"는 해괴한 논리를 편 민주당 대변인은 미혼 여성의 분노를 자극했음을 알아야 한다. 결혼하지 않으면 여성성이 없다는 말을 들은 대한민국의 미혼 여성은 큰 모독감을 느꼈기 때문일 것이다. 민주당 대변인이 즉각 정중하게 사과하지 않는다면 화를 면치 못할 것이다.

4월 총선 때 민주당과 야합해 이석기·김재연 의원처럼 지탄을 받는 사람의 국회 입성을 도운 진보정의당의 심상정 대통령 후보는 "박근혜 후보는 한번도 정치적 여성으로 살아오지 않았다"고 했다. 이 역시 사실을 호도하는 막된 정치공세. 박 후보는 5선 국회의원으로 활동하면서 여성계의 숙원인 호주제 폐지에 앞장섰고, 정당 사상 최초로 당사에 보육시설을 설치하는 등 일과 가정의 양립을 위해 적극적으로 행동해 왔다. 그리고 보다 많은 여성들이 정치의 영역에서 당당하게 활약할 수 있도록 공천에서 여성할당제 등을 실시했다.

　심 후보에게 묻는다. 당신은 여성의 사회 참여와 양성 평등을 위해 어떤 일을 했는지 설명해 보라. 심 후보는 박근혜 후보의 대통령 당선을 '역사의 반역'이라고 주장했는데 이는 박 후보뿐 아니라 여성 대통령의 탄생을 갈망하는 여성과 국민 모두를 모독한 것이다. 박 후보를 지지하는 모든 여성과 국민이 역사의 반역자라는 얘긴가. 심 후보는 이 분들의 분노를 어떻게 감당하려 하는가. 심 후보가 막말의 호된 대가를 치르지 않으려면 즉각 박 후보와 지지자들에게 머리 숙여 사과해야 할 것이다.

원외당협위원장 워크숍에서(2012년 9월 12일)

신선한 발상이었던 공약가계부

2012년 11월 18일 박근혜 후보의 미래비전 선포식이 인천 송도에서 열렸다. 새누리당 상징 색깔인 빨간색으로 멋을 낸 5천여 명의 당원들이 대회장 홀을 가득 메웠다. 박근혜 후보는 민생 현장을 누비며 들은 국민들의 목소리를 담아 대한민국을 위한 미래비전을 발표했다. 이날 밝힌 국정운영 3대 지표는 '국민대통합', '정치쇄신', '일자리와 경제민주화'다. 국민의 열망과 시대의 소명을 담은 것으로 박 후보가 대통령에 당선되면 국정운영의 기본틀로 삼을 어젠다였다. 이와 함께 박 후보는 가계부채 경감 등 '국민행복 10대 약속'을 제시했다. 박 후보는 "10대 약속을 실천하기 위해 매년 평균 27조 원의 '국민행복 재원'을 확보할 것"이라며 "재원조달계획과 함께 어떤 정책에 얼마의 재원을 사용하겠다는 지출표, 즉 나라살림 가계부를 만들어서 국민 여러분께 공개하겠다"고 밝혔다. 대선 후보로는 사상 처음으로 공약이행에 필요한 예산집행 계획을 만들어 국민에게 설명하겠다고 한 것이다. 박근혜 정부는

2013년 5월 31일 공약가계부를 발표했다. 박 대통령의 공약을 실행에 옮기기 위해서는 5년간 134조 8천억 원이 필요한데, 그 돈을 세입확충(총 50조 7천억 원)과 세출절감(총 84조 1천억 원)으로 마련하겠다며 구체적인 재정운용계획을 내놓은 것이다. 앞으로 이 계획이 차질 없이 실행에 옮겨지고, 국민의 신뢰를 얻는 것이 관건인 만큼 청와대와 정부, 그리고 여당이 손발을 잘 맞춰야 할 것이다.

나는 미래비전 선포식을 마치고 돌아오는 차 안에서 이날 행사의 참뜻을 알리는 논평을 작성했다. 대통령 선거가 한 달 앞으로 다가왔으니 더욱 분발해야겠다는 생각이 들었다. 그래서 우리의 다짐은 무엇이고, 민주당을 비롯한 야권세력과는 어떻게 다른지 국민들께 설명해 드리기 위한 논평을 썼다. '현명한 국민은 앞으로 5년을 이끌어갈 정치주체로 미래비전을 제시하고 국민행복을 챙기는 세력을 선택할 것'이라는 믿음을 담은 논평이었다.

📊 **브리핑**

[12/11/18]

문재인·안철수 후보가 상대방을 희생양으로 삼기 위해 골몰할 때 박근혜 후보는 미래비전을 밝혔다.

민주당 문재인 후보와 무소속 안철수 후보가 각기 상대방을 희생양으로 삼기 위해 어떤 정치공학을 쓸까 골몰하던 때 새누리당 박근혜 후보는 대한민국을 위한 미래비전을 발표했다. 박 후보는 인천 송도 컨벤시아에서 열린 비전 선포식에서 '국민통합', '정치쇄신', '일자리와 경제민주화' 등 국정운영 3대 지표를 밝혔다.

3대 지표는 국민의 열망과 시대의 소명을 집약한 것으로 박 후보가 대통령에 당선되면 국정운영의 기본방향이 되는 것이다. 박 후보가 이어 발표한 '3개 분야 10대 약속'은 이를 실천하기 위한 구체적인 공약이다. 새누리당은 박 후보의 약속을 실천하는 데 필요한 예산과 재원조달 계획인 '나라살림 가계부(공약 수입지출표)'도 공개했다. 공약을 해놓고도 소요 예산이나 재원마련 대책은 제시하지 않는 야권 후보들과는 다른 면모를 보인 것이다.

박 후보는 오늘 사심과 권력에 편승한 정치가 아닌 지도자의 정치소신과 신념이 국민과 함께 가는 정치를 구현하겠다고 밝혔다. 박 후보는 정치에 입문한 뒤 이런 길을 걸으려고 애쓴 만큼 '박근혜 정부'가 탄생하면 약속을 저버리는 정치, 국민을 속이는 정치는 사라질 것이라고 믿는다.

대한민국의 미래를 결정지을 대통령 선거가 이제 한 달여 앞으로 다가왔다. 이 나라의 미래를 혼란과 갈등을 조장하는 세력에게 맡길 것인가, 아니면 대통합과 신뢰의 정치로 준비된 변화를 이끌 세력에게 맡길 것인가가 이번 선거로 결판이 난다. 앞으로 5년을 이끌어갈 정치주체가 정치공학적 권력게임에 탐닉하는 세력이냐, 아니면 민생경제와 국민행복을 챙길 비전을 가다듬고 있는 세력이냐를 판가름하는 선거다. 현명한 국민은 어떤 후보와 어떤 진영에게 이 나라를 맡겨야 안심할 수 있는지 잘 아시리라 생각한다.

새누리당과 박 후보는 이번 대통령 선거가 국민이 바라는 변화의 출발점이 될 수 있도록 남은 한 달 동안 오직 국민만 바라보고 열심히 뛸 것임을 다짐한다.

2012년 11월 7일 개최된 새누리당 전국위원회에서 정치쇄신 실천 결의문을 낭독하는
이상일 당시 대변인

민주당의 무책임한 언동

"박근혜 후보 재산은 4조 원"이라는 민주당의 어이없는 주장

2012년 12월 2일 민주통합당 우상호 공보단장이 박근혜 후보의 재산을 문제 삼았다. 21억 8,100만 원으로 등록된 박근혜 후보의 재산이 알고 보면 4조 원대라는 어이없는 주장이었다. 우상호 단장은 박 후보의 재산에 동생 박지만 씨 부부의 재산을 더하고, 박 후보의 친인척 재산까지 보태더니, 정수장학회에 영남학원 재산까지 합치는 이상한 셈법으로 박 후보를 4조 원의 재산가라고 공격했다.

우상호 공보단장은 박근혜 후보의 친인척 비리 문제를 운운하며 5촌 조카 살인 사건과 박지만 씨의 연루설도 제기했다. 그런 그를 새누리당은 허위사실 유포 혐의로 고발했다.

근거 없는 사실로 남을 인신공격하는 것만큼 나쁜 일은 없을 것이다. 지난 대선 때 민주당 측은 박근혜 후보의 신천지 연관설, 1억 5천만 원 굿판설, 5촌 조카 살인사건 연루설, TV 토론회 아이패드 컨닝설 등을 퍼뜨리며 박 후보 흠집 내기에 열을 올렸다. 선거 관련 고소 고발 사건은 선거가 끝나고 나면 여야가 서로 취하하는 것이 관례였다. '좋은 게 좋은 거'라는 식으로 적당히 넘긴 것이나 그렇게 할 경우 혼탁한 선거 풍토를 개선할 수 없다는 판단에 따라 새누리당은 허위 사실을 날조해 공표하거나 유포한 악의적인 사안에 대해서는 고소 고발을 취하하지 않고 법원의 판단을 기다린다는 입장이다.

📉 브리핑

[12/12/03]

"박근혜 후보 재산이 4조 원대"라는 문재인 후보 캠프 우상호 공보단장의 황당한 계산법에 수긍할 국민이 있을까. 이런 한심한 네거티브는 하면 할수록 역효과만 난다는 이치를 문 후보 캠프는 모르는 모양이다.

어제 민주당 문재인 후보 캠프의 우상호 공보단장이 "새누리당 박근혜 후보 일가의 재산이 1조 3,000억 원이고, 강탈했거나 영향력 하에 있는 재산까지 합치면 4조 원대"라고 주장했다. 그러면서 "박 후보는 역대 최고 부자 후보로 기록될 것이며 이명박 대통령의 재산은 박 후보에 비하면 조족지혈"이라고 말했다.

우 단장의 계산법은 황당하기 짝이 없다. 박 후보가 신고한 재산 21억 8,100만 원에 동생 박지만 씨 부부의 재산을 더하고, 그것도 모자라니 박 후보 외사촌 등 친인척 재산까지 합쳐야 한다면서 일가의 재산 합계가 1조 3,000억 원이 된다고 우겼다. 여기에다 정수장학회와 영남학원 재산까지 더해야 하며, 그렇게 해서 나온 재산규모가 4조 원이 넘는다는 게 우 단장의 계산법이다.

우 단장은 "MB(이명박 대통령)가 꼼수 재테크의 대가라면, 박 후보는 강탈 재테크의 대가"라고 주장했다. 문 후보 캠프에서 중책을 맡으면서 핵심적인 역할을 하고 있는 분이 이런 황당무계한 주장을 하고 있으니 그 캠프의 수준을 알 만하다.

우 단장의 말을 듣고 수긍할 국민이 과연 얼마나 있을지 의문이다. 우 단장이 개인의 재산과 외사촌을 비롯한 친인척 재산, 그리고 공익재단 등의 재산을 구분하지 못한다면 아둔하다고 볼 수밖에 없다. 그가 차이를 구분할 줄 알면서도 억지주장을 했다면 박 후보를 흠집 내기 위해 꼼수를 부린 것밖에 되지 않는다.

"현 대통령이 꼼수 재테크의 대가이고, 박 후보는 강탈 재테크의 대가다"라는 표현도 수준 이하다. 아무리 표가 급하고, 그래서 공격을 해야 한다고 하더라도 품위 상실의 저급 표현을 쓰는 것은 역효과만 낸다는 이치를 우 단장은 모르는 것 같다. 이런 분을 캠프의 핵심으로 쓰고 있는 문 후보가 딱하다. 문 후보에게 묻는다. 우 단장의 계산법에 동의하는지, 그리고 박 후보가 강탈 재테크의 대가라고 생각하는지 밝혀 달라. 혹시 문 후보가 우 단장에게 이런 저질의 네거티브를 하라고 지시한 것은 아닌지 궁금하다.

[12/12/03]

주간지의 왜곡보도를 선거에 악용하는 민주당 문재인 후보 캠프의 우상호 공보단장은 자신의 발언에 책임져야할 것이다. 비슷한 내용의 보도를 했던 일간지가 정정 보도하고 사과한 적이 있는 만큼 우 단장과 문제의 주간지는 같은 태도를 취해야 할 것이다.

최근 주간지 〈시사인〉이 '박근혜 후보 5촌 조카 살인사건의 새로운 의혹들'이라는 제목의 기사를 통해 박 후보의 동생인 박지만 EG회장이 해당 사건에 연루된 것처럼 보도했다. 그러자 민주당 문재인 후보 캠프의 우상호 공보단장은 이 보도를 인용하며 박 후보를 공격하고 나섰다. 그쪽 캠프에서 저급한 네거티브를 하는 악역은 모두 우 단장이 맡는 모양이다.

이 주간지 보도와 우 단장 주장에 대해서는 대응할 가치가 없다고 생각하나 언론인 여러분들과 국민의 이해를 돕기 위해서 말씀 드린다.

우선 해당 기사는 그 전제부터 사실과 다르다. 박근령 씨의 남편인 신동욱 씨가 '박지만 회장이 자신을 청부살해 하려 했다'고 주장하다 명예훼손으로 고소된 사건과 관련해 문제의 주간지는 "박용철 씨가 의문의 죽음을 당해 증언이 무산됐다"며 "박지만 씨의 청부살인 의혹도 밝히기 어려워졌다"고 보도했다.

그러나 박용철 씨는 사망하기 전 공판에서 증언을 마친 상태였고, 이후 재판에서는 증인으로 채택되지 않았다. 〈시사인〉과 비슷한 보도를 했던 〈한겨레신문〉도 정정 보도를 한 적이 있다.

〈한겨레신문〉은 지난 7월 정정 보도를 통해 '박용철은 이미 숨지기 전에 증인으로 채택되어 재판에 나와 증언을 했고, 살해된 이후에 예정된 공판에서 증인으로 채택되지도 않았음을 밝힌다'고 했다. 그리고 "관계자들에게 사과한다"는 내용도 정정 보도에 포함시켰다.

둘째, 지난해에 이처럼 근거 없는 의혹들을 유포한 한은경 씨는 청구된 영장의 영장실질심사 현장에도 나타나지 않고 잠적해 버렸다. 그는 현재 지명수배를 받고 있는 상태다.

셋째, 올해 초 〈시사인〉과 비슷한 내용을 보도한 〈서울의 소리〉 등 일부 언론매체의 경우도 해당 언론사의 편집인이 기소돼 현재 재판을 받고 있다.

지난해 9월 발생했던 사건을 왜곡하면서 박 후보 친인척의 가슴 아픈 가족사를 건드리고, 선거에 정치적으로 악용하는 민주당의 행태는 그 정도가 지나치다. 앞서 관련 내용을 보도했던 언론사들이 정정 보도와 더불어 사과를 한 만큼 민주당과 우상호 단장은 즉각 사과해야 할 것이다. 잘못된 보도를 한 〈시사인〉도 정정 보도를 해 주기 바란다. 이런 요청이 받아들여지지 않을 경우 새누리당은 당사자들을 상대로 법적 대응을 하는 방안을 검토할 방침이다.

터무니없는 박근혜 후보의 아이패드 컨닝설 민주당은 선거 과정에서 박근혜 후보의 TV토론 컨닝 의혹을 제기하며 공격을 가해왔다. 2차 TV토론 직전 아이패드 윈도우백과 비슷하게 생긴 박 후보의 가방이 찍힌 사진을 보고 확인도 하지 않은 채 무턱대고 컨닝설부터 주장하고 나선 것이다. 박 후보가 무릎에 올려놓은 가방 사진을 보고 민주당 정청래 의원은 자신의 트위터에 "박근혜의 컨닝? 이제 최첨단 수첩까지 동원"이라는 글을 올렸다. 그러자 민주당 대변인단은 박 후보의 아이패드 컨닝설을 주장하는 논평을 내며 흠집 내기를 시도했다.

박 후보가 토론 전에 가방을 잠시 무릎 위에 올려놓았지만 토론이 시작된 다음에는 어떤 것도 몸에 소지한 적이 없다는 사실이 밝혀졌는데도 민주당은 여전히 가방을 아이패드로 착각한 채 "컨닝은 안 했더라도 반칙은 한 것"이라고 공격했다. 아이패드를 토론회장에 들고 간 것 자체가 반칙에 해당한다며 사실관계도 확인하지 않고 박 후보를 깎아내리는 일에만 열중한 것이다.

박근혜 후보는 이날 토론회에 아이패드를 가지고 간 적이 없다. 그는 가방을 들고 갔을 뿐인데 정청래 의원이 잘못 알고 공격했던 것이고, 민주당은 무책임하게 따라 했던 것이다. 아이패드가 아니라고 밝혀지자 정 의원은 해당 글과 사진을 삭제했다. 민주당이 이처럼 증거도 없이, 그리고 확인 절차도 거치지 않고 무모하게 의혹을 제기한 경우는 꽤 많았다.

여야를 막론하고 '아니면 말고' 식의 네거티브는 쓰지 말아야 한다. 입으로는 새 정치를 말하면서 뒤로 네거티브를 하는 것이야말로 청산해야 할 구태정치다.

또 돌출한 민주당 인사의 노인 폄하 발언 문재인 후보 캠프에서 남북경제연합위원장 직책을 맡고 있던 정동영 전 의원이 선거 막바지에 사고를 쳤다. 2004년 총선 때에 이어 또다시 나이 드신 분들을 폄하하는 발언을 한 것이다. 자신의 트위터에 젊은 층의 투표를 독려하는 글을 쓰면서 '꼰대들의 늙은 투표'라는 말을 한 것인데, 큰 파문이 일자 정 위원장은 젊은이들의 투표를 독려하는 대담 기사를 인용한 것일 뿐 자신의 발언이 아니라고 해명했다. 그런 그의 해명은 도리어 역풍을 불렀다. "이번에 하는 청춘투표가 인생투표야. 인생이 통째로 걸렸어. 너 자신에게 투표하자. 꼰대들의 늙은 투표에 인생 맡기지 말고…"라는 그의 트윗은 누가 봐도 어르신들을 비하한 것인데도 그의 해명이 정직하지 못했고, 반성도 담지 않았기 때문이다. 정 위원장이 그런 트윗을 했다는 사실을 안 나는 곧바로 논평을 써서 그의 잘못을 알렸다. 새누리당에서 가장 먼저 일침을 가한 것인데 그 논평을 접한 언론인들이 즉각 정 위원장의 문제를 지적하는 기사를 썼다. 파문이 확산되자 정 위원장은 트윗을 삭제했지만 여진은 컸다. 어르신들이 민주당사를 찾아 항의하는 등 강한 분노를 표출하면서 문제가 커졌고 유권자의 선택에도 영향을 줬기 때문이다.

브리핑

[12/12/15]

문재인 후보 캠프의 정동영 위원장이 또다시 어르신 폄하 발언을 했다. 젊은 층에 '꼰대들의 늙은 투표'에 인생을 맡기지 말라고 했다. 2004년에 이어 또 어르신들에게 큰 상처를 준 것이다. 정 위원장은 어르신들께 정중하게 사죄해야 한다. 문재인 후보는 정 위원장 발언을 어떻게 생각하는지 입장을 밝혀라.

민주당 상임고문이자 문재인 후보 캠프 남북경제연합위원장을 맡고 있는 정동영 전 의원이 2004년에 이어 오늘 또다시 어르신 폄하 발언을 했다.

정 위원장은 자신의 트위터에 젊은 층의 투표를 독려하는 내용의 〈한겨레신문〉 대담 기사 내용을 발췌해 올리면서 젊은 층에 "너 자신에게 투표하라. 꼰대들 '늙은 투표'에 인생을 맡기지 말고 나에게 표를 던지는 거야"라고 적었다.

신문에 난 내용을 그대로 트위터에 올린 것이지만 어르신들의 신성한 주권행사를 '꼰대들의 늙은 투표'로 비하하는 주장에 동의한다는 뜻을 드러낸 것이다.

정 위원장은 2004년 3월 17대 총선을 앞두고 언론사 인터뷰를 통해 "60대 이상 70대는 투표 안 해도 괜찮아요. 그분들이 미래를 결정해 놓을 필요는 없단 말이에요. 그분들은 무대에서 퇴장하실 분들이니까. 집에서 쉬셔도 되고"라고 말해 큰 물의를 빚었다.

당시 국민적 비난여론이 형성되자 정 위원장은 당 대표 자리, 즉 열린우리당 의장직에서 물러났다. 그럼에도 국민의 분노는 풀리지 않았고, 열린우리당은 선거에서 큰 낭패를 봤다.

정 위원장의 노인 폄하관은 그의 잠재의식 속에 들어 있나 보다. 또다시 '꼰대들의 늙은 투표' 운운하고 있으니 말이다. 정 위원장은 트윗을 한 다음 맹비난을 받게 되자 '꼰대들의 늙은 투표' 대목을 급히 삭제했다.

하지만 진실로 뉘우치지는 못한 모양이다. 문제된 대목을 삭제하면서 "이런 게 '십알단'이란 거군요. 지우겠습니다"라는 트윗을 쓴 것은 그가 마지못해서 노인을 폄하하는 트윗을 지우는 것이라고 실토한 셈이기 때문이다. '십알단'의 공격 때문에 트윗을 지운 것이지 본래의 트윗, 본래의 생각은 잘못된 게 아니라는 인상을 줬다.

정 위원장의 트윗으로 어르신들은 또 다시 큰 상처를 받았을 걸로 생각한다. 정 위원장은 어르신들께 정중하게 사죄해야 할 것이다. 문재인 후보는 정 위원장의 발언을 어떻게 생각하는지 입장을 밝혀주기 바란다.

서민의 삶과 민생에 초점을 맞춘 생활논평

새누리당 대변인으로서 대선 정국 속에서 나름대로 신경을 많이 쓴 점은 민생과 관련된 생활 논평을 가능한 한 많이 내겠다는 것이었다. 치열한 선거판에서 정치공방을 벌이는 가운데서도 국민의 삶과 행복에 직결되는 문제나 서민과 사회적 약자들의 애환, 국민을 위해 봉사하고 헌신하는 분들의 사연에 대해 여당이 큰 관심을 갖고 있고, 함께 해결책을 모색하는 동행자임을 알리기 위해 그런 것이다.

우리가 정치를 하는 이유는 명확하다. 민생을 챙겨 국민의 삶이 보다 윤택해지도록 하고, 사회적 약자들이 소외감을 느끼지 않고 희망을 품고 살 수 있게끔 좀 더 정의롭고 좀 더 밝은 사회환경을 만드는 일일 것이다. 여당, 야당 가릴 것 없이 이런 일을 하는 걸 정치의 요체로 삼아야겠지만 국정운영의 책임이 더 큰 여당이 더 많은 노력을 기울여야 한다고 본다. 그런 맥락에서 나는 총선 때부터 생활논평을 꽤 많이 냈다. 이런 논평을 준비하면서 우리 사회의 밝고 어두운 구석에 대해서도 많이 알게 되었고,

정치하는 마음가짐도 가다듬게 되었다. 내가 아쉬워했던 것은 야당 대변인단에서는 생활논평을 잘 내지 않는다는 점이었다. 그쪽 논평은 주로 정치 싸움 하는 내용이 주를 이뤘는데 그런 사정을 이해하지 못하는 바는 아니나, 그럼에도 불구하고 아쉽고 안타까웠다. 야당이 여당과 싸우더라도 사회의 여러 문제에 대해 보다 큰 관심을 보이면 여당도 주목할 것이고 정치권의 민생 문제 해결 능력도 향상될 것이라는 게 나의 생각이다.

✒️ 논평

[12/10/18]

창의적인 아이디어로 우범지역을 밝은 곳으로 바꾼 사례 등을 주목한다.

최근 '묻지마 범죄'와 아동과 여성을 대상으로 한 성범죄 등 강력범죄가 골목길 등에서 빈번히 발생하는 가운데 최근 골목길에 범죄를 예방하기 위한 목적에서 창조적 시설물 등을 설치해 효과를 거둔 사례가 있다고 한다.

서울 마포구 염리동의 경우 가파른 계단과 좁고 구불구불한 골목이 많아 범죄가 자주 발생하는 대표적인 우범지역으로 꼽힌다고 한다. 경찰청이 지정한 161개 서민보호치안강화구역 중에서도 대책이 시급하다는 판정을 받은 곳이라고 한다. 그런 염리동에서 좁은 골목길을 '소금길'로 이름 지으면서 가로등 60여 개와 안전벨을 설치하고, 노란 대문이 있는 '소금길 지킴이집'을 지정하는 등 주민을 즉각 도울 수 있는 시스템을 갖췄더니 범죄가 줄고 분위기가 바뀌었다고 한다. 심야에 다니기가 무서웠던 골목길이 이젠 산책할 수 있는 안전한 생활공간으로 바뀌고 있다고 한다.

대낮에도 술판과 싸움판이 종종 벌어지는 바람에 시민들이 이용에 불편을 호소했던 서울역사와 서부역 인근 지하통로 주변에 국화꽃 화분 400여 개가 놓이자 술판, 싸움판이 사라졌다고 한다.

전국 곳곳에서 범죄를 막고 시민생활의 안전을 제고하기 위해 창의적인 발상이 나오는 것은 정말로 환영할 만한 일이다. 국민의 생활공간을 보다 쾌적하게 만들어 범죄 발생률까지 낮추는 것은 국가이미지 제고에도 큰 도움이 되기 때문에 일석삼조의 효과를 거둔다고 볼 수 있다. 염리동과 서울역사의 사례가 전국의 우범지역에서 타산지석의 교훈이 될 걸로 본다.

새누리당과 박근혜 대통령 후보는 국민의 안전을 지키고 범죄를 막기 위해 창의적인 해법을 모색할 것이며, 시민들의 좋은 아이디어를 열린 마음으로 접수해 타당한 것은 반드시 실천에 옮길 것이라는 점을 약속드린다.

논평

[12/11/22]

전기가 끊겨 촛불을 켜고 자다 할머니와 손자가 화재로 숨진 안타까운 사건이 다시는 발생해서는 안 될 것이다. 정부는 동절기에 대비해 복지 사각지대에 놓여 있는 국민의 삶을 철저하게 챙겨주기 바란다.

전기요금 체납으로 전기가 끊긴 상태에서 촛불을 켜고 잠을 자다 화재가 발생해 할머니와 외손자가 사망하는 안타까운 사건이 발생했다.

식당일을 나가며 근근이 어린 손자를 키워오던 노부부는 전기요금 6개월치를 내지 못해 전기가 끊기자 촛불로 버티다 이런 변을 당했다고 한다. 할아버지는 다행히 피신했으나 부상을 입고 치료를 받고 있다고 하니 아내와 손자를 잃은 그 분을 무슨 말로 위로해야 할지 모르겠다. 건강이 좋지 않은 노부부는 일을 하지 못해 궁핍하게 살았으나 할아버지에겐 아직 노동력이 있다는 이유로 기초수급대상자로 지정되지 못했다고 한다.

이들은 복지 사각지대에 놓여 기본적인 도움의 손길조차 받지 못했다. 새누리당은 이번 사건에 대해 무거운 책임감을 느끼며 고인의 명복을 빈다. 그리고 할아버지께는 진심으로 위로의 뜻을 전하며 그분의 조속한 쾌유를 빈다.

정부는 빈곤으로 고통을 겪고 있는 가정이 이런 비극을 당하는 일이 다시는 일어나지 않도록 문제점을 점검하고 실질적인 대책을 마련하기 바란다. 곧 동절기로 들어가는 만큼 현장 실태를 보다 꼼꼼하게 파악해서 난방 문제 등으로 큰 어려움을 겪고 있는 분들을 보호해 줄 것을 촉구한다.

새누리당 박근혜 대통령 후보는 "복지 정책의 가장 큰 문제는 정작 지원이 필요한 분들이 정책 대상에서 제외되는 광범위한 사각지대가 존재하는 것"이라고 지적한 바 있다. 그러면서 근로능력이 없는 국민의 생활에 대해서는 정부가 보다 큰 책임을 지는 방향의 정책을 추진하겠다고 했다.

　새누리당은 박 후보의 이런 정책을 적극 뒷받침할 것이며, 앞으로 보다 촘촘한 복지, 세심한 복지를 추진해 복지 사각지대를 최대한 없애려고 노력할 것이다.

폐지 수거로 생계를 유지해온 할머니의 안타까운 사연　어렵게 사는 분들에게 불행이 닥칠 때면 누구든 더 안타깝고 마음 아픈 게 인지상정일 것이다. 특히 나이가 많고 어렵게 사는 어르신들이 곤란한 일을 겪게 되면 정치인으로서 더 큰 책임감을 느끼는 게 당연한 일일 것이다. 대선을 앞둔 어느 날, 하루 종일 폐지를 주워도 3천 원 벌이가 전부인 한 할머니가 떡을 훔쳐 이웃 노인들과 나눠 먹다가 경찰에 입건되었다. 그 할머니에게는 20만 원의 벌금형이 떨어졌는데 할머니는 조사를 받고 귀가할 때도 차비가 없어 경찰의 도움을 받았다고 한다. 남의 물건을 훔친 것은 잘못된 일이지만 할머니가 처한 상황이 참으로 딱하고 안타까웠다.

　나는 이런 분들에 대한 사회의 따뜻한 관심을 환기하려는 뜻에서 논평을 냈는데 다음날 〈문화일보〉는 2면에 여당 대변인이 할머니의 사연에 대해 논평을 썼다는 기사를 실었다. 이런 언론 보도가 많은 울림을 주었는지 국내에서는 물론 해외에서도 할머니를 돕겠다는 분들이 쇄도했다고 한다. 우리 사회에 남을 배려하는 분들이 참으로 많다는 것을 깨닫게 하는 일화였다.

[12/12/09]

무심코 떡을 훔치는 바람에 한 달 생활비를 벌금으로 내야 할 폐지 줍는 할머니의 사연이 안타깝다.

홀로 폐지를 주워 생계를 유지하는 70대 할머니가 폐지를 줍다가 옆에 있던 떡 상자 4개(9만 원어치)를 훔친 것 때문에 경찰에 입건됐다. 할머니는 벌금 20만 원을 내야할 처지에 놓였다고 한다. 하루 종일 폐지를 주워봐야 겨우 몇 천 원을 버는 할머니에겐 20만 원의 벌금이 한 달 생활비와 맞먹는다고 한다.

할머니가 떡을 어렵게 사는 노인들과 나눠 먹었다고 하지만 남의 물건을 훔친 것은 분명 잘못된 일이다. 그래서 상응하는 벌을 받는 게 당연하겠지만 홀로 사는 할머니의 처지 또한 딱하기 그지없다. 폐지를 줍는 것만으로는 20만 원이란 벌금을 감당하기 어렵기 때문이다. 이런 안타까운 사연을 사법당국이 참작해 주면 좋겠다. 혹시 따뜻한 마음씨로 할머니를 도와줄 분이 있다면 그 역시 훈훈한 일이 아닐까 생각한다.

최근 경기 침체가 장기화되면서 생계형 범죄가 부쩍 늘고 있다고 한다. 경찰청에 따르면 작년 한 해 동안 입건된 절도사범 11만 1,390명 중 63%에 달하는 7만 225명이 기초생활수급자나 차상위 계층이었다고 한다.

우리나라가 무역 규모에서 세계 8강에 진입하고 2050클럽(소득 2만

달러, 인구 5천만 명)에 가입하는 등 나라의 위상은 높아지고 있는데도 성장의 온기는 서민 생활의 구석구석에 미치지 못하고 있다. 내년도에는 경제가 올해보다 더 어려울지 모른다는 관측도 나오는 상황이다. 이런 때 상부상조하는 공동체 정신이 사회 곳곳에서 살아나면 좋겠다.

새누리당은 저소득층·노인빈곤층 등 서민들이 처한 현실에 무거운 책임감을 느낀다. 박근혜 후보가 중산층을 70%까지 복원하는 것을 국정 운영의 핵심과제로 제시한 것도 어떻게든 서민들의 생활을 개선하겠다는 뜻에서 비롯된 것이다.

새누리당과 박근혜 후보는 필요한 시기에, 필요한 분들에게, 꼭 필요한 지원을 제공하는 생애주기별 맞춤형 복지를 확실하게 추진할 것이다. 그리고 복지지출의 누수와 중복을 막고 지출의 실효성을 높이도록 복지행정을 개혁할 것이다. 서민들을 위하는 복지, 어렵게 사는 분들의 고통을 덜어주는 복지를 하겠다는 것이다.

📰 기사

〈문화일보〉 2012월 12월 10일자 2면 정유진 기자

폐지를 주워 근근이 살아가는 70대 할머니가 9만 원 상당의 떡을 들고가 이웃들과 나눠 먹었다가 한 달 생활비에 해당하는 20만 원의 벌금을 내야 할 처지에 놓였다는 보도(〈문화일보〉 12월 7일자 12면)가 나간 후 각계각층에서 온정이 답지하고 있다.

관련 보도 이후 네이버, 다음 등 주요 기사로 올라가면서 6,000여 개 이상 댓글이 달렸고 할머니를 돕겠다는 사랑의 전화가 하루 종일 이어졌다. 국내는 물론, 미국과 필리핀, 일본 등에서도 온정의 이메일을 보내 지난 주말까지 800여 통이 접수됐다. 경기 성남시에 사는 30대의 주부라고 밝힌 한 여성은 "할머니 기사를 보고 너무나 마음이 아팠다"며 "생활이 여의치 않으신 할머니께 가끔 들러 과일이나 간식거리를 챙겨드리고 싶다"고 말했다.

대학생 홍모(21) 씨는 "아직 학생이라 큰돈이 있는 건 아니지만 벌금 20만 원과 할머니의 생활비 일부는 드리는 게 가능할 것 같으니 도울 방법을 알려 달라"고 말했다. 대부분이 가진 돈이 많지 않지만 할머니의 벌금을 대납해드리는 것으로 할머니를 돕고 싶다는 내용이었다. 떡집에 자신이 대신 찾아가 주인께 용서를 빌고 싶다는 내용의 이메일도 있었다.

대통령선거로 정신없이 바쁜 정치권도 사태 해결에 나섰다. 새누리당은 9일 이상일 대변인 명의로 '무심코 떡을 훔치는 바람에 한 달 생활비를 벌금으로 내야 할 폐지 줍는 할머니의 사연이 안타깝다'는 내용의 성명을 발표했다. 이 대변인은 성명서를 통해 "남의 물건을 훔친 것은 분명 잘못된 일이고 상응하는 벌을 받는 게 당연하겠지만 홀로 사는 할머니의 처지 또한 딱하기 그지없다"며 "저소득층·노인빈곤층 등 서민들이 처한 현실에 무거운 책임감을 느낀다"고 말했다.

이에 따라 경찰도 할머니를 최대한 선처하는 방안을 검토 중이다. 서울 강서경찰서 간부와 이 사건 전담 형사들은 10일 회의를 열어 장 할

머니를 즉결 심판에 넘길지 여부를 최종 결정할 예정이다. 또 선처와
는 별도로 할머니를 도와줄 방법을 논의 중인 것으로 알려졌다. 기사
를 통해 할머니의 사연을 알게 된 떡집 주인은 "잃어버린 떡값만 받는
다면 할머니를 용서할 수도 있다" 고 말했다.

✎ 논평

[12/12/10]

폐지 줍는 할머니의 사연을 듣고 많은 온정이 모였다고 하니 참으로 훈훈한 일이다.

지난주 폐지를 주워 근근이 살아가는 70대 할머니가 무심코 떡
4상자(9만 원어치)를 훔쳤다가 경찰에 입건됐었다. 하루 종일 폐지를
모아도 몇천 원을 번다는 할머니는 한 달 생활비에 해당하는 20만
원의 벌금을 내야 할 처지에 놓였다. 이런 할머니의 안타까운 사연
은 언론을 통해 알려졌고, 새누리당에선 사법당국이 할머니의 사정
을 정상참작해 주면 좋겠다는 논평을 낸 적이 있다.

오늘 언론을 통해 접한 것은 많은 분들이 할머니를 돕겠다고 나
선다는 소식이었다. 할머니의 사연이 알려진 다음부터 언론사에는
"어떻게 하면 도울 수 있느냐" 는 전화가 온 종일 이어졌다고 한다.
국내는 물론 해외에서도 지난 주말까지 800여 통의 e메일이 접수
됐다고 한다. 경찰도 할머니를 최대한 선처하는 방안을 검토 중이
라고 한다.

참으로 훈훈한 일이다. 이웃의 어려움을 내 일처럼 생각하는 이들

이 많다는 것은 우리가 이 사회를 사랑의 공동체로 만들 수 있다는 걸 뜻한다. 새누리당은 할머니를 위해 따뜻한 마음씨를 아낌없이 베풀어 주신 분들께 감사하다는 말씀을 드린다.

우리는 과연 장애인을 배려하고 있는가 장애인에 대한 인식이 달라지고 처우가 예전에 비해 좋아졌다고는 하나 장애인이 가진 재능이나 꿈을 펼칠 기회는 아직도 많지 않은 게 현실이다. 대선이 진행되는 와중인 2012년 11월 28일 나는 상당히 많은 일정을 소화하는 가운데서도 국회 의원회관 간담회실에서 장애인 무용 공연 활성화를 위한 세미나를 열었다. 그 자리에서 중국 시각장애인 예술단의 공연을 담은 영상자료를 봤다. 그들의 공연은 참으로 놀라웠다. 무대와 객석을 볼 수 없는 이들이지만 두 눈을 가진 이들 못지않게 훌륭하고 감동적인 공연을 하는 모습이 영상에 담겨 있었기 때문이다. 중국엔 청각장애인 무용단을 비롯한 장애인 예술단들이 공연할 수 있는 무대가 많다고 한다. 비록 신체장애를 갖고 있지만 무대에서 꿈과 끼를 맘껏 발산하는 중국의 장애인 예술가들을 보면서 우리도 속히 그런 여건을 만들어주면 좋겠다는 생각을 했다.

2013년 3월 국가 및 지방자치단체가 설치하는 문화시설에 장애인을 배려하는 시설을 갖추도록 의무화하는 내용의 문화예술진흥법 개정안을 대표 발의한 것도 이런 이유에서다. 법안에는 박근혜 후보가 공약했던 '장애인 문화예술 창작지원 센터' 설립을 위한 근거조항을 두었고, 장애인이 문화예술을 향유하고 창작 기회를 넓힐 수 있도록 정부 차원에서 지원하는 내용도 포함시켰다.

　우리는 주변을 돌아볼 필요가 있다. 우리가 자주 찾는 문화 시설을 유심히 살펴보면 그런 시설들이 대부분 장애인에 대해 친화적이 아니라 배타적이라는 사실을 알 수 있을 것이다. 장애인을 위한 좌석은 턱없이 부족하고 통로도 그들에겐 매우 불편하게 되어 있다. 정부와 정치권이 장애인의 눈으로 보려 한다면 고칠 것이 매우 많은 게 우리의 현주소다.

✒ 논평

[12/10/14]

국회의원 울린 '영혼의 소리로' 합창단은 자활의 강력한 의지를 보여줬다.

　의원들이 단체로 눈물을 흘렸다고 한다. 뇌병변, 정신지체, 다운증후군 등 중증 장애인으로 구성된 '영혼의 소리로' 합창단이 보건복지위원들에게 2곡의 노래를 선사했을 때 의원들은 눈물을 참지 못했다고 한다. 합창단원 중엔 짧은 동요 한 곡을 외우는 데 한 달이나 걸릴 정도로 중증장애를 가진 이들도 있지만 이들 단원이 보여준 자활의지와 하모니가 의원들의 심금을 울렸기에 국감장이 눈물바다가 됐다고 생각한다.

　우리 사회의 장애인에 대한 인식과 처우가 많이 개선된 것은 사실이다. 그러나 아직까지 제도의 미비와 사회적 편견으로 고통을 받는 장애인들이 많은 것도 사실이다. 장애는 신체적 다름을 보여줄 뿐이지 차별의 조건이 되어서는 안 된다는 걸 의원들은 '영혼의 소리로' 합창단의 아름다운 영혼을 목격하면서 실감했을 걸로 본다.

새누리당과 박근혜 대통령 후보는 장애인의 꿈이 실현되고 그들의 능력이 맘껏 펼쳐질 수 있는 사회적 토대를 조성하기 위해 다양한 맞춤 정책을 추진하고 있다. 장애 아동의 정규 교육 강화를 위해 향후 5년간 특수교사 7,000여 명을 증원하고 특수학교·학급을 증설하며 장애 대학생 학습도우미 지원 사업을 전국의 대학과 전문대학에서 의무적으로 실행할 수 있도록 하는 것 등이 그 예다. 새누리당은 또 장애인 직업 교육을 강화하고, 청년실업정책 사업에 장애인 쿼터를 배정하며 장애인 고용 우수기업에 대한 우대정책을 강화하는 등 장애인 일자리를 확대하는 데도 앞장서고 있다.

또한 장애인 연금을 현실화하고 장애인이 기초생활보장 수급자에서 벗어날 경우 의료비를 2년간 지원하는 '이행급여제'를 시행하는 등 장애인에 대한 맞춤 복지도 강화해 나갈 방침이다.

새누리당과 박근혜 대통령 후보는 장애인을 비롯한 사회적 약자들이 차별받지 않고 사회의 당당한 구성원으로 살아갈 수 있도록 사회적 기반을 정비함으로써 '100% 대한민국'을 만드는 데 최선의 노력을 다할 것임을 약속한다.

논평

[12/10/28]

장애인 차별 철폐 운동을 해 온 중증 장애인 김주영 씨 사망에 애도를 표한다. 새누리

당은 중증 장애인 활동보조 서비스 확대 등의 방안을 검토할 것이다.

지난 26일 장애인 차별 철폐운동을 벌여온 중증장애인 김주영씨가 집에서 난 화재로 사망하는 사건이 발생했다. 김씨를 도와주는 활동보조인이 퇴근한 뒤에 일어난 화재여서 고인은 불길을 피하지 못하고 화를 당했다고 한다. 김씨가 불이 난 것을 알고서 입으로 스마트폰 터치펜을 물고 119에 신고했지만 혼자서는 거동할 수 없던 김씨는 소방관들이 도착하기 전에 세상을 떠났다고 하니 안타까움을 금할 수 없다.

새누리당은 김씨의 사망에 대해 깊은 조의를 표하며, 그의 명복을 진심으로 빈다. 정부는 이번 사건을 계기로 중증 장애인이 처한 열악한 환경을 급히 개선할 수 있는 대책을 마련해 주기 바란다.

중증 장애인에 대한 활동보조인 파견 서비스는 현재 하루에 최대 12시간 밖에 되지 않는 만큼 활동보조인이 도와주지 못하는 야밤에는 김씨처럼 비극을 당할 가능성이 상존해 있다는 사실을 정부는 유념해야 할 것이다. 일본의 경우 중증 장애인에 대한 활동보조 서비스는 24시간 이뤄진다고 하니 정부도 예산, 인력 문제 등을 면밀하게 검토해 서비스를 개선하는 방안을 찾아주기 바란다.

새누리당은 4월 총선 공약을 통해 장애인활동지원 제도를 확충하겠다고 밝혔다. 중증 장애인 활동지원 시간을 확대하겠다는 등의 약속을 한 바 있다. 이 약속을 실천하기 위해 국회 차원의 입법 노력을 하는 것은 물론 정확한 실태조사를 통해 보다 실효성 있는 대책을 마련하도록 할 것이다.

이상일 의원이 주최한 장애인 무용공연예술 활성화 심포지엄(2012년 11월 18일).
정치권이 장애인의 눈으로 주변을 바라본다면 고칠 것이 매우 많은 게 우리의 현주소다.

깔대기론과 사회복지공무원들의 힘든 삶

　　　　　　　　2013년 초 사회복지 업무를 담당하던 공무원들이 과중한 업무에 시달린 나머지 스스로 목숨을 끊는 일이 잇따라 발생했다. 2007년부터 5년간 복지 업무가 급증했으나 담당 공무원 숫자는 턱없이 부족해서 생기는 안타까운 사건들이다.

　박근혜 대통령은 복지정책과 관련해 현장에서 일하는 공무원들에게 일이 몰리는 이른바 '깔대기 현상' 문제를 일찌감치 지적했다. 2008년 10월 국회 보건복지위 소속으로 보건복지부 국정감사를 했을 때 일선으로 몰리는 복지 업무의 과중함에 대해 자세히 언급하면서 해결책을 모색해야 한다고 강조했던 것이다. 당시에 복지사 1명이 2,181명의 대상자를 관리했는데 5년이 지난 지금도 상황은 나아진 것이 없다. 스스로 목숨을 끊은 한 공무원의 경우 4만 9천여 명의 사회복지업무를 수습직원과 임시직 도우미 등 6명의 손으로 처리했다고 한다.

　아무리 정책이 좋아도 현장에서 제대로 소화하지 못하면 소용이 없다.

국민의 혈세가 새는 곳은 줄여야 하지만 사회복지 전담 공무원처럼 꼭 필요한 인력인데도 많이 부족하다면 인원을 늘리는 방안을 강구해야 할 것이다. 복지 행정을 집행할 사람들이 업무가 힘겨워서 자살이라는 극단적인 선택을 한다면 국민행복 시대라는 국정 목표는 구호로 끝나고 만다는 점을 복지 행정 관계자들은 명심해야 할 것이다.

✒ **논평**

[13/02/24]

정부는 복지 현장의 '깔때기 현상'의 문제를 속히 해결해야 할 것이다. 과중한 복지 업무 때문에 스스로 목숨을 끊은 성남시청과 용인시청 공무원의 명복을 빈다.

지난 26일 사회복지 업무를 담당하던 경기도 성남시청 소속 30대 여성 공무원이 "근무하기 어렵고 힘들다"는 내용의 유서를 남기고 스스로 목숨을 끊었다. 지난달 31일에는 경기도 용인시 사회복지직 공무원이 일이 많은 노인장애인과로 발령 받은 지 6일 만에 투신해 숨진 일도 있었다. 두 공무원이 유명을 달리한 것을 참으로 안타깝게 생각하며 고인들의 명복을 빈다.

한국보건사회연구원에 따르면 2007년부터 5년간 복지재정 정책은 45%, 복지 대상자는 157.6% 증가했으나 복지담당 공무원은 4.4% 느는데 그쳤다고 한다. 중앙정부의 복지정책은 쏟아지는데 일선에서 이를 처리할 인력은 턱없이 부족한 것이 우리의 현실이다. 그러다 보니 일선 사회복지사들은 과도한 업무에 시달리고, 국민은 복지혜택을 제대로 받지 못하는 문제가 발생하고 있다. 숨진 성남시 공무원의 경우 국민기초생활보장 수급자, 장애인, 보육료 양육수당 대상자 등 4만 9천여 명에 대한 사회복지 업무를 수습직원과 임시직 도우미 등 6명과 함께 처리했다고 한다.

박근혜 대통령은 지난 1월 28일 대통령직 인수위원회 고용복지분과 업무보고를 받는 자리에서 복지정책 집행과 관련해 일선에서 병목 현상이 생기는 소위 '깔때기 현상'의 문제를 지적했다. 박 대통령은 또 "복지사들이 정말 힘을 내서 일을 할 수 있어야 복지가 국민에게 전달된다"며 사회복지사에 대한 처우 개선 문제를 종합적으로 검토해야 한다고 강조했다.

복지 정책을 만들어내는 것만큼이나 중요한 것은 복지정책이 제대로 실행될 수 있는 사회적 시스템을 만들어야 한다는 점이다.

박 대통령이 지적한 복지 현장의 '깔때기 현상'을 해결하는 데 새 정부는 적극 앞장서야 할 것이다. 박 대통령이 대선 후보 시절 약속한 원스톱 복지시스템 등을 속히 정착시켜 복지전달체계를 개선해야 한다. 복지 공무원 확충, 처우 개선도 이뤄져야 한다.

정부는 국민맞춤형 복지를 통해 국민 행복 시대를 여는 과정에서 일선 사회복지사들이 희생되는 일이 더 이상 발생되지 않도록 노력해 주기 바란다.

[13/03/24]

사회복지공무원들이 과도한 업무로 생을 포기하는 일이 잇따라 발생하고 있음을 정부와 지자체는 주목해야 한다. 복지업무 운용시스템을 전면 점검해서 사회복지공무원들의 비극이 더 이상 생기지 않도록 해야 할 것이다.

　올해 경기 용인과 성남, 그리고 울산에서 사회복지공무원들이 스스로 목숨을 끊는 안타까운 일이 잇따라 발생했다. 이들이 극단적인 선택을 한 것은 복지업무가 너무 과중해서 견디기 힘들었기 때문이다.

　여러 부처에서 내놓는 각종 복지정책이 일선에서 집행하는 책임이 사회복지사에게 몰리는 병목이 생기는 '깔대기 현상' 때문에 사회복지사들은 정작 복지가 없는 세상에서 힘겹게 일하고 있는 것이다.

　새누리당이 지난달 28일에 이어 오늘 다시 대변인 논평을 내는 것은 사회복지사들이 직면한 업무과중 문제가 심각하기 때문이다.

　수많은 복지정책들을 일선에서 집행해야 하는 사회복지공무원들은 각종 복지 민원을 처리하고 취약계층을 돌보느라 밤낮없이 일하고 있다. 지난 달 숨진 성남의 사회복지공무원은 혼자서 국민기초생활보장 수급자 290명, 기초노령연금신청대상자 800명, 장애인 1,020명을 담당했다. 복지가 확대되는 올해부터는 무상보육과 교육비 지원 업무까지 보태져 잠시라도 쉴 틈이 없었다고 한다.

　사회복지공무원의 경우 국가 공무원이 아닌 지방자치단체 소속으로 돼 있고, 총액인건비제에 묶여있어 인력충원도 어려운 실정이라고 한다. 정부와 지자체는 사회복지공무원들의 비극이 더 이상 발생하지 않도록 인력충원과 업무조정을 해야 할 것이다. 복지공무원 운용시스템을 전면 점검해서 국민들에게는 복지혜택이 제대로 갈 수 있게끔 하면서도 복지공무원들도 과다업무에서 해방될 수 있는 방안을 만들어야 할 것이다.

박근혜 대통령이 지난 1월 대통령직 인수위원회 고용복지분과의 업무보고를 받는 자리에서 복지정책을 집행하는 일선에서 병목이 일어나는 현상을 걱정하고 사회복지공무원들의 업무와 처우 개선책을 마련하라고 지시한 적이 있음을 해당 부처는 잊지 말기 바란다.

군국주의로 가는 일본정부의 퇴행

일본 아베 정권은 과거의 망령에 사로잡혀 퇴행의 길로 가고 있다. 역사를 왜곡하면서 군국주의 색채를 강하게 드러내는 방향으로 일본을 이끌고 있는 것이다. 야스쿠니 신사에 역대 최다의 정부 각료들이 참배하는 것을 허용한 아베 총리는 "침략의 정의는 어느 쪽에서 보느냐에 따라 다르다"는 망언까지 뱉었다. 세계 유력 언론들은 물론 일본의 아사히, 마이니치, 요미우리 같은 신문도 그런 그를 비난했다.

아베 총리는 과거에도 군국주의적인 발언으로 국제사회의 눈총을 받은 적이 있다. 그는 2007년 2차 세계대전 당시 위안부를 동원하는 데 강제성이 없었다고 했지만 일본이 위안부를 강제로 동원했다는 증거는 수없이 발견되고 있다. 2013년 9월에는 도쿄의 국립공문서관이 일본 시민단체 '강제동원 진상규명 네트워크'의 정보 공개 요청에 따라 위안부를 강제동원해 처벌 받은 일본인들의 형사재판 기록을 공개했다. 아베는 위안부 강제동원을 인정하고 사과한 1993년의 고노(河野) 담화도 부인하는데 이는 일본의 양심을 의심케 하는 것으로 세계의 빈축을 사고 있다. 2007년 7월 미 하원은 전체회의에서 일본군 위안부 문제에 대해 일본 총리의 진정한 사과를 요구하는 결의안을 만장일치로 채택했다.

당시 〈중앙일보〉 워싱턴 특파원으로 활동했던 나는 네덜란드인인 얀 할머니에 대한 기사를 썼다. 2차 세계대전 때 인도네시아 자바 섬을 점령한 일본군들에 의해 위안부로 끌려가 갖은 고초와 굴욕은 겪은 분으로, 그가 미국 의회에서 일본의 야만 행위에 대해 증언한 내용을 보도한 것이다. 얀의 증언은 세계에 큰 파문을 일으켰다. 네덜란드 의회는 2008년 유럽에서는 처음으로 일본군의 위안부 강제 동원에 대해 일본 정부의 공식 사과와 보상을 요구했다. 피해자의 증언으로 일본군 위안부 강제 동원과 인권유린이 수없이 확인되었고 국제사회도 일본의 철저한 반성을 촉구하는데 일본 유력 정치인들은 후안무치하게도 '왠 호들갑이냐'는 식으로 나오고 있다. 일본이 국제사회의 존경을 받지 못하는 것은 잘못을 뉘우치지 않는 이런 뻔뻔함 때문일 것이다. 과거를 반성하지 않고 역사로부터 배우지 못한다면 그 나라의 미래는 결코 밝을 수 없다.

✒ **논평**

[12/08/30]

일본 정치인들의 연이은 망언을 규탄한다. 일본군 위안부 관련 증거는 셀 수 없이 많다. '내가 곧 증거'라는 할머니의 외침이 들리지 않는가.

일본 제국주의 시절 일본군이 한국 여성을 성노예로 다뤘던 증거가 이루 헤아릴 수 없이 많다는 건 세계가 다 아는 사실이다. 일본의 양심적인 인사들도 그간 수차례에 걸쳐 일본의 만행을 인정하고 사죄의 뜻을 밝혔다. 그런데도 오늘의 일본을 이끌고 있는 주요 정치인들은 소위 오리발을 내밀며 한국을 상대로 적반하장식의 망언을 서슴지 않고 있다.

노다 요시히코 일본 총리는 "한국 여성을 강제 연행했다는 사실이 문서로 확인되지 않았다"고 했고, 아베 신조 전 총리와 마쓰바라 진 국가공안위원장 등은 위안부 강제연행 책임을 인정했던 '고노 담화'의 수정을 주장했다. 하시모토 도루 일본 오사카 시장은 "증거가 있으면 한국이 내놓으라"고 했다. 참으로 부끄러움을 모르는 소인배들이 아닐 수 없다. 이런 천박한 이들이 일본 정치를 좌지우지하고 있다니 일본의 앞날이 걱정스럽기 짝이 없다.

일본이 동양의 평화를 해치고 이웃을 침탈하려고 혈안이 됐던 시절 일본군이 한국 여성을 성노예로 삼기 위해 강제 동원했던 증거는 셀 수 없이 많다. 일본군 위안소제도 설립 기초의 증거로 평가 받는 1938년 지수대일기, 1940년 일본 육군성 부관이 작성한 군기진작대책, 1994년 미군이 작성한 증인보고서, 일본 후생성이 위안부 신상기록을 담아 작성한 유수명부 등등 열거하자면 한도 끝도 없다. 유엔에서 10여 차례에 걸쳐 성노예 범죄에 대한 일본의 책임을 묻는 보고서를 낸 것도 제국주의 일본의 천인공노할 인권유린행태를 맹렬히 규탄하고 일본의 사과를 촉구하기 위해서였다.

꽃다운 나이에 일본군에 강제로 끌려가 치욕의 세월을 보낸 걸 잊지 못하고, 주한 일본대사관 앞에서 수요 집회를 하고 있는 생존 위안부 할머니들 또한 생생한 증거다. '나 이상의 증거가 있느냐'고 한 할머니의 외침이 큰 울림을 일으키는 건 그 분이 살아온 생애를 우리 모두 잘 알고 있기 때문이다. 망언을 하는 일본 정치인들에게 한 톨의 양심이 있다면 이 할머니 앞에서 차마 머리를 들지 못할 것이다.

일본 정치인들이 아무리 손바닥으로 하늘을 가리려고 해도 역사적 진실을 덮을 순 없다. 일본의 정치인들이여, 세계가 여러분을 지켜보고 있다. 이제라도 과거의 잘못을 되풀이하는 망언과 망동을 중단하고 제국주의 일본이 한국 여성에게 지은 죄를 인정하고 머리 숙여 사죄해야 한다. 일본의 양심이 살아있다는 걸 일본 정치인 여러분이 보여줘야 하지 않겠는가. 일본 정계 인사들의 진지한 성찰과 반성이 있기를 기대한다.

브리핑

[12/12/12]

일본군 위안부 피해자 김복선 할머니의 명복을 빌며, 일본 정부의 진심 어린 사과를 거듭 촉구한다.

일본군 위안부 피해자 김복선 할머니가 오늘 향년 86세로 별세하셨다는 안타까운 소식이 들려왔다.

일본 정부의 진실된 사과를 끝내 받지 못하고 돌아가신 김 할머니의 명복을 빈다. 할머니가 가슴에 품었을 한을 생각하면 참으로 마음 아프다. 할머니의 영면을 국민과 함께 기원한다.

김 할머니의 별세로 이제 정부에 등록된 종군위안부 할머니 중 생존자는 59명으로 줄었다고 한다. 그러나 김 할머니처럼 꽃다운 나이에 일본군 위안소로 끌려간 할머니들의 아픔은 아직도 치유되지 못하고 있다.

생존해 있는 할머니 모두가 연세가 많기 때문에 일본의 진정한 사죄가 속히 이뤄지지 않는다면 김 할머니처럼 큰 한을 품고 세상과 이별하는 분들이 계속 나올 것이다.

일본에선 지금 걱정스러운 분위기가 형성되고 있다. 이번 총선에서 집권이 유력시되는 자민당이 종군위안부 문제에 대한 과거의 일본 정부 담화를 파기하겠다고 공약하는 등 반역사적인 태도를 보이고 있다. 일본제국주의에 향수를 가진 단체들이 주한 일본 대사관 앞 위안부 소녀상에 말뚝을 박는 등의 몰상식한 일도 벌어지고 있다.

새누리당 박근혜 후보는 일본군 위안부 문제와 독도 문제는 일본과의 협상 대상이 아니라는 단호한 입장을 밝혀왔다. 새누리당은 위안부 할머니들에 대한 일본 정부의 진심 어린 사죄와 그리고 정당한 배상을 거듭 촉구한다.

새누리당은 위안부 할머니들의 한을 풀어드리고 상처를 치유하는 데 모든 정성을 다할 것이며, 일본 정부가 올바른 역사인식을 할 수 있도록 각별한 외교노력을 기울일 것이다.

국민대통합 이슈 선점했지만 지금은?

2012년 12월 초 안철수 전 후보를 지지했던 일부 단체가 박근혜 후보 지지를 선언했다. 김대중(DJ) 대통령의 최측근이었던 '리틀 DJ' 한화갑 전 민주당 대표를 비롯해 DJ의 동교동계 전직 의원 수십 명도 박 후보를 지지했다.

이에 앞서 10월엔 DJ 청와대 비서실장을 지냈던 한광옥 전 민주당 대표가 새누리당에 입당했다. 한광옥·한화갑 전 대표 등 동교동계의 많은 인사들과 안철수 전 후보 측 인사 일부가 속속 박근혜 후보를 지지함으로써 박 후보의 국민대통합 행보는 탄력을 받기 시작했다. 한광옥 전 대표 영입에는 김용환 새누리당 고문이, 다른 동교동계 인사들 영입에는 서청원 전 대표가 큰 역할을 했다. 한광옥 전 대표와 김용환 고문은 1997년 대선 때 'DJP(김대중·김종필)연합'을 성사시킨 주역이다. 당시 두 분이 철통보안을 유지하면서 치밀한 물밑작업을 했기 때문에 DJ와 JP가 손을 잡을 수 있었고, 그것이 김대중 정권 탄생의 결정적 계기가 됐다.

2013년 10월 경기 화성갑 국회의원 보궐선거에서 승리해 7선 의원이 된 서청원 전 대표는 박 후보를 적극 도왔던 죄 아닌 죄로 이명박 정부에서 영어(囹圄) 생활을 하는 등 큰 고초를 겪었던 분이다.

서 전 대표와 박 후보의 인연은 깊다. 1998년 박 후보가 대구 달성 국회의원 보궐선거에 출마해 정치의 길로 들어섰을 때 서 전 대표는 한나라당 사무총장으로 박 후보 공천에 관여했다. 2004년 봄 총선을 앞둔 한나라당에 노무현 당시 대통령 탄핵에 따른 엄청난 역풍이 불었을 때 위기의 한나라당을 구하려고 전당대회의 대표 경선에 나간 박근혜 후보를 물밑에서 지원해 당선시키는 데 큰 역할을 한 정치인도 서 전 대표다. 2007년 한나라당 대통령 후보직을 놓고 박 후보가 이명박 후보와 싸웠을 때도 헌신적으로 도왔던 정치인이다. 당시 박 후보 캠프의 상임고문직을 맡았던 그는 경선의 선봉에 서서 박 후보를 지원하다 이명박 후보에게 미운털이 박혔고, 이명박 정부에서 시련기를 보냈다.

이명박 대통령이 취임한 직후인 2008년 봄 한나라당이 18대 총선을 앞두고 이른바 '친박 학살 공천'을 하자 서 전 대표는 '친박연대'라는 신당을 만들었고, 돌풍을 일으켰다. 박 후보가 다시 대권도전을 할 수 있도록 한나라당 밖에 단단한 기반을 만들어 박 후보의 외연을 넓히는 데 큰 도움을 줬던 것이다. 그런 서 전 대표는 지난해 대선 과정에서 당 밖의 많은 분들의 지지를 이끌어내는 일에 주력했다. 박 후보가 통합의 이미지를 갖추는 데 큰 기여를 한 것이다.

동교동계의 비중 있는 인물들이 들어오면서 호남의 기류도 많이 달라졌다. 박 후보에 대한 우호적인 여론이 조금씩 조성되면서 분위기가 좋아졌던 것이다. 박 후보는 그런 호남을 찾아 국민대통합을 역설했다. 집권하면 대탕평 인사로 인재를 고루 등용하겠다고 약속했다. 중앙선대위원장인 황우여 대표는 호남에 상주하다시피 하면서 대통합 의지를 보여주었다. 황 대표는 약 두 달 동안 광주와 전남북의 곳곳을 돌면서 박근혜 후보와 여당의 국민대통합·동서화합 의지를 전달했다. 당시 황 대표의 활동을 보고 감동을 받은 호남인들이 꽤 많았다는 이야기가 지금도 호남에서 나온다. 박 후보와 새누리당 지도부의 이런 행보는 호남 표심과 호남 출신이 많은 수도권 표심에 상당한 영향을 미쳤다고 본다.

이처럼 박 후보의 국민대통합 행보가 제법 효과를 발휘하고 있을 때 유신시대 저항의 상징이던 김지하 시인이 박 후보 지지선언을 했다. 야권에서는 김지하 시인을 변절자라고 욕하는 이들도 나왔지만 그의 박 후보 지지 소식은 큰 뉴스였고 효과도 컸다. 김지하 시인은 "너그러운 여성 정치가의 길을 가겠다는 박 후보에게 믿음이 간다"고 했다. 그런 김 시인의 발언은 여성들에게도 울림을 주었다. 김지하의 지지가 박 후보의 국민통합론과 여성대통령론에 큰 힘을 보태준 결과를 낳았던 것이다.

이밖에 인혁당 사건의 핵심이었던 김중태 씨, 윤봉길 의사의 장손녀, 호남지역 시민단체 대표 등이 박 후보를 지지하면서 국민대통합 경쟁은 박 후보의 우세로 결판이 났다.

하지만 대선 후엔 아쉬운 점이 많다. 집권세력의 국정운영과 정치 행보에서 대통합의 강한 의지를 읽기 어렵다는 비판이 나오기 때문이다. 2013년 12월 현재의 시점에서 보면 국민대통합이란 어젠다는 국정운영의 우선순위에서 뒤로 밀려나 있는 듯이 보인다. 야당이 박근혜 정부의 요직을 특정 지역(영남) 인사들이 장악하고 있다고 공격하고 있는데, 그런 점을 부인하기 어려운 게 사실이다. "요직에 PK(부산 경남) 인사들을 너무 많이 기용해 TK(대구 경북)에서조차 불만이 크다"거나, "호남에선 아예 기대를 접었다"는 말이 나오고 있는 만큼 청와대와 여당은 이런 비판과 지적의 목소리를 흘려 넘겨서는 안 된다. 김영삼(YS) 정부 시절 인사에서 PK 출신들을 지나치게 많이 중용했다가 TK가 돌아서고, 충청이 YS 정권에 등을 돌렸다는 사실, 그래서 YS가 임기 후반기에 크게 애를 먹었다는 사실을 기억해야 할 것이다.

인사에 대한 평가가 좋지 않은데도 시정노력을 게을리하는 등 불만을 방치하면 갈등은 커지고 통합은 저해된다는 점을 청와대와 여당은 유념해야 한다. 인사는 모두의 눈에 선명하게 보이기 때문에 이런 점, 저런 점을 치밀하게 고려하고 심사숙고해서 국민의 박수를 받을 수 있도록 각별히 신경 쓰지 않으면 안 된다. 너무나 당연한 얘기이지만 능력과 전문성을 바탕으로 하면서도 균형을 이루는 인사를 하는 노력을 기울여야 한다. 그래야 대통령에 대한 국민의 지지도, 정부와 여당에 대한 국민의 신뢰도 높아지는 것이다. 인사가 만사(萬事)라는 것은 누구나 알지만 그걸 제대로 실천하지 못하는 바람에 인사를 망사(亡事)로 만든 집권측의 실패 사례는 많다. 그걸 반면교사로 삼아 같은 어리석음을 되풀이하지 않는 것이 정권 성공의 요체다.

📊 브리핑

[12/12/13]

박근혜 후보는 역사의 아픔과 상처를 모두 안고, 국민대통합의 미래로 나아갈 것이다.

오늘 새누리당 박근혜 후보는 진보주의 문학의 거장으로 존경받는 김지하 시인을 직접 만났고, 이후 충북 제천의 베론성지를 찾아 민주화운동의 상징인 故 지학순 주교의 묘소를 참배했다.

김지하 시인은 1970년대 유신에 항거하는 저항운동을 펼치면서 도피생활과 투옥 등 갖은 고초를 겪은 분이다. 故 지학순 주교는 평생을 민주화운동에 바치셨고, 유신헌법은 무효라는 양심선언으로 민주화운동에 불을 붙이셨던 분이다.

박근혜 후보가 이런 두 분을 찾아뵌 것은 역사의 아픔과 상처를 모두 안고 국민대통합의 길로 나아가겠다는 의지를 거듭 확인한 것이다.

박근혜 후보는 지난 9월 24일 5·16, 유신, 인혁당 사건 등이 헌법가치를 훼손했다고 밝혔다. 그리고 그런 일로 상처와 피해를 입은 분들과 가족들에게 진심으로 사과드린다고 했다. 그 아픔과 고통을 치유하기 위해 모든 노력을 다하겠다는 의지도 밝혔다.

새누리당과 박근혜 후보는 산업화와 민주화 세력의 화해를 위해 끊임없는 노력을 기울일 것이다. 이를 통해 갈등과 분열의 시대를 끝내고, 대통합의 미래로 나아갈 것이다.

오늘 김지하 시인은 박근혜 후보에게 여성시대를 맞아 좋은 정치를 할 수 있을 것이라고 덕담하며 박 후보에 대한 기대를 보여주셨다.

김 시인의 말씀처럼 박근혜 후보는 여성대통령 후보로서 남은 선거 운동기간 최선을 다해 뛸 것이다. 그리고 반드시 승리를 쟁취해 국민들이 진정으로 원하는 민생대통령, 통합대통령이 될 것이다.

국민 모두가 하나 되는 100% 대한민국을 만들기 위한 박근혜 후보의 대통합 행보는 지속될 것이며, 국민은 그 진정성을 받아주실 것으로 믿는다.

선거를 하루 앞두고

18대 대선이 하루 앞으로 다가왔다. 나는 지난 22일간의 박근혜 후보 유세 일정을 되돌아보았다. 전국 101곳, 1만km가 넘는 강행군 속에서 박 후보를 만난 국민들의 모습을 떠올렸다. 박근혜 후보가 그 분들의 간절한 바람을 이뤄줄 기회를 잡을 수 있게 해달라고 기도했다.

대통령 선거에서 투표율이 높으면 야당에 유리하고 투표율이 낮으면 여당 후보에게 유리하다는 분석이 있다. 하지만 나는 투표율이 높아도 이길 수 있다고 생각했다. 선거를 치르는 과정에서 나라를 걱정하는 분들을 많이 보았기 때문이다. 나는 선거운동을 마무리하는 소감을 담은 브리핑에서 "진정한 시대 교체를 위해 꼭 투표해 달라"고 호소했다. 대한민국의 모든 권력은 국민으로부터 나온다는 말을 다시 한 번 되새기며 국민들이 국민대통합을 실현할 수 있는 박근혜 후보를 대통령으로 선출해 주기를 소망했다.

📉 브리핑

[12/12/18]

박근혜 후보는 22일 동안 전국 101곳을 찾았다. 1만km를 뛰는 강행군으로 광장에서, 시장에서, 노변에서 국민을 만나 민생대통령, 국민대통합과 정치쇄신을 하는 대통령이 되겠다며 그 진정성을 전달했다. 최초의 여성 대통령 선출로 대한민국에 새로운 시대가 도래할지 여부는 유권자의 투표에 달려 있다. 유권자 여러분께선 어떤 후보를 선출해야 시대교체가 이뤄질지, 민생과 국민대통합의 시대가 열릴지, 국격이 올라갈지 현명한 판단을 해 주시기 바란다.

22일의 대통령 선거운동 기간이 오늘로 끝난다. 이 기간 동안 새누리당 박근혜 후보는 혼신의 힘을 다해 국민 여러분께 다가갔다. 부모님을 잃었을 때나, 당이 존폐의 위기에 빠졌을 때나, 2006년 지방선거 때 목숨을 잃을 뻔한 테러를 당했을 때나 늘 국민의 격려가 있었기에 일어설 수 있었다고 생각하는 박 후보는 남은 인생을 국민께 보답하며 살겠다는 마음가짐으로 이번 대선을 치렀다.

그래서 이념 대통령이 아닌 민생 대통령이 되겠다고 했다. 갈등과 분열을 조장하는 대통령이 아닌 국민대통합을 이루는 대통령이 되겠다고 했다. 국민이 원하는 것은 민생이고, 원치 않는 것은 정치싸움, 이념싸움이기 때문이다. 국민이 바라는 것은 동서화합이고, 국민대통합이며, 지역균형발전이고, 국민이 바라지 않는 것은 지역갈등, 계층갈등, 국론분열이기 때문이다.

민주당 문재인 후보가 안철수 전 후보, 심상정 의원의 진보정의당 세력에게 손을 벌리며 도움을 청하는 등 정치공학에 몰두하고 있을 때 박 후보는 전국 방방곡곡을 찾으며 민생을 얘기하고 국민대통합을 강조했다. 시장에서, 노변에서 만난 국민들에게, 광장에 운집한 유권자들에게 박 후보는 국민 모두가 작은 행복이라도 느끼며 살 수 있는 대한민국 공동체를 꼭 만들겠다며 국민 여러분의 동참을 호소했다. 서민의 삶을 철저히 챙겨 중산층이 70%로 두터워지는 세상, 지역, 계층, 세대, 이념 갈등으로 분열된 대한민국을 국민대통합과 화합으로 치유하는 세상을 만들고 싶다는 꿈도 밝혔다. 정치권이 누려온 각종 기득권을 내려놓는 등 정치부터 쇄신해서 정치에 대한 국민의 불신을 없애고, 국민의 믿음을 회복하는 일에 박차를 가하겠다는 다짐도 했다.

박 후보는 유세기간 동안 전국 101곳을 찾았다. 이동거리 약 1만km를 뛰는 강행군을 하면서 이런 민생의 꿈, 대통합의 꿈, 정치쇄신의 꿈을 실현해서 국민께 행복을 안겨드리고 싶다는 마음과 그 진정성을 전달하려 애썼다.

박 후보는 '신뢰의 정치인' 이란 브랜드를 갖고 있다. 약속을 하면 작은 약속이라도 반드시 지키려고 노력했기 때문이다. 박 후보는 주요 정당의 역사상 최초의 여성 대통령 후보다.

대한민국에서 첫 번째 여성 대통령이 탄생하면 그것만으로도 큰 변화다. 새로운 시대가 열리는 것이다. 여성 대통령이 탄생하면 진정한 양성 평등이 이뤄질 수 있을 것이다. 남성이든, 여성이든 서로 존중하고 우대하는 사회, 대통령 주변부터 깨끗해지는 사회, 사회적 약자도 대접을 받는 사회가 도래할 것이다.

내일은 선택의 날이다. 흔히 권력은 유권자에게서 나온다고 하지만 우리가 바라는 것은 진정한 시대교체다. 이념이 판치는 시대가 아닌 민생을 위한 시대, 갈등의 리더십이 아닌 통합의 리더십이 발휘되는 시대, 승자독식의 시대가 아닌 사회적 약자를 배려하는 시대는 유권자의 투표에서 창출되는 것이다. 유권자의 힘이 위대한 것은 이런 까닭에서다.

유권자 여러분께서 내일 꼭 투표장에 가셔서 소중한 주권을 행사해 주시기 바란다. 어떤 후보를 대통령으로 선출해야 이 나라에 민생의 시대가 도래할 것인지, 이 나라의 미래가 밝아질 것인지, 대한민국의 국격이 올라갈 것인지 잘 판단하셔서 투표해 주시기 바란다. 누가 약속을 잘 지키고, 국가적 위기상황을 잘 극복할 수 있는지, 국민대통합을 실현할 수 있을 것인지 총명한 판단으로 현명한 선택을 해 주실 것을 간절히 부탁드린다.

대통령 선거일의 표정,
그리고 승리를 확인했을 때의 마음가짐

12월 19일 날씨는 다소 쌀쌀했지만 투표 열기는 뜨거웠다. 투표소마다 많은 유권자들이 줄을 섰고 투표율도 오전부터 높았다. TV 채널에 나온 선거 전문가들은 투표율이 당락을 결정할 거라고 예측했다. 2030세대가 얼마나 투표하느냐에 따라 판세가 뒤바뀔 수 있다고 했고, 투표율이 높으면 높을수록 새누리당에 불리하다는 분석도 나왔다. 오전부터 투표율이 높아서인지 당 분위기는 그다지 밝지 않았다.

그날 낮 JTBC 주관으로 민주당 문용식 온라인 대변인과 선거운동을 결산하는 토론 자리에 앉았다. JTBC가 생중계하는 토론에서 그는 "투표율이 예상보다 많이 높기 때문에 새누리당은 지금 멘붕 상태일 것"이라고 말했다. 나는 이렇게 반박했다. "투표율의 속을 들여다봐야 한다. 지금도 투표가 진행중이어서 정확하게 분석하기 어렵지만 나는 투표율이 높다는 사실을 나라를 걱정하는 분들이 투표장에 많이 나온 결과로 본다. 투표율을 가지고 여야의 유불리를 논하려면 연령별, 지역별, 성별 투표율을 봐야 한다. 현재 그걸 알 수 없지만 나는 개표를 하면 우리에게 유리한 결과가 나올 걸로 본다. 나라 걱정하는 마음들이 모아진 결과가 투표율 상승으로 나타나는 것이 아닐까 싶어서다."

하지만 당사 분위기는 달랐다. 방송 출연 후 당사로 돌아와 보니 분위기는 착 가라앉아 있었다. 투표율이 높다는 점을 불안하게 생각하는 이들이 많았기 때문이다. 오후 서너 시가 되자 이상한 소문이 돌았고 당내 분위기는 더욱 침체되었다. "조사에서 박근혜 후보가 지는 걸로 나오고 있다"는 헛된 소문 때문에 당이 크게 동요하고 있었던 것이다. 하지만 나는 "투표율이 높기 때문에 오히려 이길 것"이라고 생각했고, 대변인실에 모여 있는 부대변인들에게 왜 이렇게 판단하는지 자세히 설명했다. 그리고 "너무 걱정하지 말라. 우리는 이길 것"이라고 했다. 이재근 수석 부대변인은 이 이야기를 듣고 나서 나의 지인들에게 내가 말한 논리를 그대로 설명했다고 한다. 박근혜 후보가 승리한 다음날 아침 한 지인은 전화로 "어제 이재근 부대변인으로부터 이상일 대변인이 한 얘기를 듣고 나서 '이길 수 있겠다'며 안심했다. 출구조사도 나오지 않은 시점에 흉흉한 소문이 도는데도 투표율의 고저(高低)만 보지 말고 그 속을 따져봐야 한다며 국민 다수의 나라 걱정하는 마음 때문에 박 후보가 승리할 것이라고 예측한 건 참으로 예리했다"라며 우리의 승리를 축하했다.

선거 당일 오후 5시 40분경 나는 20분 뒤인 오후 6시에 발표될 방송3사 출구조사 결과를 미리 확인했다. 그리고 정옥임 대변인과 부대변인들에게 "지상파 방송3사의 출구조사에서는 박 후보가 1.2%포인트 이기는 걸로 나왔다고 한다. 그러나 투표함을 개봉하면 이보다 더 많이 이기는 결과가 나올 것이다. 이번 선거에서는 우파가 결집했고 중도파 중에서도 국가의 미래를 걱정하는 분들이 우리 쪽을 지지했을 것으로 확신하기 때문이다"라고 말했다. 그런 다음 당사의 2층 상황실로 뛰어 내려갔다. 황우여 대표, 한광옥 국민대통합특위 부위원장, 서병수 사무총장 등 많은 분들이 걱정스러운 표정으로 결과를 기다리고 있었다. 나는 그분들에게 "방송3사 출구조사 결과 박근혜 후보가 1.2%포인트 차이로 이기는 걸로 나왔다"고 전했다. 상황실 분위기는 순식간에 밝아졌다. 여기저기서 환호성과 박수가 터져 나왔다.

오후 6시 방송 3사의 조사 결과가 공식적으로 발표되었다. 나는 상황실에서 생중계하던 MBN과 인터뷰를 하면서 "예단할 수는 없지만 나라를 걱정하는 분들이 박 후보를 지지했다고 보기 때문에 박 후보의 승리를 기대하고 있다"고 말했다. 그날의 내 예상은 적중했다. 박 후보가 방송 3사의 출구조사 결과보다도 더 많은 차이로 이겼기 때문이다. 최종 득표율은 박 후보 51.6% 대 문재인 후보 48%였다. 선거일 오후 9시 개표 방송에 박 후보의 '당선 확실'을 알리는 자막이 떴다. 우리는 다시 한 번 환호했다. 나는 대변인실로 가서 성명서를 쓰기 시작했다. 박근혜 후보를 대통령으로 선출해 준 국민의 위대한 선택에 감사 인사를 드리고, 우리의 각오와 다짐을 담는 내용의 성명서를 작성한 뒤 문재인 후보가 승복의 뜻을 밝히면 곧바로 발표할 생각에서 테이블에 앉은 것이다. 성명에는 좀 더 겸손한 자세로 국민의 목소리에 귀를 기울이는 여당이 되겠다는 다짐을 담았다. 문 후보를 지지했던 48%의 마음과 뜻도 헤아리면서 국민대통합을 위해 노력하는 여당이 되겠다는 각오도 담았다. 밤 11시

40분쯤 문 후보가 대선 결과를 받아들인다는 승복 연설을 하자 나는 기자실에서 이 성명을 발표했다. 당시 많은 기자들이 "성명 내용에 공감한다"고 격려했던 일이 기억난다.

하지만 현재 우리가 이 성명의 내용처럼 정치를 잘 하고 있는가라는 물음에 접한다면 주저하지 않고 "그렇다"라고 말하기는 어려울 것 같다. 선거를 치르면서 국민에게 다가갔던 그 마음가짐, 국민대통합을 외치면서 소외 지역이나 사회적 약자들을 챙기고 배려하고 그들의 문제를 보다 적극적으로 해결해 주겠다는 그 각오를 집권 세력인 우리가 그대로 유지하고 있는가? 이 물음에 우리는 당당하게 답할 수 있어야 한다. 때문에 박근혜 정부의 핵심 인사들과 새누리당을 이끄는 지도부, 그리고 여당 의원들이 대선 과정에서 외치고 다짐했던 중요한 가치들을 지금 다시 상기하면서 성찰하지 않으면 안 된다. 우리가 이겼던 날 내가 발표한 그 성명엔 새 출발을 위한 다짐과 국민을 위한 단심(丹心)이 담겨있다고 생각한다.

👔 **성명**

[12/12/19]

새누리당은 국민 여러분의 뜻을 겸허히 받들어
진정한 민생의 시대, 국민행복의 시대를 열도록 노력하겠습니다.

제18대 대통령으로 새누리당 박근혜 후보를 선출해 주신 국민 여러분께 진심으로 감사 인사를 드립니다. 새누리당은 국민 여러분께서 주신 소중한 한 표 한 표의 뜻을 잘 새기면서 오로지 국민과 나라를 위해 정진 또 정진하겠습니다.

박근혜 후보가 선거운동 기간 동안 강조한 대로 새누리당은 중산층과 서민의 삶을 제대로 챙기는 진정한 민생의 시대, 국민행복의 시대, 국민의 안거낙업(安居樂業) 시대를 열겠습니다.

우리 청년층의 꿈과 끼와 잠재력을 살려 이 나라에 젊음과 활력이 더욱 넘치는 시대가 오도록 하겠습니다. 경제민주화로 시장의 공정성과 투명성을 제고하고 모든 경제주체들이 조화롭게 동반성장하는 시대를 개척하겠습니다. 사회적 약자와 소수자가 대접받고 행복을 누리는 시대를 만들겠습니다.

우리의 공동체를 갈등과 대립이 아닌 통합과 화합의 길로 이끌겠습니다. 대한민국의 국격을 올리고 한반도에 안정과 평화를 정착시키겠습니다. 동북아의 공동번영을 선도하는 등 대한민국의 국제적 위상을 높이겠습니다.

박근혜 후보는 신뢰의 정치인입니다. 국민 여러분께 한 약속을 생명처럼 소중히 여기면서 꼭 지키는 정치를 해 온 분입니다. 그런 박 후보가 이번 선거운동기간 동한 한 약속을 반드시 지킬 수 있도록 새누리당이 혼신의 힘을 다해 뒷받침하겠습니다.

대한민국 최초로 여성 대통령을 선출, 우리 역사의 새로운 장(章)을 펼치게 해 주신 국민 여러분께 더욱 더 겸손한 자세로 다가가겠습니다.

이제 이 땅에 진정한 '시대교체'가 이뤄졌음을 국민 여러분께서 실생활을 통해 실감하실 수 있도록 여러분의 삶을 철저히 살피는 여당이 되겠습니다.

국민 여러분의 목소리에 더욱 귀를 기울이면서 국민의 뜻을 따르는 정당으로 거듭나겠습니다. 각고의 쇄신 노력으로 국민의 신뢰를 받는 정당으로 다시 태어나겠습니다.

선거 과정에서 야당과 싸우면서 생긴 갈등과 대립의 골을 메우고, 야당의 목소리, 반대의 음성을 경청하는 정당이 되겠습니다. 야당과 소통하고 대화하면서 양보할 것은 양보하고 타협할 것은 타협하는 여당이 되겠습니다.

야당과 정치싸움, 이념투쟁을 하느라 민생을 돌보지 못하는 여당이 되지 않도록 하겠습니다. 자만하는 정당, 오만한 정당, 민심을 모르는 정당이란 소리를 듣지 않도록 성찰하는 일을 게을리하지 않겠습니다.

민주당 문재인 후보께선 이번 대선에서 놀라운 저력을 보여주셨습니다. 매우 많은 국민들의 열광적인 지지를 받으면서 참으로 선전하셨습니다.

문 후보께 진심으로 위로의 말씀을 드립니다. 문 후보를 위해 최선을 다한 민주당 선대위 관계자, 당원 여러분께도 위로의 뜻을 전합니다.

새누리당은 이번 대선에서 문 후보를 열광적으로 지지해 주신 국민의 뜻을 잘 헤아리도록 하겠습니다. 문 후보에 대한 놀라운 지지율이 무엇을 의미하는지 겸허한 마음으로 새기겠습니다.

문 후보가 제시한 훌륭한 공약들을 받아들여 국민을 위해 집행하는 노력도 기울이겠습니다. 앞으로 문 후보와 민주당이 해 주시는 충고의 말씀도 열린 마음으로 경청하겠습니다. 언제라도 애정 어린 질책과 쓴소리를 해 주시기 바랍니다.

오늘 대선에서 새누리당에 또 한 번의 기회를 주신 국민 여러분께 거듭 감사 인사를 드립니다. 국민 여러분께서 투표를 통해 보여주신 지원과 격려의 뜻을 망각하지 않는 여당으로 반드시 거듭나겠습니다.

국민 여러분, 참으로 감사합니다. 국민 여러분, 존경합니다. 그리고 사랑합니다.

2013년 12월 19일 박근혜 후보의 대통령 당선이 확정된 직후 발표한 성명에는
국민의 위대한 선택에 감사를 드리는 한편 더 겸손한 자세로 국민의 목소리에 귀를 기울이고
국민대통합을 위해 노력하는 여당이 되겠다는 각오를 담았다.
(사진 : 뉴스토마토 제공)

내가 생각하는 '상생의 정치' 란 여야가 치열하게 경쟁하면서도
품격을 지키면서 열린 마음으로 대화하고 서로 접점을 찾아가는
노력, 그리고 그런 정치력 발휘를 통해 민생을 살리는 일을
하는 것이다.

여야가 '나만 옳다' 는 독선적인 태도를 버리고 역지사지의 마음으로 정치를 한다면
상생이 이루어질 수 있을 것이다. 국민이 바라는 것이 무엇인지
여야가 보다 낮은 자세로 눈높이를 맞추는 노력을 한다면
정쟁의 요소는 줄어들 것이고, 해법의 정치가 묘미를 발휘할 것이다.

군림하지 않은 인수위,
그러나 소통부족의 인수위

대통령직 인수위원회는 대통령 당선인의 국정 구상
이 대통령 취임과 함께 차질 없이 실현되도록 준비하는 기구이다. 정부
의 조직과 기능 점검, 예산 파악, 새 정부의 정책기조 설정, 공약 실행의
우선순위 선정 등 중요한 일을 하는 곳이다.

박근혜 대통령 당선인이 꾸린 인수위원회는 '점령군' 논란을 일으켰던
과거 인수위원회와 달리 '군림하지 않는 인수위' 의 모습을 보였다. 가능
한 한 조용하게 대통령 업무를 인수하고 새 정부 출범 준비를 하는 모습
은 좋은 평가를 받았다.

하지만 불통이 문제였다. 인수위가 낮은 자세로 소리 없이 일하는 건
좋은데 도대체 뭘 하는지 국민의 궁금증을 전혀 해소해 주지 않고 장막
에 싸여 있는 것처럼 비친 것은 큰 잘못이었다.

인수위원회 출범 직후 인수위원들의 워크숍이 열렸지만 윤창중 인수위
대변인은 딱히 발표할 게 없다고 했다. 기사가 될 만한 영양가 있는 것들

이 없다고 했다. 뉴스로서 영양가가 있고 없고는 대변인이 판단할 게 아니고 기자들이 판단하는 것이라는 기자들의 지적을 받자 윤 대변인은 "대변인이 판단한다"고 반박해 기자들의 반발을 샀다. 이런 모습이 인수위의 불통 이미지를 굳히면서 국민을 실망시킨 것은 사실이다.

인수위에서는 부정적인 것들이 제법 많이 부각되었다. 지나치게 보안을 앞세우다 보니 국민홍보를 제대로 하지 못한 가운데 다소 잘못된 것들이 단편적으로 드러나자 언론은 이를 부각시켜 비판하는 경우가 잦았다.

아쉬운 점은 대변인다운 역할의 부재였다. 보안을 중시해야 하는 것은 맞지만 그렇다고 하더라도 일정한 선에서 알릴 수 있는 것은 성의 있게 설명하면서 기자들과 적극 소통하려고 노력하는 것이 대변인다운 역할이다. 인수위원 연찬회가 열렸으면 많은 위원들이 각오와 다짐을 밝히면서 인수위를 어떤 방향으로 끌고 가는 게 좋은지 나름의 견해를 많이 밝혔을 텐데도 대변인이 "영양가 없으니 브리핑할 게 없다"고 하면 기자들이 화가 나는 게 당연하다.

그런 인수위의 모습을 보면서 국민들도 답답해 했을 것이다. 이날 워크숍의 경우 대변인이 인수위원 발언들을 소개하고 인수위 활동의 큰 방향이라도 알려줬다면 '불통'이라는 욕을 먹지 않았을 것이다. 나는 그런 인수위를 보면서 아쉽다는 생각을 많이 했다. 그래서 인수위 활동이 끝나는 날 인수위에 대한 모든 소감을 담은 논평을 냈다.

[13/02/22]

겸손하게 낮은 자세로 차분하게 국정 로드맵을 만든 대통령직 인수위의 노고를 치하한다. 그러나 국민과의 소통은 부족했다는 비판이 나오는 까닭을 새 정부는 교훈으로 삼아야 할 것이다.

제18대 대통령직 인수위원회가 오늘 해단식을 끝으로 48일간의 활동을 마감했다.

이번 인수위는 과거의 모습과 달리 점령군 행세를 하거나 군림하는 태도를 보이지 않고 겸손하고 낮은 자세로 일했다고 평가한다. 분과별로 현장 방문, 정책 토론회 등을 열어 국민이 삶의 현장에서 느끼는 고충 등을 들었고, 그런 것들을 21개 국정목표 추진전략, 140대 국정과제에 잘 담았다고 생각한다.

인수위가 분수를 지키면서 차분하게 제 할 일만 하려고 노력한 덕분에 과거의 인수위처럼 정책혼선을 일으키거나, 임기를 마무리하는 정부를 무기력하게 만드는 부작용은 발생하지 않았다.

그럼에도 인수위가 주요 활동과 관련해 국민과의 소통노력이 부족했다는 지적에 동감한다.

인수위가 국민에게 혼란을 주지 않으려는 충정에서 보안을 유지하려 한 까닭은 충분히 이해하나 그러면서도 국민과 언론에 알릴 것은 보다 적극적으로 알리고, 국민의 의견을 더욱 더 열심히 들으려고 노력하는 모습을 보였으면 좋았을 것이라고 생각한다.

새 행정부와 새 청와대는 인수위에 대해 밀봉이니 불통이니 하는 비판이 나온 점을 교훈으로 삼아 같은 지적을 받지 않도록 국민과의 소통노력을 강화해 주기 바란다.

이제 사흘 뒤면 박근혜 정부가 출범한다. 새 정부는 어제 인수위가 제시한 국정 과제들을 차질 없이 이행해 민생을 살리고 국민행복을 증진하는 일에 주력해야 할 것이다.

인수위가 제시한 5대 국정 목표에 경제민주화가 빠진 것을 두고 경제민주화 의지가 후퇴한 것 아니냐는 지적이 나오고 있는 만큼 새 정부는 필요한 경제민주화 조치를 적극적으로 취해 오해를 불식시켜야 할 것이다.

대한민국의 첫 여성 대통령이 취임하는
역사적 장면

2013년 2월 25일 제18대 박근혜 대통령 취임식이 서울 여의도 국회 앞마당에서 열렸다. 국가유공자, 항일 독립운동과 민주화투쟁에 관련된 인사, 독거노인, 장애인, 다문화가정, 중소기업인과 소상공인 등 세대와 이념, 계층을 막론한 특별초청대상자를 포함, 대통령 취임식 사상 가장 많은 7만여 명의 국민들이 대한민국 역사상 첫 여성 대통령이 취임하는 장면을 지켜봤다. 145개국 주한 외교사절, 22개국 정부 고위대표, 미국, 일본, 중국, 러시아 등의 특사도 참석했다. 한국의 첫 여성 대통령을 축하하기 위해 서울에 온 많은 나라의 고위급 여성 대표들의 얼굴도 보였다.

국립현충원의 현충탑 참배를 마친 박근혜 대통령은 오전 11시 '국민대표 30인'과 함께 입장해 단상에 올랐다. 박 대통령은 취임사에서 "새 정부는 '경제부흥'과 '국민행복', 그리고 '문화융성'을 통해 새로운 희망의 시대를 열어갈 것"이라고 다짐했다. "깨끗하고 투명하고 유능한 정부를 반드시 만들어서 국민 여러분의 신뢰를 얻겠다. 정부에 대한 국민의 불신을 씻어내고 신뢰의 자본을 쌓겠다"는 약속도 했다.

이날 국회 앞마당 중앙 분수대 끝에 설치된 '희망 꽂이' 함에는 박 대통령에게 바라는 소망을 쪽지에 적어 둘둘 말아 꽂는 이들이 많았다. 취임식에 참석한 국민들은 '민생경제를 살려달라', '정치권이 싸우지 않게 해달라', '인사탕평과 국민통합을 실현해 달라', '서민들의 애환을 살펴달라', '통일기반을 닦아 달라'는 등의 주문을 했다. 박 대통령의 취임을 반기면서 이처럼 큰 기대감을 나타냈던 국민들을 실망시키지 않으려면 박 대통령과 집권세력이 열린 마음으로 국민과 소통하고 귀를 열어 민심의 소리를 듣고, 성찰을 게을리하지 말아야 한다고 생각한다.

✒️ 논평

[13/02/25]

헌정사상 최초의 여성 대통령인 박근혜 대통령의 취임을 국민과 함께 축하한다. 박 대통령이 국민의 사랑을 받는 대통령이 될 수 있도록 새누리당은 적극 도울 것이며, 필요할 땐 쓴소리도 아끼지 않을 것이다.

오늘부터 국정운영을 시작한 박근혜 대통령의 취임을 진심으로 축하한다.

박 대통령은 18대 대통령 선거운동을 하면서 민생을 챙겨 국민의 행복을 증진시키는 '민생대통령', 국민의 마음을 하나로 묶는 '통합대통령', 국민과의 약속을 반드시 지키는 '약속대통령'이 될 것임을 천명했다. 국민은 그런 다짐에 진정성이 있다고 보고 헌정사상 최초의 여성 대통령을 탄생시키는 기록을 남겼다.

새누리당은 국민의 역사적인 선택에 다시 한 번 감사 인사를 드리며, 앞으로 5년 동안 대한민국을 이끌 박근혜 정부가 국민의 축복 속에 출범하게 된 데 대해 자부심을 느낀다.

박근혜 대통령은 취임사에서 경제부흥과 국민행복, 문화융성을 이루겠다고 다짐했다. 올바른 국가 어젠다를 설정했다고 본다. 경제부흥을 위해 창조경제와 경제민주화를 적극 추진하겠다는 방침도 시의적절하다고 생각한다. 과학기술과 산업이 융합하고 문화와 산업이 융합하고, 산업 간의 벽을 허물어 성장의 동력을 발굴하고 일자리를 창출하겠다는 계획이 차질 없이 진행되길 기대한다.

박 대통령은 취임사에서 경제민주화 실천의지와 그의 지향점도 분명히 밝혔다. "창조경제가 꽃을 피우려면 경제민주화가 이뤄져야 한다. 공정한 시장질서가 확립되어야만 국민 모두가 희망을 갖고 땀 흘려 일할 수 있다고 생각한다"며 대기업과 중소기업의 상생, 각종 불공정행위의 근절, 과거의 잘못된 관행 시정 등을 약속했다.

이로써 인수위가 발표한 5대 국정목표에서 경제민주화란 용어가 빠지는 바람에 "의지가 후퇴한 것 아니냐"는 등의 오해는 상당 부분 불식할 수 있게 됐다고 본다. 새 정부는 앞으로 경제민주화를 위한 각종 조치를 적극적으로 취해 경제주체 모두가 상대적인 박탈감이나 결핍감을 느끼지 않도록 해야 할 것이다.

박 대통령이 국민맞춤형의 새로운 복지 패러다임 적용으로 모든 국민이 근심 없이 각자의 일에 즐겁게 종사하면서 역량을 발휘하는 국민행복 시대와 우리 정신문화의 가치를 높이고 국민 모두가 문화적인 삶을 누릴 수 있는 문화융성의 시대를 열겠다고 천명한 것에 대해서도 기대가 크다. 박 대통령은 그동안 국민과의 약속을 소중히 여겨왔던 만큼 새 정부 출범과 함께 국민께 드린 약속을 성실하게 실천할 것이라고 믿는다.

박 대통령은 또 100% 대한민국을 위해 국민대통합을 이뤄야 한다는 강한 의지를 갖고 있는 만큼 우리 사회의 대립과 갈등을 해소하는 데 노력할 것이라고 믿어 의심치 않는다. 이제 모든 국민이 동반자로서 상생하는 하나 된 대한민국을 만드는 데 박 대통령이 큰 역량을 발휘해 줄 것을 기대한다.

오늘 첫 걸음을 뗀 박근혜 대통령의 어깨는 그 어느 때보다 무겁다고 생각한다. 박 대통령이 국정운영 과정에서 각종 위기를 극복하려면 국민적 에너지를 하나로 모으는 것이 중요하다. 그러기 위해선 국민의 목소리를 경청하고, 야당의 의견도 소중하게 생각하는 등 열린 자세로 국정을 운영하는 것이 필요하다고 본다. 박 대통령이 국민의 신뢰와 사랑을 받는 대통령이 될 수 있도록 새누리당은 적극 도울 것이며, 필요할 땐 쓴소리도 아끼지 않을 것이다.

[13/02/24]

지난 5년의 국정을 마무리하고 퇴임하는 이명박 대통령 내외께 수고 많으셨다는 인사 말씀을 드린다. 박근혜 정부는 국정운영 과정에서 이명박 정부의 공과(功過)를 참고하기 바란다.

이명박 대통령이 지난 5년간의 국정을 마무리하고 퇴임한다. 청와대를 떠나는 이 대통령과 김윤옥 여사, 그리고 대통령 내외를 보좌했던 관계자 여러분들께 "수고 많이 하셨다"는 말씀을 드린다.

지난 5년을 돌이켜 보면 참으로 많은 일이 있었다. 대외의존도가 높은 우리 경제에 미국발 금융위기, 유럽발 재정위기 등의 글로벌 경제 한파가 몰아닥쳤지만 이명박 정부는 위기를 잘 관리했다. 한국은 2011년과 2012년 2년 연속 무역 1조 달러를 달성하며 세계의 여덟 번째 무역대국 반열에 올랐다. '2050 클럽(1인당 평균 국민소득 2만 달러, 인구 5천만 명)'에는 세계 일곱 번째로 가입했다.

2010년 G20 정상회의, 2012년 핵안보정상회의를 성공적으로 개최하며 대한민국의 위상이 한층 높아졌고, 2018년 평창동계올림픽 유치, 인천 송도 녹색기후기금(GCF) 사무국 유치, 아랍에미리트 원전 수주 등의 외교적 성과도 거뒀다. 올해 1월 30일엔 2전 3기의 도전 끝에 나로호가 힘차게 하늘로 비상, 우주강국의 꿈을 실현할 수 있는 기반도 닦았다.

하지만 지적할 점도 많고, 아쉬운 점도 많다. 경제지표는 나쁘지 않았다고 하나 서민과 중산층은 매우 힘든 삶을 살았다. 사회 양극화 현상이 심화했기 때문이다. 대기업 그룹과 중소기업, 부유층과 서민층의 체감경제는 너무도 달랐다. 이명박 정부가 2008년 동반성장을 강조하기 시작했지만 국민의 기대와는 달리 경제력 집중에 따른 불공정, 대기업의 골목상권 침해, 부당하도급 문제 등은 제대로 해결되지 않았다.

국민과 언론, 그리고 정치권에 대한 이 대통령의 소통노력 부족은 정부 출범 초기부터 지적된 문제였지만 이 역시 해소되지 않았다. '고소영'으로 상징되는 정실인사, 연고인사의 문제도 5년 내내 비판의 대상이 됐다. 대통령이 인사를 통해 국민에게 감동을 준 경우는 그다지 많지 않았다. 대통령 측근들이 각종 비리를 저지른 것도 국민을 실망시킨 큰 요인이었다. 이 대통령이 임기 말에 여론을 무시하고 부정부패로 형벌을 받고 있는 측근들을 특별 사면한 것도 국민을 화나게 했다.

이명박 정부의 공과(功過)는 국민과 역사가 평가할 것인 만큼 이 대통령은 겸허하게 수용해 주기 바란다. 그리고 전직 대통령으로서 국가와 국민을 위해 봉사하고 헌신하는 일에 모범을 보여주길 기대한다. 국민의 사랑을 받는 전직 대통령의 모델을 제시해 주길 바란다.

25일 출범하는 박근혜 정부는 이명박 정부 5년에 대한 국민의 평가에 귀를 기울여야 할 것이다. 이명박 정부가 잘한 것은 발전적으로 계승하고 잘못한 것은 국민의 눈높이에 맞춰 과감하게 쇄신하고 개혁해 주길 기대한다. 이명박 정부의 잘못을 반면교사로 삼아 같은 잘못을 되풀이하지 않기 바란다.

진통에 진통을 겪은 정부조직개편안 처리

2013년 1월 15일 정부조직개편안이 발표되었다. 야당은 인수위원회의 일방통행식 발표를 받아들일 수 없다고 했고, 새누리당 내부에서도 사전 조율이 없었다는 이유로 불만이 터져 나왔다. 야당의 반발이 컸기 때문에 정부조직개편을 위한 국회에서의 여야 협상은 진통을 거듭했고, 결국 정부조직을 개편하지 못한 상태에서 박근혜 정부는 출범했다.

이후에도 여야 사이에서 지루하고도 긴 줄다리기가 이뤄진 끝에 개편안이 국회에 접수된 지 52일째가 되던 3월 22일, 그리고 박근혜 대통령이 취임한 지 26일 만에 정부조직개편안이 가결되었다. 정부조직개편은 국민의 선택을 받은 대통령 당선인이 자신의 국정운영 구상을 실행하는 기본 틀을 짜는 것이다. 그러니 야당도 대통령 당선인의 판단을 존중하는 게 옳다고 생각한다. 다만 정부조직개편안을 만드는 과정에서 인수위원회가 여당과 야당에 적극 설명하고, 여당은 물론 야당의 의견도 충분히 들어서 반영하는 노력을 했어야 한다고 본다. 그랬다면 야당의 반발도 적었을 것이고, 개편 작업도 순조롭게 이루어졌을 터인데 그런 점에서 인수위가 역시 불통의 모습을 보인 것은 아쉬운 점이다.

박근혜 정부가 정부조직개편 문제를 둘러싼 여야의 첨예한 대립 때문에 순조로운 출범을 하지 못한 경험은 앞으로 새로운 정부가 출범할 때마다 반면교사가 될지 모른다. 소통을 통해 정치권과 국민의 광범위한 의견을 수렴하는 것이 얼마나 중요한지, 불필요한 정쟁 때문에 치르는 비용이 얼마나 큰지 등의 교훈을 남긴 것이 박근혜 정부의 정부조직개편 논란이었다.

✒ 논평

[13/03/22]

정부조직법 개정안 처리가 늦어진 데 대해 국민께 송구스럽다는 말씀을 드린다. 여야는 지난 일을 반성하고 민생을 챙기는 일에 매진해야 할 것이다.

국회는 오늘 본회의에서 정부조직법 개정안을 가결했다. 만시지탄이지만 그래도 여야 합의로 정부조직개편이 이뤄진 것을 다행이라고 생각한다.

북한이 무력도발 위협을 가하는 가운데 여야가 정부조직개편 문제로 시간을 끌면서 새 정부의 국정공백을 초래하고, 국민 여러분께 걱정을 끼쳐드린 점은 참으로 면목이 없고 송구스럽다.

정부조직법 개정안이 처리된 지금 여야는 지리했던 협상과정을 돌아보면서 함께 반성해야 한다고 생각한다.

여야 모두가 너무 협량하고 옹졸하지는 않았는지, 지나친 당파적 싸움으로 국민과 민생을 외면하지는 않았는지 진지하게 성찰해 봐야 할 것이다.

북한의 도발위협으로 국가안보가 위협받는 상황에서 새누리당은 무거운 책임감을 가지고 민주당과의 협상에 임했고, 야당의 여러 과도한 요구도 대승적 차원에서 수용했다. 하지만 협상과정에서 "여당이 청와대의 눈치를 보고 있다"거나, "여당이 너무 무기력해 보인다"는 등의 비판을 받고 그런 인상을 준 데 대해서는 반성하지 않을 수 없다.

민주당은 입으로는 새 정부의 순조로운 출범을 돕겠다고 했으면서도 실제로는 무리한 요구와 흠집 내기 공세로 새 정부의 발목을 잡으려 했다는 비판을 왜 듣게 됐는지 자성해 봐야 할 것이다.

여야가 너무 오랫동안 신경전을 벌임에 따라 국민의 시선이 싸늘해진 만큼 새누리당은 이제 국민과 민생을 위한 정치를 하기 위해 전심전력을 다할 것임을 다짐한다. 민주당도 민생의 문제를 해결하는 등 국민의 삶을 개선하는 일에 경쟁적으로 나서주기 바란다.

정부조직개편 작업이 마무리된 만큼 정부도 국정공백을 신속하게 메우고 민생을 돌보며 안보위기를 극복하는 일에 매진해야 할 것이다.

청와대의 인사 실패를 비판하는
논평을 내다

　　　　　　박근혜 정부는 국민의 큰 기대 속에 출발했지만 인사에서는 그런 기대를 충족시키지 못했다. 장차관급 고위 인사들이 비리 혐의로 임명장도 받기 전에 일곱 명이나 낙마했다. 언론에서 허니문 기간(정권 출범 초 국정 운영에 대한 기대감 등으로 언론이 정권을 혹평하는 것을 자제하는 시기)임에도 인사 참사가 벌어지고 있다며 연일 비판 기사를 내보냈다. 연달아 터진 인사 실패는 국민을 크게 실망시켰고, 박근혜 대통령에 대한 지지율을 떨어뜨렸다. 인사 검증을 제대로 하지 못한 청와대의 구멍난 시스템 때문에 대통령이 낙점한 인사들은 언론과 야당의 집중 포화를 맞아 줄줄이 낙마했고 대통령도 궁지에 몰렸다. 나는 여당 대변인으로서는 이례적으로 청와대의 책임을 촉구하는 날 선 내용의 논평을 냈다. 인사에서 잇따라 말썽이 생기고 국민이 비판하는데도 여당에서 쓴소리 한번 내지 못한다면 국정 운영의 동반 책임을 진 여당이 너무 무기력하게 보이는데다 국민보다는 대통령의 눈치나 보는 걸로 비칠까봐 작심하고 청와대를 비판하는 논평을 몇 번 냈다. 그랬더니 많은 기자들이 "잘했다"는 평가를 해주면서도 "청와대의 눈 밖에 나지 않도록 하라"는 걱정도 해주었다. 나는 이 정부 출범 초기의 인사 실패에 대해 청와대와 여당이 심각한 성찰을 해야 한다고 생각한다. 박근혜 대통령은 인재를 한층 폭넓게 찾아야 하고 청와대 참모들은 훌륭한 사람이라면 대선 때 줄을 섰는지 여부를 따지지 말고 과감하게 대통령에게 추천함과 동시에 검증도 철저히 해야 한다. 인사가 너무 한쪽으로 치우쳐 있다는 비판이 나오면 마음을 열고 귀를 기울여 성찰하고 고쳐야 할 건 신속하게 고쳐야한다. 박 대통령이 친박, 친이, 출신 지역, 출신 학교 등을 가리지 않고 많은 사람들이 인정하는 훌륭한 인재들을 고루 등용해 이 나라를 도약시키고, 통합도 시키는 모습을 보는 것을 국민은 고대하고 있다고 생각한다. 청와대는 이 점을 늘 염두에 둬야 한다. 인사는 성공한 대통령의 알파요, 오메가가 아닌가.

✒ **논평**

[13/03/22]

법무차관 사퇴와 관련해 청와대는 인사검증에 더 이상 구멍이 뚫리지 않도록 시스템을 정비해야 할 것이다. 경찰은 성접대 의혹에 대해 한 점의 의구심도 생기지 않도록 철저하게 수사하기 바란다.

　고위공직자를 포함한 사회지도층 인사들이 한 건설업자로부터 성접대를 받았다는 의혹에 대해 경찰이 수사를 하고 있는 가운데 의혹의 중심인물인 법무차관이 사퇴했다. 의혹의 진위는 경찰의 수사를 통해 규명되겠지만 건설업자가 벌인 문란한 파티에 참석한 인사로 법무차관 이름이 오르내린다는 사실 자체만으로도 국민은 큰 충격을 받았을 것이다.

국민의 눈에 더욱 한심하게 비친 것은 청와대의 허술한 인사 검증이다. 차관 인사에 앞서 경찰이 수사를 하고 있었고, 문제의 법무차관이 수사선상에 올라 있었는데도 검증 부실로 이 인물이 차관으로 발탁됐다. 청와대에선 "본인이 부인하는데 어쩔 도리가 없었다", "경찰이 수사하는 걸 알았다면 본인이 차관직을 고사했어야 했다"는 등의 변명을 하고 있는데 그건 청와대 검증팀의 무능만 부각시킬 뿐 국민을 납득시킬 수 없다고 본다.

청와대가 당사자에게 백지신탁 문제를 제대로 설명하지 못한 바람에 중소기업청장 후보자직에서 물러난 황철주 씨의 경우나 오늘 사퇴한 김병관 국방장관 후보자의 경우도 청와대의 인사 검증에 구멍이 뚫려 있음을 보여주는 예다.

정부와 청와대가 국민의 신뢰를 받으려면 무엇보다 고위직 인사에 흠결이 없어야 한다. 청와대는 더 이상 인사 잡음이 생기지 않도록 보다 철저하고 체계적인 인사 검증 시스템을 갖춰야 할 것이다. 장차관급 인사 과정에서 허술한 검증으로 국정운영에 큰 차질을 빚게 한 관계자들에 대해서는 책임을 물어야 할 것이다.

경찰은 성접대 의혹 사건을 보는 국민의 눈이 매우 무섭다는 점을 명심해야 할 것이다. 한 점의 의구심도 생기지 않도록 무거운 책임감을 갖고 철저하게 수사해야 할 것이다.

📝 논평

[13/03/25]

한만수 후보자 사퇴는 청와대의 검증부실을 또 다시 보여주는 사례다. 청와대는 인사 검증 시스템을 강화하고 부실검증의 책임이 있는 이들을 문책하기 바란다.

한만수 공정거래위원장 후보자가 오늘 사퇴했다. 언론에서 국외에 수십억 원대의 비자금을 조성했다는 의혹, 탈세했다는 의혹 등을 제기하자 물러난 것으로 보인다.

고위 공직 후보자나 고위 공직자가 도덕적인 문제로 줄지어 사퇴했다는 소식을 접하는 국민은 큰 충격을 받았을 것이고, 새 정부에 대해선 많이 실망했을 것이다. 자고 일어나면 사퇴하는 이들이 줄줄이 늘어나는 것을 지켜봐야 하는 여당으로선 당혹감과 자괴감을 금할 수 없다.

도대체 인사 검증을 어떻게 했기에 이런 일이 잇따라 발생하는 것인지 청와대는 반성해야 할 것이다. 대통령의 인사에 자꾸 흠결이 생긴 데 대해 여당도 책임을 느끼면서 국민께 죄송하다는 사죄말씀을 드린다.

고위 공직자가 국정수행 능력이나 전문성뿐 아니라 높은 도덕성도 갖춰야 한다는 것은 인사의 기본이다. 공직 후보자를 지명하기에 앞서 철저한 사전 검증이 필요한 이유다.

청와대는 이번 줄사퇴 현상이 왜 일어났는지 철저히 점검해서 허술했거나 잘못된 것들을 즉각 시정하기 바란다. 인사 검증 시스템을 강화하는 방안을 찾아야 할 뿐 아니라 부실검증의 책임이 있는 관계자들에 대해서는 문책을 해야 할 것이다.

브리핑

[13/04/17]

윤진숙 해양수산부 장관 임명에 대하여

박근혜 대통령이 윤진숙 해양수산부 장관에게 임명장을 주었지만 윤 장관의 업무능력과 역량에 대해 많은 국민이 의구심을 갖고 있는 것은 부인할 수 없는 사실이다.

윤 장관이 국회 인사청문회에서 보여준 면모는 매우 실망스러운 것이었다. 해양수산부 업무 전반에 대한 이해 부족, 부활한 해양수산부를 어떻게 이끌 것인지에 대한 비전 제시 미흡 등 많은 문제점을 노출했다.

청문회에서 '모른다'를 연발한 윤 장관이 구성원 1만 4,000여 명의 방대한 해양수산부 조직을 잘 통솔할 수 있을지, 대한민국을 해양강국으로 도약시키는 토대를 과연 만들 수 있을 것인지 국민은 걱정스러운 눈으로 윤 장관을 바라보고 있다.

윤 장관도 이런 사실을 잘 알고 있을 것인 만큼 오늘부터 남다른 각오로 일을 해야 할 것이다. 각고의 분투노력으로 국민의 우려가 기우

였음을 입증해야 할 것이다.

'식물장관이 될 것'이라는 우려에 대해 윤 장관은 "어처구니가 없다"고 했는데 그런 반박이 옳았다는 것을 실력으로 증명해야 할 것이다. 윤 장관이 청문회 때 보여준 어처구니없는 모습을 재연하는 일이 있어서는 결코 안 될 것이다.

📰 기사

〈조선일보〉 2013년 3월 23일자 3면 금원섭 기자

與 이상일 대변인, 청와대 이례적 비판 "인사검증에 구멍… 관련자들 문책해야"

박근혜 대통령의 잇단 인사 실패에 대해 여당 대변인이 "구멍이 뚫렸다"며 문책 인사까지 요구하고 나섰다.

새누리당 이상일 대변인은 22일 오후 공식 논평을 통해 김병관 국방장관 후보자, 김학의 법무차관, 황철주 중소기업청장 내정자의 사퇴를 거론한 뒤 "허술한 검증으로 국정 운영에 큰 차질을 빚게 한 관계자들에 대해서는 책임을 물어야 할 것"이라고 했다.

그는 김학의 전 차관 문제에 대해 "수사선상에 올라 있었는데도 검증 부실로 이 인물이 차관으로 발탁됐다"고 했다. 이 대변인은 김병관 후보자, 황철주 전 내정자 문제에 대해서도 "청와대의 인사 검증에 구멍이 뚫려 있음을 보여주는 예"라며 "더 이상 잡음이 생기지 않도록 체계적인 검증 시스템을 갖춰야 할 것"이라고 했다.

이 대변인은 작년 총선 때 박 대통령의 발탁으로 비례대표 의원이 됐고, 당내 대선 후보 경선과 대선 본선 때도 대변인으로 박 대통령의 입역할을 했다.

이 대변인의 강도 높은 논평에 대해 엇갈린 해석이 나온다. 언론인 출신답게 비판 정신이 발휘되고 있다는 해석이 있다. 반면 당 지도부와 충분히 조율하지 않은 주관적 논평이란 시각도 있다.

중앙일보에서 정치부장과 논설위원을 지낸 이 대변인은 19대 총선 비례대표로 국회에 입성했다. 온건 친박근혜계로 분류된다. 이 대변인은 지난 22일 국회 본회의에서 표결된 경호실장을 장관급으로 승격하는 내용의 '대통령경호법' 개정안에 당론과 달리 반대표를 던지기도 했다.

📰 기사

〈경향신문〉 2013년 3월 26일자 강병한 기자

연일 청와대 강공하는 새누리당 이상일 대변인, 기자본색?
새누리당 이상일 대변인이 기자로 돌아갔다……?

집권 여당이 연일 청와대를 향해 강성 논평을 날리면서 이상일 대변인의 '입'이 주목받고 있다.

이상일 대변인은 25일 한만수 공정거래위원장 후보자의 낙마 후 국회 브리핑을 통해 "도대체 인사 검증을 어떻게 했기에 이런 일이 잇따라 발생하는 것인지 청와대는 반성해야 할 것"이라고 직격탄을 날렸다.

이 대변인은 또한 "인사 검증 시스템을 강화하는 방안을 찾아야 할 뿐 아니라 부실검증의 책임이 있는 관계자들에 대해서는 문책을 해야 할 것"이라고 문책론도 제기했다.

이 대변인은 이날 오후에는 원세훈 전 국정원장의 출국 시도에 대한 논평을 냈다. 원세훈 전 원장 사건에 무관심한 당내분위기와 달리 발빠르게 움직였다.

이 대변인은 서면 브리핑에서 "며칠 전 퇴임한 원세훈 전 국가정보원장이 해외로 출국하려 한 것은 국정원의 정치개입 논란과 관련해 5건의 고소·고발을 당한 당사자로서 부적절한 행동이었다고 본다. 도피하려 한 것 아니냐는 오해를 살 수 있는 처신을 했기 때문"이라고 밝혔다.

이 대변인은 그러면서 "국정원 여직원 댓글 사건 등과 관련해 고소·고발을 당한 원 전 원장에 대해 출국금지 조치를 내린 검찰은 철저하게 수사해 주기 바란다. 원 전 원장이 이끌었던 국정원이 정치에 개입했다는 야권의 주장과 관련해 검찰이 의혹을 남기지 않는 확실한 수사로 주장의 진위를 분명히 가려줄 것을 기대한다"고 밝혔다.

앞서 이 대변인은 22일 김병관 국방부 장관 후보자와 김학의 법무부 차관의 낙마 후 논평에서 "장·차관급 인사 과정에서 허술한 검증으로 국정운영에 큰 차질을 빚게 한 관계자들에 대해서는 책임을 물어야 할 것"이라고 밝혔다.

여권 내부에서 청와대의 부실인사에 대한 우려 여론이 비등했지만 당 지도부 누구도 청와대를 의식해 공개적으로 언급하지 않을 시기였다. 이런 분위기에서 집권당 대변인이 가장 먼저 민정수석 등의 책임을 제기하고 나선 것이었다.

이 대변인의 비판적 성명이 잇따르면서 출입 기자들 사이에서는 새누리당에서 오랜만에 제대로된 논평이 나온다는 평가가 주를 이뤘다.

〈중앙일보〉기자 출신의 이 대변인은 19대 총선에서 비례대표로 입성했다. 이 대변인은 온건 친박계로 분류되며, 지난해 18대 대통령 선거 과정에서도 선대위 대변인을 맡았다.

이상일 대변인의 청와대 강공을 놓고는 다양한 해석이 나오고 있다. '기자본색'을 찾은 것이란 긍정적 평가와 여당 지도부의 기류와 다른 돌출적인 논평이라는 일부 평가도 있다.

한 의원은 "이 대변인의 논평은 말 그대로 상식적이고, 국민 여론을 충실히 반영한 내용이라고 생각한다"면서 "다만 일부 강한 표현에 대해서는 당 지도부에서 우려를 제기한 것으로 안다"고 말했다.

북한 동포의 고통을 외면하는 건
부끄러운 일

《춘향전》에서 암행어사가 되어 남원으로 돌아온 이 도령이 변 사또의 잔칫상을 보고 이런 시를 읊었다.

金樽美酒千人血 (금준미주천인혈) :

금잔에 담긴 향기로운 술은 만백성의 피고,

玉盤佳肴萬成膏 (옥반가효만성고) :

옥반 위의 맛있는 안주는 만인의 기름이다.

燭淚落時民淚落 (촉루락시민루락) :

촛농 떨어질 때 백성 눈물 떨어지고,

歌聲高處怨聲高 (가성고처원성고) :

노래 소리 높은 곳에 원망 소리 높다.

당시 탐관오리에 대한 분노를 담은 이 한시는 오늘날 북한 세습 체제에 적용해도 딱 들어맞을 것으로 생각한다.

2006년 10월 1차 핵실험을 한 북한에 대해 유엔 안보리는 곧바로 제재 결의를 했다. 그 결의 1718호에 따라 미국 등이 대북 수출금지 품목으로 지정한 것들 중엔 고급 사치품이 들어있다. 플라스마 TV, 향수, 아이팟, 꼬냑, 롤렉스 시계, 고급 차, 오토바이, 제트 스키 등이다. 인민들 중에서는 먹지 못해 아사자가 속출하는데도 지도자라는 자들은 호의호식하며 기득권을 유지하는 걸 방치할 수 없다는 판단에서 국제사회가 북한에 사치품이 들어가는 것을 막고 나선 것이다. 지도자란 모름지기 국민의 행복을 위해 무엇을 해야 할까라며 고민에 고민을 거듭해야 하는데도 북한 지도자나 그를 추종하는 무리는 인민을 그저 체제 유지의 도구로 쓸 뿐이니 지구상에 악(惡)도 이런 악이 없다. 그동안 수많은 북한 주민들이 살기 위해서 목숨을 걸고 탈출했다. 이들 중 일부는 운이 좋아 한국 땅을 밟았지만 여전히 많은 이들이 낯선 땅에서 가슴을 졸이며 숨어 살고 있다. 운이 나쁜 이들은 탈북 사실이 탄로나 생지옥인 북한으로 압송되기도 한다. 같은 하늘 아래, 같은 언어를 쓰고 살면서 북한 동포의 고통을 외면하는 것은 동포로서의 도리가 아닌 만큼 우리 정치권이 막중한 책임감을 느껴야 한다.

새누리당은 '북한인권법' 제정을 추진해 왔으나 야당의 강한 반대로 인해 아직 법을 만들지 못했다. 한나라당은 야당 시절인 지난 2005년 북한 인권법 제정안을 발의했지만 당시 남북 관계 경색을 우려한 열린우리당의 반대로 입법은 이뤄지지 않았다. 2012년 19대 국회 출범과 함께 새누리당이 제안한 북한인권법안은 정부에 북한인권문제와 관련된 기구를 설치하고, 북한인권 개선에 힘쓰는 민간단체의 활동을 지원하는 데 초점을 맞추고 있다. 또한 북한인권재단을 설립해 북한 인권 개선을 위한 국내외 활동을 수행하게 하는 내용, 북한의 인권 침해 사례를 체계적으로 수집, 기록하는 북한인권기록보존소를 두는 내용도 포함되어 있다.

북한 주민의 인권 문제를 계속 방치한다면 대한민국은 책임 있는 국제사회의 일원으로서 책무를 다하지 못한다는 비판에 직면할 것이다. 이제 더 이상 북한인권법 제정을 미뤄서는 안 된다. 이것은 이념의 문제가 아니라 신성한 천부 인권을 지키는 문제이고, 사람의 도리를 다하는가의 문제다.

🖋 **논평**

[13/01/21]

민주당은 1월 임시국회에서 북한인권법이 제정될 수 있도록 적극 협조해야 할 것이다. '사람이 먼저다'라는 민주당의 대선 슬로건이 북한 주민에게도 적용돼야 하지 않겠는가.

유엔 인권최고대표사무소의 '강제적 구금에 관한 실무그룹(WGAD)'이 탈북자인 강철환 씨와 신동혁 씨의 가족이 북한 당국에 의해 수용소에 강제 구금돼 있다는 판정을 내렸다고 한다. 북한 당국이 탈북자 가족을 강제 구금하고 있다는 것을 유엔이 판정한 것은 이번이 처음으로 WGAD는 구금된 사람들에 대한 북한 당국의 인도적 처우를 요구할 방침이라고 한다.

강철환·신동혁 씨의 경우를 살펴볼 때 북한 당국은 체제를 비판해 온 탈북자들에 대해 그들의 가족들을 강제 구금하는 등의 방식으로 보복을 가하고 있는 것으로 보인다. 북한 당국이 탈북자들의 입을 막기 위해 가족을 탄압하는 야만성을 여실히 드러내고 있는 것이다.

지난해 유엔 총회에서는 북한인권결의안을 표결 없이 합의로 채택했다. 국제사회가 한 목소리로 북한 주민의 인권 개선을 촉구하고 나선 것이지만 국내에서는 북한인권법조차 제정하지 못하고 있다. 북한 3대 세습정권의 인권유린에 대해서는 침묵한 채 북한 당국의 눈치를 살피는 정파 때문에 국회에 제출된 북한인권법 제정안이 표류하고 있는 것이다.

새누리당은 이번 임시국회에서 북한인권법안을 통과시키기 위해 최선의 노력을 다할 것이다. 북한 당국이 탈북자의 가족을 강제구금하고 있다는 유엔의 판정까지 나온 이상 북한 주민의 인권 문제를 더 이상 방치하는 것은 죄악이라고 생각하기 때문이다. 민주당이 강철환·신동혁 씨의 가족을 포함해 북한 수용소에서 큰 고통을 겪고 있을 북한 주민들의 인권을 정말로 걱정한다면 이번 국회에서 북한인권법 제정에 적극 협력해야 할 것이다. 지난해 대선 때 '사람이 먼저다'라는 슬로건을 내세운 민주당은 앞으로 북한 주민이 사람대접을 받을 수 있도록 적극 노력해 주기 바란다.

탈북 어린이 복지법안 미국 의회 통과 관련

미국 연방 상하원이 2004년 북한인권법을 제정한 데 이어 현지시각으로 1일 미국 연방 하원은 '탈북 어린이 복지법안'을 만장일치로 통과시켰다고 한다. 이 법안은 제3국에 머무는 북한 출신 고아들의 미국 입양 지원을 권고사항으로 두고 있다고 한다.

또 미국 국무장관이 재외 북한 어린이들의 실태와 그들의 이익증진 방안, 미국 가정 입양 전략 등을 정기적으로 작성해 하원에 보고하도록 규정하고 있다고 한다. 북한 주민의 인권을 개선하기 위해 법을 제정한 미국 의회가 탈북 아동의 인권 문제에 대해서까지 구체적인 관심을 기울이고 있는 동안 대한민국은 무엇을 했는가 반성해 봐야할 때가 아닌가 싶다.

우리 국회에선 그동안 북한인권법을 제정하자는 문제 제기는 있었지만 정작 법은 제정하지 못하고 있다. 북한 당국의 반발을 의식한 야당의 반대가 강했기 때문이다.

새누리당은 19대 국회가 출범하자마자 북한인권법 제정안을 냈다. 박근혜 대통령 당선인도 북한 주민의 인권을 개선하기 위해서는 이 법을 제정하는 것이 꼭 필요하다는 입장을 밝힌 바 있다. 박근혜 당선인은 또 북한 주민들에 대한 인도적 지원과 북한 영유아 등에 대한 지원도 약속했다.

이제 우리 국회는 북한인권법 제정을 더 이상 미뤄서는 안 된다고 생각한다. 북한 주민의 인권 문제를 계속 방치하는 것은 대한민국이 책임 있는 국제사회 일원으로서 책무를 다하지 못했다는 비판에 직면할 것이기 때문이다.

미국을 비롯한 국제사회가 대한민국 국회를 손가락질해도 할 말이 없을 것이다.

민주당은 이제 태도를 바꿔야 한다. 북한 당국과 대화하고 관계를 개선하는 일은 그것대로 추진하면서 북한 주민의 억압당한 인권을 개선하는 노력은 동시에 해야 하는 게 옳지 않겠는가.

북한인권법 제정에 민주당이 전향적으로 협조해 주길 강력히 촉구한다. 민주당도 이제 눈높이를 국제사회에 맞춰주기 바란다.

정치 좀 멋있게 할 수 없을까

1년 넘게 새누리당 총선 선대위 대변인, 당 대변인, 박근혜 대통령 경선캠프 대변인, 당 대변인 겸 대선 선대위 대변인, 당 대변인으로서 북한 관련 논평을 참 많이 썼다. 탈북자 문제, 북한의 핵실험 도발, 개성공단 가동 중단, 북의 농협 및 방송사 전산망 해킹까지 주제도 다양했다. 북한 관련 논평 하나하나가 나의 마음을 무겁게 만든 것들이지만 그런 가운데서도 좋은 기억으로 남아있는 논평이 있다. 북한이 3차 핵실험을 강행한 2013년 2월 7일 여야는 모처럼 한 목소리를 냈다. 그리고 이날 18대 대통령 선거 이후 처음으로 대통령 당선인과 여야 대표가 만났다. 세 분은 국가 안보와 국정 현안에 대한 진지한 논의를 이어갔고, 북한의 3차 핵실험에 대해선 초당적 차원에서 강력 대응하자고 뜻을 모았다. 당시 민주당 문희상 비대위원장은 "박근혜 정부가 성공하기를 바라고 성공할 것으로 믿는다"는 덕담과 함께 "야당도 도울 건 돕겠다"며 협력 의사를 피력했다. 실로 오랜만에 보는 흐뭇한 광경이었다. 비록 이런 장면이 오래 지속되지는 못했지만, 나는 이날 정치다운 정치의 모습을 보았다. 국가 중대사 앞에서 여야가 한 목소리를 내야 할 때는 단합하고, 서로 견제해야 할 때는 견제하면서도 상대방의 의사를 존중하고 경청하는, 그러면서 문제의 해법을 모색해 가는 모습, 그것이 정치다운 정치고 멋있는 정치다.

내가 생각하는 '상생의 정치'란 여야가 치열하게 경쟁하면서도 품격을 지키면서 열린 마음으로 대화하고 서로 접점을 찾아가는 노력, 그리고 그런 정치력 발휘를 통해 민생을 살리는 일을 하는 것이다. 여야가 '나만 옳다'는 독선적인 태도를 버리고 역지사지의 마음으로 정치를 한다면 상생이 이루어질 수 있을 것이다. 국민이 바라는 것이 무엇인지 여야가 보다 낮은 자세로 눈높이를 맞추는 노력을 한다면 정쟁의 요소는 줄어들 것이고, 해법의 정치가 묘미를 발휘할 것이다.

🖋 논평

[13/02/07]

북핵 3자 회담이 여야의 상생정치, 정치권에 대한 국민 신뢰 제고의 계기를 되길 기대한다.

오늘 북핵 여야 3자 회동에서 박근혜 대통령 당선인과 새누리당 황우여 대표, 민주당 문희상 비대위원장은 북한의 3차 핵실험 중단을 촉구하면서 북한 당국이 국제사회의 일치된 경고를 무시할 경우 강력하고도 단호하게 대응하겠다는 뜻을 분명히 밝혔다. 또 시급한 민생 현안에 대해서는 서로 협력하고 공통공약을 조속히 처리하겠다고 약속했다.

제18대 대통령선거 이후 처음으로 대통령 당선인과 여야 대표가 만나 국가 안보와 국정 현안에 대해 진지하게 논의한 것은 참으로 뜻 깊은 일이다. 특히 북한 핵문제와 민생문제에 대해 대통령 당선인과 여야 대표가 일치된 목소리를 내는 모습을 보고 국민은 안심했을 것으로 생각한다.

"박근혜 정부가 성공하기를 바라고 성공할 것으로 믿는다"며 야당도 도울 건 돕겠다고 밝힌 민주당 문희상 비상대책위원장의 말씀은 여야가 상생의 정치를 하자는 뜻인 만큼 새누리당도 민주당과의 협력을 통해 멋있는 정치를 하도록 노력할 것임을 다짐한다.

오늘 대통령 당선인과 여야 대표가 보여준 초당적인 모습을 새로 출범하는 '박근혜 정부'와 여야가 꼭 기억하면서 상호 신뢰와 협력의 파트너십을 발휘하면 좋겠다. 새 정부와 여야가 중요한 민생 현안 해결을 위해 수시로 만나고 발전적인 논의를 통해 현명한 해법을 제시한다면 정치권에 대한 국민의 신뢰는 높아질 것이고 우리의 정치수준도 업그레이드 될 것이다.

새누리당은 초심을 지키고 있는가? 2011년 말 새누리당의 전신인 한나라당은 몇 가지 불미스러운 일로 큰 위기를 맞았다. 국민들의 실망이 무척 컸고, 단시간 내에 지지를 회복하는 건 어려워 보였다. 그때 의원들과 당원들은 박근혜 전 대표에게 손을 내밀었다. 당을 쇄신해서 위기에서 탈출할 수 있게 해달라고 했다. 이듬해 4월 총선에서 참패할 가능성이 크다는 위기의식 때문에 의원들과 당원들은 친이, 친박 가리지 않고 박 전 대표에게 비상대책위원장을 맡아달라고 했다. 박근혜 전 대표는 "여당에 대한 여론이 나쁜데 괜히 당을 이끄는 책임을 맡았다가 총선에서 지면 대권가도에 큰 장애물을 만나게 된다"는 주변의 우려를 일축하고 선공후사(先公後私)의 정신으로 비대위원장을 맡았다. 그리고 과감하게 과거의 잘못된 관행을 고치고 기득권을 내려놓으려고 애썼다. 국민을 피곤하게 만드는 정쟁을 가능한 한 멀리하고, 건설적인 정책 제시로 국민 행복과 민생을 책임지려는 모습을 보였다.

그런데 재집권한 지금 새누리당은 어떠한가. 당명을 바꾸고 심기일전하던 때의 초심은 많이 약해졌다는 게 나의 진단이다. 때로는 능력 부족, 때로는 나태와 안일함 때문에 여당이 국민의 기대에 부응하지 못하고 있는 것은 아닌지, 여당이 민심보다는 대통령과 청와대의 눈치를 살피는 데 더 열중하는 것은 아닌지 자성할 필요가 있다고 본다. 야당과 지리한 정쟁을 벌이고 있는데 야당을 탓하기에 앞서 여당의 정치력 부족과 옹졸함 때문에 정쟁이 더 확대 재생산되고 있는 것은 아닌지 성찰해 봐야 할 것이다. 산적한 민생법안을 제때 처리하지 못해 국민의 삶에 불편을 끼친 점, 국민대통합 약속을 제대로 실천하지 못하고 있는 점 등에 대해 여당으로서 큰 책임을 느껴야 하며 철저한 반성을 해야 한다.

당의 이미지가 다시 '수구꼴통화'하는 것은 아닌지에 대해서도 경계해야 한다. 당의 일부 강성 인사들이 종종 오버하는 언행을 함에 따라 그게

여야가 서로 자신들만 옳다는 태도를 버리고 역지사지의 마음으로 국민이 바라는 것이 무엇인지
보다 낮은 자세로 눈높이를 맞춘다면 상생의 정치, 해법의 정치가 묘미를 발휘할 것이다.
이상일 의원이 국회 미래창조과학방송통신위에서 질의하는 장면

당 전체의 입장인양 비쳐지는 현실, 그걸 지도부는 무기력하게 방치하고 있는 모습은 매우 걱정스럽다. 새누리당이 왜 정권을 창출했는지 깊이 분석하고 연구한다면 당의 이미지를 지나치게 완고하고 낡은 쪽으로 끌고 가는 언행은 자제하는 게 옳다.

새누리당은 지난해 총선, 대선에서 분열적 사고를 배척했다. '100% 대한민국'을 만들겠다며 대통합을 외쳤다. 우리는 보수의 옳은 가치, 바른 정체성을 지키면서 열린 자세로 중도로 다가갔고, 심지어는 진보의 좋은 가치도 수용했다. 새누리당이 총선, 대선 때 내걸은 공약을 상기해 보자. 민주당 공약 이상으로 개혁적인 것들이 많지 않았던가. 국민대통합, 경제민주화, 사회적 약자에 대한 관심과 배려 등의 문제에서 우리가 앞섰으면 앞섰지 민주당에 전혀 밀리지 않지 않았던가. 그런데 지금 우리가 이런 가치들을 제대로 실현하고 있다고 자신 있게 말할 수 있는가. 대선 땐 중도층 상당수가 우리를 지지했는데 지금은 중도층을 실망시키고 있는 것은 아닌가. 선거 땐 젊은층에 다가가려고 그렇게도 애를 썼는데 지금은 무관심해진 것 아닌가. 젊은이들에게 우리는 '꼴통', '꼰대'로 비치고 있지는 않은가. 집권세력은 나라의 운영을 맡은 만큼 이념적으로 스펙트럼이 넓고 유연해야 하며, 열려 있어야 하는데 우리는 너무 경직돼 있고, 닫혀 있는 것은 아닌가. 우리 스스로 이런 물음을 던지며 점수를 매겨 보아야 한다. 우리가 성찰을 게을리하면 할수록 박근혜 정부와 여당에 대한 국민의 불만은 쌓일 것이고, 결국은 집권세력 전체가 큰 위기를 맞게 된다는 점을 유념하지 않으면 안되는 것이다.

총선, 대선 패배에서 교훈을 얻지 못하는 민주당 민주당은 2012년 4.11 총선 과정에서 정체성이나 비전의 같고 다름을 떠나 무조건 통합진보당과 손만 잡으면 이긴다는 정치공학적 환상에 빠져 국민이 원하는 정책이나 비전을 제시하지 못했다. 소위 '묻지마 연대'로 정치 공세에 치우친 선거전을 전개했으니 민심의 심판을 받는 건 당연했다. 그들 얘기대로 결코 질 수 없는 총선을 새누리당이 이기도록 한 것은 그들이 민심을 정확히 몰랐기 때문이다.

민주당은 그때의 실패에서 교훈을 얻지 못한 것 같다. 새누리당보다 더 변하기 어려운 화석이 되어버린 것 같은 인상이다. 총선 8개월 뒤 치러진 대선에서도 민주당은 민심이 뭘 원하는지 간파하지 못했고 미래를 위한 비전 제시도 소홀했다고 본다. 그런 민주당은 네거티브 전략에 매달리다 다수 국민의 외면을 받고 말았다.

민주당이 대선 패배 원인을 분석하고 교훈을 얻고자 발표한 '18대 대선 평가보고서'는 당내 계파 싸움만 촉발했다. 친노와 비노 세력이 합심해서 혁신의 몸부림을 쳐도 모자랄 텐데 평가보고서를 놓고 또 다시 계파 싸움을 벌이는 불미스러운 모습을 연출한 것이다. '내 탓이오'라며 겸허하게 현실을 받아들이고 진지하게 성찰하는 '야당의 품격'을 보여주지 못했던 것이다.

민주당은 2013년 5월 김한길 의원을 대표로 하는 새 지도부를 선출했다. 나는 김 대표의 경륜을 높이 평가하면서 "민주당을 개혁해 과거와는 다른 면모를 선보이고, 국민의 사랑을 받는 훌륭한 야당으로 거듭날 수 있기를 바란다"는 축하 논평을 냈다. 민주당이 확 바뀌어서 정치다운 정치를 선도해 달라는 뜻에서 덕담을 아끼지 않은 논평을 낸 것이다.

하지만 민주당은 달라지지 않고 있다. 남의 당의 문제를 일일이 꼬집고 싶진 않지만 민주당이 과거에 지나치게 매몰되어 있기 때문에 날이 갈수록 국민 다수와 멀어지는 것 아닌가라는 생각을 한다. 올해 여름 민주당이 전개한 장기간의 장외투쟁이 국민의 대다수에게 어떻게 비쳤는지 민주당은 두려운 마음으로 성찰해 봐야 할 것이다. 김한길 대표 체제 출범 때 내가 냈던 논평의 주문대로 민주당이 민생을 챙기는 데 앞장섰다면 민주당을 보는 국민의 눈은 많이 달라졌을 것이다.

✒ 논평

[13/05/04]

민주당 김한길 대표의 선출을 진심으로 축하드린다. 민주당이 개혁과 혁신을 통해 국민의 사랑을 받는 정당으로 거듭나길 기대한다. 그리고 그 시작은 추경예산안을 약속한 대로 제때 처리하는 것이다.

민주당의 새 대표로 김한길 의원이 선출됐다. 오랜 정치경력에 인품과 경륜이 훌륭한 김 대표가 선출된 것을 진심으로 축하한다.

김 대표가 민주당 혁신을 통해 국민의 눈높이에 맞는 정치개혁을 하고 민생을 살리는 데 적극 앞장서 주실 것을 기대한다.

이번 전당대회에서 지도부로 선출되신 신경민 · 조경태 · 양승조 · 우원식 최고위원께도 축하인사를 드린다.

네 분의 최고위원들이 김 대표와 함께 민주당을 개혁해 민주당이 국민의 사랑을 받는 훌륭한 야당으로 거듭날 수 있도록 노력해 주시기 바란다.

민주당이 대선에 패배한 뒤 지난 4개월간 어려운 환경 속에서 당을 이끌면서 전열을 가다듬는 데 혼신의 노력을 다한 문희상 비상대책위원장께도 찬사를 보낸다.

새 지도부를 선출한 민주당은 이제 과거와는 다른 면모를 선보여야 할 것이다.

민생보다는 정치공세에 몰두하고, 여당과의 상생보다는 여당 흠집내기나 발목 잡기에 집착하며, 국민 앞에 한 약속도 당리당략에 따라 쉽게 번복해 버리는 구태정치를 청산해야 할 것이다.

국민은 김한길 대표 체제의 민주당이 과연 달라질 것인지 주시하고 있을 것이다.

고질적인 계파갈등을 해소하고 화합하고 단결해서 오직 국민과 민생을 위하는 상생의 정치를 할 것인지 민주당의 일거수일투족을 지켜볼 것이다.

민주당의 변화 여부를 측정할 수 있는 첫 번째 신호는 추경예산안을 대하는 민주당의 태도일 것이다.

정부가 경제위기를 극복하기 위해 편성한 추경예산안을 민주당이 국민 앞에 약속한 대로 오늘 6일 국회 본회의에서 합의처리해 줄 것인지 여부가 민주당의 변화여부를 가늠하는 하나의 잣대가 될 것이다.

민주당의 새 지도부가 국민의 시선을 의식하고 당 스스로가 국민 앞에 한 약속을 잊지 않고 있다면 추경예산안을 여야가 잡은 일정대로 순조롭게 처리해야 할 것이다.

타이밍을 놓치면 아무 효과가 없는 추경예산안을 민주당이 이런저런 트집을 잡으면서 처리해 주지 않는다면 국민은 김한길 대표 체제에 크게 실망할 것이다.

현명한 분들로 구성된 민주당의 새 지도부가 출범하자마자 국민의 신뢰를 잃는 어리석음을 표출하지는 않을 것으로 본다.

민주당의 새 지도부가 새 정치 실현과 민생안정을 위해 새누리당과 선의의 경쟁을 해 주길 기대하며 새누리당도 민주당과 대화와 타협을 하면서 상생하는 멋진 정치를 선보이기 위해 노력할 것이다.

새누리당 대변인을 물러나며

2013년 5월 20일 나는 1년 2개월간 일했던 대변인 직에서 물러났다. 새누리당의 입으로, 대통령 후보의 입으로 살면서 늘 신중하게 처신하려 했다. 내가 실수하면 당과 후보 모두 상처를 입기 때문에 노심초사하며 살았다. 다행히 대과(大過) 없이 책무를 마칠 수 있었고, 운도 좋았다고 생각한다. 2012년 총선, 경선, 대선과 2013년 4. 24 재보선을 거치며 대변인으로서 잇따라 승리의 희열을 맛볼 수 있었기 때문이다.

떠나는 나에게 언론은 좋은 평가를 내려주었는데 개인적으로는 언론인들에게 미안했던 적이 많았다. 보안을 유지해야 할 일이 비일비재했으므로 언론의 궁금증을 속시원하게 해소해 주지 못한 때가 적지 않았기 때문이다. 이 책을 내면서 선거 때 동고동락했던 언론인들과 대선 후에 새롭게 국회와 새누리당 취재를 맡게 된 언론인들에게 감사하고 미안하다는 말씀을 드린다. 아래의 고별사는 대변인을 물러나면서 쓴 것으로, 대변인 시절 느꼈던 여러 가지 생각을 담은 것이다.

이상일 대변인 고별사

[13/05/20]

오늘로 대변인직을 내려놓게 됐습니다. 능력이 모자란 사람이 중책을 맡느라고 늘 전전긍긍, 노심초사하며 지냈는데 이제 큰 짐을 내려놓는 것 같아 홀가분합니다. 대변인직을 대과(大過) 없이, 무사히 수행할 수 있도록 도와준 선배 동료 의원들과 당 사무처 관계자들, 그리고 언론인 여러분께 진심으로 감사하다는 인사말씀을 드립니다.

대변인으로서 지낸 지난 1년 2개월은 영일 없는 나날의 연속이었습니다. 19대 총선, 당 대통령 후보 경선, 제18대 대선을 치르고 박근혜 정부가 출범한 지 3개월이 조금 못된 오늘에 이르기까지 대변인으로서 겪었던 여러 가지 사건들과 공개할 수 없는 수많은 사연들은 대하소설의 좋은 소재가 될 수도 있을 겁니다.

대변인이란 각광을 받는 자리이기도 하지만 한편으론 살얼음판을 걷듯 참으로 신중하고 조심스럽게 행동해야 하는 자리입니다.

카메라의 집중 조명을 받는 덕택에 정치인으로서 이름과 얼굴을 알리는 데 대변인만큼 좋은 자리는 많지 않을 터이지만 찰나의 방심으로 언행을 잘못했다가는 순식간에 불명예의 나락으로 떨어지기 쉬운 직책이 대변인일 것입니다.

'숨은 내쉬고 말은 내지 말라'는 우리 속담이 있지만 말로써 당과 후보, 지도부의 입장을 알려야 하는 대변인에게는 '고기는 씹어야 맛이

나고 말은 해야 시원하다'는 속담이 어울릴 것입니다. 하지만 말을 시원하게 한답시고 오버했다가는 그 부메랑으로 욕만 시원하게 먹는 자리가 대변인입니다.

지난 1년 2개월을 파노라마처럼 떠올리면 나름대로 자부심을 느낍니다. 총선, 경선, 대선과 4.24 재보선에서 대변인 노릇을 하면서 승리의 희열을 잇달아 맛볼 수 있었기에 보람이 컸고, 그때의 고생은 좋은 추억거리가 되었습니다.

하지만 '대변인 이상일' 때문에 상처를 받은 분들도 있을 겁니다. 성명, 논평, 브리핑을 가급적이면 품격과 이성의 언어로 꾸미려 했지만 때론 제 말과 음성이 너무 거칠고, 지나치게 공격적이어서 마음 상한 분들도 있었을 것입니다. 그런 분들께는 정중하게 사과드립니다.

'(검게 탄) 가마 밑이 노구솥 밑을 검다고 한다'는 말이 있습니다. 제 허물 있는 줄은 모르고 남 흉만 보는 이를 꼬집는 경구인데 제가 그에 해당하는 경우도 있지 않았을까 생각해 봅니다. 1년 2개월의 대변인 생활을 성찰하면서 좀 더 성숙한 정치인으로 거듭날 수 있도록 정진하겠습니다.

대변인을 하면서 실감한 것은 '동굴의 우상(偶像)'이 정치권을 지배하고 있다는 사실입니다. 동굴 속에 있는 자기의 눈에만 보이는 것이 전부이고 그것만이 옳은 것이라고 여기는, 그래서 남의 지각과 경험을 존중하지 않는 독선적 태도가 정치권에 만연해 있다는 얘기입니다. 여(輿)도 그렇고, 야(野)도 그렇습니다. 같은 정당에서 계파나, 출신지역이 다르면 '동굴의 우상'에 갇혀 있는 경우도 많습니다.

정치권이 '동굴의 우상' 을 타파하지 않으면 상생의 정치, 화합의 정치, 탕평의 정치를 하기 어렵습니다. 상생과 화합, 탕평을 하지 못하는데 품격 높은 정치가 가능하겠습니까. 민생을 위한 생산적이고 발전적인 정치를 할 수 있겠습니까.

마침 새누리당과 민주당에서 새로운 원내 사령탑이 들어섰습니다. 양당의 새 원내대표는 '동굴의 우상'이 주는 폐해를 심각하게 생각해 보시기 바랍니다. 국회의 발목을 잡는 정쟁은 남의 눈, 남의 생각을 인정하지 않고, 나의 지각과 나의 사고만이 옳다는 독선에서 비롯되는 것 아닌지 경륜 있는 양당의 새 원내대표들께서 진지하게 성찰하면 좋겠습니다.

언론인 여러분께는 늘 미안했습니다. 나름대로 여러분과 소통하려고 노력했지만 여러분들은 흡족하지 못했을 겁니다. 당의 일에 대해 가능한 한 많이 알려드리려고 했지만 이런 저런 사정 때문에, 또는 저의 게으름 때문에 여러분들의 정보욕구를 충분하게 충족시켜 드리지 못한 점 매우 죄송스럽게 생각합니다.

그런데도 언론인 여러분들은 저를 많이 이해해 주셨고 잘 대해 주셨습니다. 언론계 선배라고 과분한 대접을 해 주셨습니다. 여러분들의 의리와 배려를 잊지 않겠습니다. 고개 숙여 감사 인사를 드립니다.

대변인실을 떠나면서 언론인 여러분께 드리고 싶은 부탁말씀이 있습니다. 제 후임으로 오실 대변인과 그 분과 함께 언론인 여러분을 위해 일할 민현주 대변인을 많이많이 도와주시면 좋겠다는 부탁입니다. 두 분이 당 사정을 잘 말씀드리고 여러분의 궁금증을 해소하기 위해 최선의 노력을 다할 테니 언론인 여러분께서도 저에게 보내 주셨던 애정을 두 분께 넘치도록 보내 주시기 바랍니다.

그리고 제가 속한 새누리당도 따뜻한 눈길로 대해 주시면 고맙겠습니다. 당이 잘못할 때엔 질책하고 비판해야겠지만 그럴 때에도 애정어린 충고를 아낌없이 해 주면 좋겠습니다.

이제 저는 국회의원으로서 열심히 의정활동을 하려 합니다. 대변인으로 대형 선거를 두 번이나 치렀기 때문에 지난해엔 부실했던 의정활동을 이제부터는 제대로, 야무지게 할 생각입니다.

제 꿈은 소박합니다. 국민 여러분께서 생활하면서 겪는 여러 가지 불편을 덜어드리는 일, 민생을 위한 여러 가지 제도들 가운데 시대에 맞지 않거나 부조리한 것들을 고치는 일, 생활의 시스템을 하나둘씩 차근차근 개선하는 일 등 생활정치를 하는 데 열정을 바칠 생각입니다.

이와 함께 당의 건강한 발전을 위해 나설 땐 나서고, 목소리를 내야 할 땐 내겠습니다. 당 지도부가 민심을 모르고 답답한 행동을 할 때, 민생 돌보는 일을 게을리할 때, 무기력하게 청와대 눈치만 살피고 거수기 노릇만 할 때엔 비록 평의원이고, 초선 의원이지만 '아니 됩니다'를 외치겠습니다. 행동이 필요할 땐 행동도 하겠습니다.

당당하게 말해야 할 때 침묵하고, 침묵해야 할 때 엉뚱한 소리를 하는 것은 지성인의 두 가지 수치입니다. 저는 이런 수치스러운 일을 하지 않겠습니다. 꽃에는 꽃의 얼굴이 있고 바람에는 바람의 소리가 있듯 정치인 이상일도 제 얼굴, 제 음성을 가질 수 있도록 정진하고 노력하겠습니다. 감사합니다.

📄 기사

〈중앙일보〉 2013년 5월 21일자 6면 김정하 기자

"나만 옳다는 독선 정치권에 만연 동굴의 우상 깨야" 이상일 대변인 쓴소리 고별사

20일 새누리당 대변인에서 1년 2개월 만에 물러난 이상일(초선 · 비례대표) 의원은 출입기자들에게 보낸 '고별사'에서 "대변인을 하면서 실감한 것은 '동굴의 우상(偶像)'이 정치권을 지배하고 있다는 사실"이라며 "자기 눈에만 보이는 것이 전부고 남은 존중하지 않는 독선적 태도가 정치권에 만연해 있다"고 고백했다.

이 의원은 "같은 당에서도 계파, 출신 지역이 다르면 '동굴의 우상'에 갇혀 있는 경우도 많다"며 "정치권이 '동굴의 우상'을 타파하지 않으면 상생 · 화합 · 탕평의 정치를 하기 어렵고, 민생을 위한 생산적인 정치가 불가능하다"고 지적했다. 그는 "새로 들어선 여야 원내사령탑은 국회의 발목을 잡는 정쟁이 나만 옳다는 독선에서 비롯되는 것은 아닌지 진지하게 성찰하면 좋겠다"고 말했다.

이 의원은 "대변인은 각광받는 자리이기도 하지만 한편으로는 살얼음판을 걷듯 참으로 신중하고 조심스럽게 행동해야 하는 자리"라며 "말을 시원하게 한답시고 오버했다가는 그 부메랑으로 욕만 시원하게 먹는 자리였다"고 소회를 밝혔다. 그러나 그는 "당당하게 말해야 할 때 침묵하고, 침묵해야 할 때 엉뚱한 소리를 하는 것은 지성인의 두 가지 수치"라면서 "앞으로 당 지도부가 민심을 모르고 답답한 행동을 할

때, 민생 돌보는 일을 게을리할 때, 무기력하게 청와대 눈치만 살피고 거수기 노릇만 할 땐 비록 평의원이고 초선이지만 '아니 됩니다'를 외치겠다. 필요할 땐 행동도 하겠다"고 했다.

 **인터뷰**

〈데일리안〉 2013년 5월 15일 조성완 기자

이상일 "기자정신으로 정치하면 사고칠 일 없다"

"윤창중 전 청와대 대변인의 주장은 국민들이 납득할 수 없는 변명이고, 국민을 더욱 분노케 하는 것이다. 정말로 당당하다면 당장 미국에 가서 조사를 받는 것이 옳다." "새누리당은 젊은 층에게 '꼰대들의 집단'으로 인식돼 있다. 젊은 층을 이해하고 공감하려고 노력해야 되는데 단절돼 있다. 벽이 생겼는데 허물려는 노력이 부족하다."

지난해 19대 총선 새누리당 중앙선대위 대변인을 시작으로 당 대변인, 박근혜 캠프 대변인, 18대 대선 당 중앙선대위 대변인까지 1년 넘는 시간 동안 대변인을 지낸 사람, 바로 이상일 새누리당 대변인이다.

대변인은 말 그대로 자신의 입장이 아닌 타인의 생각을 대신해서 전달해주는 사람이다. 특히 그가 대변했던 사람은 유력한 차기 대통령 후보였고, 현재 제18대 대한민국 대통령이다. 그가 과거부터 현재까지 대변하고 있는 단체는 집권여당인 새누리당이다. 당연히 그의 입에서 나오는 한마디 한마디에 온 국민의 시선이 집중될 수밖에 없다.

하지만 정작 대변인은 어떤 사안에 대해 본인의 생각을 드러낼 수는 없다. 자신의 생각을 말하는 순간 더 이상 대변인은 '대변인'으로 존재하지 못한다. 철저하게 자신의 개인적인 의견은 배제한 채 '피(彼)대변인'의 입장을 전달해야 하는 것이다. 그런 그가 '이상일 대변인'이 아닌 '이상일 국회의원'의 생각을 여과 없이 털어놓았다. 8일부터 10일까지 3차례에 걸쳐 '데일리안'과 만난 그는 지난해 대선부터 올해 초 청와대 인사논란, 그리고 향후 자신의 의정활동 계획에 대해 입을 열었다.

이하 일문일답

▷ 지난 1년을 돌이켜보면 총선부터 시작해서 대선까지, 정말 다사다난한 해였다.

◀ "지난해 3월 21일 대변인이 됐다. 그래서 같은 달 19일께 다니던 회사를 그만뒀다. 이후 당 대변인을 했고, 박근혜 당시 대통령 후보의 당내 경선캠프 대변인을 맡았다. 이후에는 대선 당 중앙선대위 대변인을, 대선이 끝난 후에는 다시 당 대변인으로 복귀했다. 이리저리 따져보면 대변인만 6번째다."

▷ 현재 여야 통틀어서 가장 오랫동안 대변인직을 수행하고 있는 것으로 알고 있다. 1년 넘게 해보니 기분이 어떤가.

◀ "대변인이란 직책이 어떻게 보면 당의 또다른 얼굴이다. 그래서 당의 입장을 잘 전달해야 하지만 한편으로는 당 지도부만 생각해서는 안 된다. 아주 예민한 부분은 당 지도부와 조율해야 되지만 당 전반에 대한 당심(黨心)이란 게 있다. 당원의 마음, 국민

의 눈높이에 맞춰서 (일을) 해야 된다. 정당은 국민과 소통해가며 민심을 수렴하고, 또 당의 입장을 국민에게 알려야 한다. 그 기능의 제1선에 있는 사람이 대변인이다. 대변인의 말의 품격은 정당 이미지에도 영향을 준다. 대변인은 매일매일 발생하는 현안에 대해서도 늘 촉수를 곤두세워야 되고, 일일이 반응해야 되기에 항상 예민한 감각을 갖고 있어야 한다. 어쨌든 '대변인'이라는 자리는 참 고달픈 자리다."

▷ 지난해는 말 그대로 '선거의 해'였다. 새누리당은 불리하다고 평가되던 19대 총선에서도 과반 이상을 차지했고, 18대 대선도 승리했다.

◀ "새누리당도, 민주당도 정체성이 있다. 둘 다 정체성을 지켜가면서 시대변화에 예민하게 반응해야 한다. 동시에 스스로 변화와 개혁을 해나가야 한다. 지난 총선과 대선에서 민주당이 실패한 것은 국민의 눈높이에 맞춰서 자기 변화를 제대로 못했기 때문이다. 특히 당시 강철규 민주당 공천심사위원장이 개혁의 첫째 잣대는 '정체성 공천'이라고 했다. 그런데 상당히 합리적인 생각을 가진 사람들은 공천에서 탈락하고 친노(친노무현계)가 당권을 잡았다. 국민들이 보기에 미덥지 않은 것이다. 국민들은 고달픈 삶을 사는데 민주당은 너무 이념지향적이고, 정치투쟁적으로 갔기 때문에 (국민들의) 실망이 컸다고 본다."

▷ 단순히 '민주당의 자책골' 때문이라고 할 수만은 없을 것 같다.

◀ "(국민들께) 약속한 것을 다 했냐고 한다면 자신있게 '다 했다'고 말은 못한다. 하지만 우리는 실천하려는 노력을 나름대로 했다. 특히 당시 박근혜 대통령이 비상대책위원장으로 전면에 나섰는데, '박근혜=신뢰의 정치인'이라는 브랜드가 있다. 이를 바탕으로 쇄신 드라이브도 강력하게 걸었다. 그런 변화를 하면서 동시에 민생과 미래의 이야기를 했다. 우리가 국민 마음을 더 파고들고, 더 예민하게 반응했고, 더 다가서서 국민 눈높이에 맞게 더 노력했다는 진정성을 (국민들이) 알아준 것이다."

▷ 마찬가지로 18대 대선도 당초 '박근혜 대세론'과는 달리 상당히 치열했다. 중간중간 고비도 몇 번 있었는데, 전반적으로 어떻게 평가하는가.

◀ "총선과 비슷한 맥락인데, 국민은 아주 냉철하게 흐름을 판단하고 있었다고 본다. 우리가 51.6% 대 48%로 이긴 것은 상대적으로 새누리당의 후보가 더 미더웠다는 것이다. 결국 후보 경쟁력에서 앞섰기 때문이다. 박 대통령은 15년 동안 정치를 하면서 브랜드가 있었고, 정치적 자산이 있었다. 반면 문 의원은 노무현 전 대통령과 어떤 점이 다른지 생각이 안 난다. 본인 브랜드가 없었다."

▷ 대선 과정에 대해 궁금한 점이 많다. 가장 위기라고 생각한 건 언제였나.

◀ "당시 문재인 민주당 후보와 안철수 무소속 후보의 단일화였다. 이들이 '아름다운 단일화'를 했다면 폭발력과 시너지가 더 있었을 것이다. 국민들에게 아주 강렬한 정권교체의 메시지를 줬다면, 그 다음에 단일화를 통해서 구현하고 싶은 세상에 대한 밑그림을

훨씬 선명하게 그려줬다면 결과는 어떻게 될지 몰랐을 것이다."

▷ 그렇다면 '문재인-안철수 후보단일화'에 대해서는 어떻게 평가하는가.

◀ "문·안 후보는 단일화에 매몰돼 있었다. 단일화를 통해서 구현하고 싶은 세상에 대해 (양측이) 협의체까지 만들었지만 유야무야됐다. 토론회 과정에서도 상대방을 약간 흠집 내는 인상을 주면서 단일화가 깨졌다. 개인적으로 가장 걱정했던 것은 안 후보가 잠시 사라졌다가 기자회견을 한다고 나왔던 순간이다. 안 후보가 '문 후보에게 서운한 것이 많지만 정권교체라는 당위를 위해서 나의 모든 것을 바쳐서 헌신하겠다' 면서 대인의 모습으로 나오면 폭발력이 있기 때문에 걱정을 했었다. 그런데 막상 회견에서 양비론을 들고 나왔다. 나중에 다시 문 후보 지지를 했지만 그때는 이미 김이 빠졌다."

▷ 가장 안타까웠던 순간은 언제였나.

◀ "5·16으로 시작된 과거사 문제다. 봉하마을 방문, 이희호 여사 접견 등 대통합행보를 하는 가운데 인혁당 문제가 불거지면서 야당은 공세를 취하고, 지지세가 하락했다. 결국 박 대통령이 기자회견을 통해 '5·16과 유신은 헌법의 가치를 훼손했다' 고 했지만 그 과정이 꽤 길었다. 그게 가장 안타까웠다. 과거사 문제에 대해서는 후보가 좀 더 일찍 국민의 눈높이에 맞게 생각을 말했으면 더 좋았을 것이다."

▷ 결국 대선은 승리로 끝났지만 새정부 출범과정에서 '인사논란'이 발생했다. 당시 여당 대변인으로서는 이례적으로 강한 비판의 논평을 발표했다.

◀ "논평이 나가고 난 후 한 기자는 '이렇게 강하게 내도 되겠느냐'고 물었다. 나는 그 논평이 국민의 생각이었다고 본다. 우리 당의 전반적인 생각, 국민 눈높이를 고려했다. 특히 김학의 전 법무부 장관의 '성접대 논란'이 나왔을 때는 너무 말이 안 된다고 생각했다. 이미 경찰이 내사 중인데 검증을 얼마나 허술하게 했기에 차관을 시키는가. 김병관 전 국방부장관 후보자도 마찬가지다. 김 전 장관에 대한 의혹은 대부분 야당에서 나왔는데 청와대에서는 검증을 어떻게 했기에 제대로 걸러내지 못했는가. 한만수 전 공정거래위원장도 그렇고, 윤진숙 해양수산부 장관이 임명될 때는 언중유골의 코멘트를 전달했다. 나는 비록 여당 대변인이지만, 국민의 마음을 읽고 그 눈높이에 맞게 (비판할 것은) 해야 된다고 본다."

▷ 당시 모 언론에서는 기자 출신이란 점을 상기시키며, '이상일의 기자본색 살아나는가'라는 내용으로 기사를 쓰기도 했다.

◀ "나는 정치인이 언론인의 감각을 많이 가져야 한다고 본다. 언론은 언론사별로 이념적 편향성은 있지만 팩트를 최우선으로 한다. 정확한 팩트로 국민들에게 정보를 알려주는 역할과 함께 비판적인 눈으로 상황을 판단하고 평가해야 한다. 이런 언론인의 기본적인 감각을 정치인들도 갖고 있어야 한다.

그래야만 민심과 유리되지 않는다. 그리고 많은 현안이 생겼을 때 언론인 10여 명에게 물어보면 비교적 합리적 해결방법을 찾을 수 있다. 그들은 제3의 눈으로 객관적으로 관찰하려는 훈련이 돼 있기 때문이다. 정치인도 기자정신으로 정치를 하면 큰 사고를 치지는 않을 것이다. 나도 대변인 하면서 크게 사고 친 적은 없다. 하하."

▷ 당 지도부에서는 청와대 인사논란에 대해 아무도 입을 열지 않았다. 가장 먼저 지적을 하면서 '쇄신·소장파'의 새로운 얼굴로 떠올랐다.

◁ "당시 많은 분들이 인사에 대해 걱정을 하는 것도 알고 있었고, 대변인이 이 시점에서 짚어야겠다는 생각을 했다. 왜냐하면 '새누리당이 너무 무기력하다', '아무 이야기도 못하고 눈치만 본다' 등의 지적이 있었기 때문이다. 그럼 (청와대와) 같이 신뢰를 잃는 것으로 되기 때문에 국민의 시점에서 지적을 할 수밖에 없었다. '더 잘하라'는 채찍질로 논평을 내면서 물꼬를 텄다. 같은 상황이 다시 와도 내가 (비판을) 했을 것이다."

▷ 한때 40% 초반까지 떨어졌던 지지율이 최근에는 대선 득표율을 넘어섰다. 이제 안정을 찾았다고 볼 수 있는 것인가.

◁ "인수위 시절과 정부조직 개편을 거치면서 분명히 불통 이미지를 줬다. 인수위는 박 대통령이 국민들을 위해 어떤 일을 할까에 대한 밑그림을 그려주는 곳인데, 그것에 대한 정보가 상당히 부족했다. 낮고 겸손하게 점령군과 다르게 가자는 의지는 좋았지

만 국민들에게 그림을 그려줘야 한다. 그런 가운데서도 대북문제에 대해서는 침착하게 원칙을 지키면서 대응하는 것을 보여주고 민생과 경제위기 극복에 대해 주력하는 모습을 보여주고 있다.

야당도 새 지도부가 들어서면서 새 정부가 일을 하게 해주자는 것을 의식했다. 이러면서 어느 정도 정비가 되니까 이제 일하는 모습에 대해 평가하고, 그에 대한 기대치가 올라가니까 지지율이 올라가는 것이다. 앞으로는 실적, 즉 퍼포먼스가 중요하다. 국민이 기대를 하게 됐는데 퍼포먼스가 안 나오면 국민들도 무한대로 지지를 할 수는 없다. 이제 추경편성이 됐으니 경제를 살리고 민생을 챙기고 뭔가 달라져야 한다. 이 정부가 능력이 있는 정부라는 것을 느끼게 해 주는 것이 관건이다."

▷ **하지만 박 대통령의 미국 순방 중에 윤창중 전 청와대 대변인의 '성추행 스캔들'이 터졌다.**

◀ "하아! 사실관계는 미국 경찰이 수사 중이니까 지켜봐야겠지만, 청와대 고위 관계자로서 그런 의혹이 제기됐다는 것만으로도 국격을 떨어뜨리고 대통령의 정상회담 성과를 먹칠하는 있을 수 없는 행위다. 미국과는 별개로 우리도 청와대를 비롯한 사법당국에서 철저히 조사를 하고, 만약에 성추행이 사실이라면 아주 단호한 조치를 해야 한다. 결코 있을 수 없는 일을 저질렀다. 너무 안타깝고 답답하다. 처음 있는 일이다. 정부 출범 이후 정상회담 현장에서, 참, 허허. 개탄스럽다. 지금 뭐라고 참, 상상하기 어려운 일이 발생한 것이다."

▷ 윤 전 대변인이 직접 기자회견을 갖고 '허리를 툭 쳤을 뿐'이라며 해당 의혹에 대해 전면 부인했다.

◀ "그건 국민들이 납득할 수 없는 변명이다. 국민을 더욱 분노케 하는 회견이다. 정말로 당당하다면 당장 미국에 가서 조사를 받는 것이 옳다."

▷ 앞으로 정치권을 바라볼 때 빼놓을 수 없는 인물이 안철수 무소속 의원이다. 지난 대선부터 봐왔는데 그를 어떻게 평가하는가.

◀ "대선 과정에서 안 의원을 보면서 결단력이 부족하다고 생각했다. 우리 정치를 바꿔보겠다는 순수한 마음은 인정하고, 우리 정치권의 자극제가 될 것이라고 본다. 그런데 '안철수 현상'을 안 의원이 구현할 수 있을까? 쉽지 않다. 대선 단일화 과정에서 안 의원이 보여준 것은 새 정치의 모습이 아니었다. 대선 당시 안 의원이 민주당에 입당해 자기에게 유리한 쪽으로 경선을 요구하는 그런 결단력이 있었다면 문 의원을 이겼을 수도 있다. 그럼 박 대통령에게도 더 위협적이었을 것이다. 그런 부분에서 안 의원에게는 대한민국을 이끄는 지도자에게 굉장히 중요한 덕목인 결단력이 부족하다고 생각한다."

▷ 어쨌든 지난 4·24 재보선을 통해서 국회에 입성했다.

◀ "이번에 노원병을 선택한 것도 결단력 부족이다. 노무현 전 대통령이 종로에서 편하게 국회의원이 될 수 있었지만 지역주의를

타파하기 위해 부산으로 갔다. 대단한 결정이다. 지역주의를 깨야 된다는 것을 온몸으로 보여준 것이다. 그런 게 결단력이다. 새누리당의 아성인 부산 영도에서 김무성 의원과 붙어서 새 정치의 바람을 일으키고, 이겨서 돌아왔다면 의원으로서의 무게가 훨씬 더 컸을 것이다."

▷ 안 의원의 지지층은 2030세대다. 반대로 새누리당의 취약층이다. 이들을 공략하기 위해 SNS본부도 만든다고 했지만 뚜렷한 성과가 없다.

◀ "나는 SNS본부를 만들어도 효과가 없다고 본다. 당 스스로가 달라져야 한다. 새누리당은 호남과 2030세대만 잡으면 무적이다. 호남을 잡기 위해서는 대탕평 인사를 해야 된다. 우리가 영남당 이미지를 벗어나야 되고, 그것을 위해서는 호남에 한 약속을 통해서 이뤄가야 된다. 그리고 젊은 세대들에게 우리들은 '꼰대들의 집단'으로 인식돼 있다. 그들에게 '새누리당이 우리의 문제를 정확히 파악해서 해결책을 제시한다'는 것을 보여줘야 한다. 젊은 층을 이해하고 공감하려고 노력해야 되는데 단절돼 있다. 벽이 생겼는데 허물려는 노력이 부족하다. 우리가 적극적으로 다가가야 된다."

▷ 집권여당의 대변인으로서 야당 대변인들과 차별성이 뭐라고 생각하는가.

◀ "야당은 정치논평이 주를 이룬다. 생활논평이 거의 없다. 나는 생활논평을 많이 쓰려고 노력했다. 예를 들어 고가의 등산용품

이 공정위에서 과징금을 부과 받았을 때 논평을 통해 학부모의 마음을 헤아리려는 노력을 했다. 일선에서 고생하는 경찰과 소방관들을 위한 격려, 학교 폭력 문제 등 틈틈이 생활논평을 내리고 했다. 국민과 일선에서 접하는 것을 상실하면, 민심과 유리되면 정당은 소멸의 길로 간다. 모든 촉수를 민심의 흐름이 무엇인가를 파악하는 데 대고 있어야 한다. 민심에 영향을 주는 여러 요소들은 늘 상존하고 발생하기에 대변인은 거기에 예민하게 반응해야 된다."

▷ **현재 여야가 모든 현안을 두고 끊임없이 대립하고 있다. 소통이 중요한 시기인데, 정치권은 유독 그 부분이 어려운 거 같다.**

◀ "나는 정치는 품격 있게, 멋있게 하는 것이 중요하다고 생각한다. 박용진 민주당 대변인과 총선·대선 때 만나서 밥 먹고 했는데 우리 둘은 생각이 다르다. 기본적으로 사람이 생각이 같을 수는 없다. 다만 상식에 맞게 움직이면서 서로 호감이 생기고, 품격 있게 처신하면 된다. 특히 정치인이 피해야 하는 게 '동굴의 우상'이다. 동굴 속에서 보이는 세상에서 벗어나야 한다. 남의 지각, 경험을 무시해서는 안 된다. 역지사지도 필요하고, 그러기 위해서는 소통과 대화가 필요하다. 안타까운 건 예전에는 여야가 싸울 때는 싸워도 저녁에는 만나서 소주잔을 기울이고 했는데 지금은 여는 여, 야는 야, 끼리끼리 만난다. 사실 여당이 정권을 잡았고, 다수당이기 때문에 더 노력을 많이 해야 된다."

▷ 지난 1년은 대변인으로 보냈는데, 앞으로 의정활동은 어떻게 할 것인가.

◀ "지난 한해는 국회의원으로서 부실하게 의정활동을 했다고 생각한다. 국정감사도 대선국면이어서 참석 못한 경우가 있었고, 가더라도 짧게 가서 질의만 하고 나왔다. 그러다 보니 깊이 있는 중요한 문제를 건드리지도 못했다. 그래서 앞으로는 의원으로서 의정활동을 열심히 할 생각이다."

▷ 특별히 관심을 갖고 추진하고 싶은 분야가 있는가.

◀ "내 꿈은 소박하다. 개인적으로 우리 사회의 시스템을 개선하는 데 관심이 있다. 예를 들면 은행에 번호표를 하나 설치함으로써 혼잡이 사라졌다. 이것은 좌파, 우파 어느 정권이 들어서도 변함이 없는 것이다. 나는 우리 사회의 문제점 가운데 시스템을 고침으로써 해결할 수 있는 것들이 많다고 본다. 국민들도 이게 좀 개선됐으면 하고 아이디어를 갖고 있는데, 전달할 창구가 없다. 그럼 정당과 정부, 국회가 그 역할을 해줘야 되는데 거기에 대해 소홀하다. 우리는 거대담론만 이야기하는데 나는 상대적으로 소박하게 민생과 관련된 여러 시스템의 개선을 하고 싶다. 특히 인본주의적인 관점에서 고칠 게 많다. 지금 골목에서 사람과 차가 마주치면 차가 먼저 지나간다. 차가 서는 것이 습관이 돼야 한다. 우리는 인본주의가 부족하다. 그런 부분을 입법을 통해서 해보려고 한다. 그것이 개인적인 꿈이다."

국회보

2013년 11월 호

작은 목소리도
귀담아 듣는
정치인 될 것

이상일 의원

(새누리당, 비례대표)

[국회보] 2013년 11월호 국회 미디어담당관실 윤성혜

이상일 의원에겐 두 가지 수식어가 따라다닌다. 하나는 '언론인' 이다. 이 의원은 서울대 무역학과 졸업 후 1988년부터 24년간 정치부 기자로 활동하면서 제13대국회부터 제18대국회까지 청와대, 외교부, 여야 정당 등을 출입했고 제19대에는 직접 국회의원이 됐다. 또 하나의 수식어는 '대변인' 이다. 오랫동안 언론활동을 하다 지난해 4·11총선에서 새누리당 중앙선거대책위원회 대변인으로 새누리당에 영입돼 비례대표로 제19대국회에 입성했다. 총선이 끝난 후에는 곧바로 당 대변인에 임명됐고, 이후 박근혜 대통령 대선 후보 캠프에서도 대변인을 맡아 대통령 당선에 기여했다. 약 1년 2개월 동안 총 6차례의 대변인 직책을 맡아 총선과 대선을 모두 뛰며 '당의 입' 역할을 해왔다.

'정책' 중심으로 후보를 뽑는 미국의 선거문화

이상일 의원은 "아마도 두 가지 수식어는 내 인생의 잊지 못할 기록으로 남게 될 것" 이라며 '언론인' 과 '대변인' 시절의 특별했던 몇 장의 사진을 소개했다. 가장 먼저 보여준 것은 빌 클린턴 전 대통령과 취재 내용이 담긴 사진이었다. "미국에서는 대선의 향방을 가늠할 수 있는 첫 경선인 아이오와 코커스(당원대회)가 아이오와주 1천 700여 개 선거구별로 열립니다. 아이오와 코커스는 공화, 민주 양당 후보지명전

의 초반 판세를 읽을 수 있는 풍향계라는 점에서 경선 결과에 관심이 집중되고 있지요. 이 사진은 2008년 중앙일보 워싱턴 특파원 시절, 미국 대선을 앞두고 아이오와 코커스를 앞두고 각 당의 선거연설이 열렸는데, 민주당 후보였던 힐러리 클린턴을 지지하기 위해 연설자로 나선 빌 클린턴 전 대통령을 취재한 기사입니다."

대선후보들의 주목을 받는 곳이기에 이 의원도 그 현장을 직접 경험하고 싶었다. 경선을 이틀 앞두고 오래된 렌트카를 빌려 폭설을 뚫고 아이오와주 소도시 브루클린으로 향했다. 회사에서 겨우 지원된 돈으로 낡은 렌트카를 빌려 운전했는데, 폭설 때문에 가는 내내 시동이 꺼지진 않을까, 브레이크를 잘못 밟아 빙판길에 미끄러지진 않을까 걱정하면서 '회사에서 취재를 하라고 한 적도 없는데, 왜 이 고생을 택했을까' 후회도 밀려왔다. 도착했을 땐, 폭설에도 불구하고 대선주자들도 가족들을 총 동원해 외곽의 작은 마을을 구석구석 누볐다. 당시 민주당 버락 오바마 상원의원은 두 딸과 함께 손을 잡고 연단에 올랐고, 아내 힐러리 클린턴을 지지하기 위해 등장한 빌 클린턴 전 대통령의 모습도 보였다. "그래도 고생한 보람이 있었는지, 우연히 빌 클린턴 전 대통령과 단독으로 인터뷰를 할 기회가 생기게 됐죠. 그리고 그 내용이 언론사 단독으로 지면 1면에 실리게 돼, 주목을 받았습니다."

이 의원은 미국의 색다른 선거문화도 경험했다고 했다. "연설 전 강당 한 편에 대선후보들이 잘 차려진 음료, 음식 등을 주민들을 위해 마련해 놓았더군요. 주민들도 자연스럽게 만찬을 즐기고요. 한국 같으면 향응제공으로 당선 무효화 논란까지 갈 일이 아닌가 하며 의아해 했죠. 행사가 끝난 후 아이오와주 선거관리위원장에게 물었습니다. 그러자 부끄러워할 만한 대답이 돌아오더군요." 선관위원장은 한 나라의 대통령을 뽑는데 밥 한 번 얻어먹었다고 생각이 달라지는 게 이상한 것 아니냐고 이 의원에게 되물었다. 이 의원은 "나라마다 선거문화가 다르겠지만, 후보들의 연설과 공약에 집중하면서 '정책' 중심으로 후보를 뽑고자 하는 미국의 선진화된 선거문화에 감탄하게 됐다"고 했다.

대변인 시절, 국민생활과 직결된 '생활논평'으로 주목받아

흔히 대변인을 '정당정치의 꽃'이라고 부른다. 말 한 마디로 정국을 들었다 놓을 수 있다는 점에서 '명대변인'을 꿈꾸는 정치인이 많다. 이상일 의원은 1년 2개월 동안 대변인 직책을 맡아 총선과 대선을 모두 뛰었고 당과 대통령 후보의 승리를 이끌며 '명대변인'이라는 타이틀을 얻었다. 이 의원은 "단지 운이 좋은 대변인이었다"며 겸손해 했다.

이 의원은 대변인 시절 튀는 논평으로 주목을 받기도 했다. 대선이 끝나고 새 정부가 출범한 직후 각종 의혹으로 국방부장관 내정자와 법무부 차관이 잇따라 자진사퇴하면서 청와대 부실검증에 따른 인사 실패 비판이 높아지던 시기였다. 여당 내부에서도 말이 많았지만 청와대에 대해 공개적으로 비판하지는 못했다. 이 의원은 지도부와 상의하지 않고 "허술한 검증으로 국정운영에 차질을 빚게 한 관계자들에게 책임을 물어야 한다"는 논평을 내 화제가 됐다.

"당시 새누리당이 너무 청와대 눈치를 보고 무기력하다는 지적을 받던 시기였습니다. 제 논평이 대변인의 돌출행동이라는 우려의 말들도 많았지만 스스로는 당심을 잘 대변했다고 생각합니다. 국민의 눈높이에도 맞다고 생각하고요. 대변인이 지도부의 입장만 헤아리는 것보다는 적극적으로 당심을 대변해야 한다고 봅니다."

이 의원은 다른 대변인들과의 차별성에 대해 "야당은 정치논평이 주를 이루고, 생활논평이 거의 없다. 주로 생활논평을 많이 쓰려고 노력했다. 예를 들어 학생들이 열광하는 고가의 등산용품이 공정위에서 과징금을 부과 받았을 때 논평을 통해 학부모의 마음을 헤아리려고 노력했고, 고생하는 경찰과 소방관들을 위한 격려, 학교 폭력 문제 등과 관련한 생활논평을 틈틈이 냈다. 정당은 국민과 일선에서 접하지 않으면 소멸의 길로 간다고 생각한다. 작은 일이라도 민심의 흐름을 알아야 한다"고 했다.

"국민생활의 편의 높일 수 있도록 시스템 개선할 것"

19대 총선에서 비례대표로 국회에 입성하게 된 이상일 의원은 "정치인은 언론인의 감각을 가져야 한다"고 강조했다.

또 "언론사별로 이념적 편향성은 있지만 언론은 팩트를 최우선으로 해야 하고 정확한 정보를 국민들에게 알려주고 비판적인 눈으로 상황을 판단하고 평가해야 한다. 이런 언론들의 기본적인 감각을 정치인들도 갖고 있어야 한다"고 말했다. "그래야만 민심과 유리되지 않습니다. 제3의 눈으로 객관적으로 관찰하는 감각을 가지고 있으면 많은 현안이 생겼을 때 비교적 합리적인 해결방법을 찾을 수 있어요."

이상일 의원의 정치인으로서의 꿈은 소박했다. 19대 의정활동은 굵

직굵직한 사안들보다 국민 생활의 편의를 높일 수 있도록 시스템을 개선하는 데 목표를 두고 있다고 했다. "과거에 은행업무를 보려면 얼마나 복잡했습니까. 그런데 은행에 번호표를 하나 설치함으로써 혼잡이 싹 사라졌어요. 또 교차로 우회전 구간에서 보행자 신호가 녹색임에도 운전자들이 차량을 무리하게 진입시키다보니 보행자와 부딪히는 사고가 많이 발생하는데, 몇 달 전 신호등이 보행신호(녹색)면 차량이 아예 횡단보도에 진입하지 못하게 하는 법안도 발의했습니다."

그는 인터뷰를 마치며 "정치는 사회과학임을 강조하고 싶다"고 말했다. "사회과학에 정답이 어떻게 한 가지만 나올 수 있습니까. 여당은 야당의 주장이라도 일리가 있다고 판단되면 수용해야 합니다. 제가 강조하는 게 '동굴의 우상'입니다. 정치인들은 동굴 속에서 보이는 세상에서 벗어나야 합니다. 남의 지각과 경험을 무시해서는 안되지요. 역지사지도 필요하고 소통과 대화도 필요합니다. 국민들에게도 마찬가지예요. 사회적 약자들의 작은 목소리도 귀담아 듣는 정치인이 되어야 합니다."